書 1867

美川　圭著

院　政 増補版

もうひとつの天皇制

中央公論新社刊

はじめに

院政《いんせい》とは、譲位したかつての天皇＝上皇《じょうこう》（院《いん》とも呼ぶ）が行う政治のことである。ただし、直系の子や孫を天皇の地位につけることができた上皇が、その親権を行使して政治を行うのが院政であって、単なる元天皇である上皇が院政を行えるわけではない。弟に譲位した上皇は院政を行うことができないし、まだ父院が存命中の上皇も院政を行うことができない。

普通、平安時代後期に登場した白河《しらかわ》、鳥羽《とば》、後白河《ごしらかわ》上皇、そして鎌倉時代前期の後鳥羽《ごとば》上皇による院政が、典型的な院政とされる。近年では、後嵯峨《ごさが》上皇以降の鎌倉時代後期の院による院政にも注目が集まっている。

平安後期の三上皇による院政については、かつて戦後の代表的歴史家である石母田正《いしもだしょう》氏が、台頭する武士の権力、つまり中世的権力に対抗した、古代的権力の最後の姿、古代末期のデスポティズム（専制）ととらえた。

その代表が、白河院。『平家物語《へいけものがたり》』の異本である『源平盛衰記《げんぺいせいすいき》』には、「三不如意《さんふによい》」という逸話が残されている。すなわち、白河院には自分の自由にならないことが、三つだけあった。一つは賀茂川《かもがわ》の水。たびたび氾濫《はんらん》を繰り返す京の賀茂川をうまく治めることができなかった。

一つが、双六《すごろく》の賽《さい》。いかに院の巨大な権力をもってしても、双六の賽の目を思うように出すことは不可能であった。そして一つが、山法師《やまほうし》。山《やま》と呼ばれる比叡山延暦寺《ひえいざんえんりゃくじ》、その僧侶《そうりょ》たちの強訴《ごうそ》をおさえることができなかった。ということは、この三つ以外のことは、すべて自分の思うがままにできたというのである。

また、『古事談《こじだん》』という鎌倉時代の説話集にも、白河院が創建した法勝寺《ほっしょうじ》の「金泥一切経《こんでいいっさいきょう》」供養が雨のために何度も中止になったことに腹を立てた院が、雨水をとって獄につないだという「雨水《うすい》の禁獄」という荒唐無稽《こうとうむけい》な話が伝えられている。勝手気ままになんでもやってしまう、あるいはそれを許されている「恣意《しい》」に満ちた人物というイメージである。

法勝寺には空前絶後の八角九重塔《はっかくきゅうじゅうのとう》が建てられた。京都への東の入り口にあたる粟田口《あわたぐち》を越えた旅人の目に、最初にとびこんできたのが、この高層建築であった。法勝寺をはじめとして、現在の岡崎《おかざき》公園周辺に、「勝」の字のついた六つの大きな伽藍《がらん》が造られた。いわゆる六勝寺《ろくしょうじ》である。

その後の上皇も、鳥羽院の得長寿院《とくちょうじゅいん》、後白河院の蓮華王院《れんげおういん》といった千体観音堂、つまり内陣に千体にもおよぶ観音像を安置した、長大な仏堂を建造した。蓮華王院は、現存する俗称三十三間堂《さんじゅうさんげんどう》で、鎌倉時代の文永《ぶんえい》年間（一二六四～七五）の再建ではあるが、当時の豪奢《ごうしゃ》を今に伝えている。

千体観音堂に顕著なように、院政期の上皇は膨大な数の仏像を造立《ぞうりゅう》した。白河院が亡くなったときの藤原宗忠《ふじわらのむねただ》（道長《みちなが》の玄孫）の日記『中右記《ちゅうゆうき》』には「絵像五千四百七十余体」とか「丈六（一丈六尺）百廿七体」「等身三千百五十体、三尺以下二千九百卅余体」などとある。また、「塔二十一基」のほか、本当に数えたとは思えない「小塔四十四万六千六百卅余基」などといった驚くべき数字も記されている。まさにこれこそが「多数作善《さぜん》」ということなのだが、それは院のもとにそれをなすだけの富の集中があったということである。

目次

国名		現都府県名
伊豆		静岡
駿河		
遠江		
三河		愛知
尾張		
美濃		岐阜
飛驒		
信濃		長野
甲斐		山梨
越後		新潟
佐渡		
越中		富山
能登		石川
加賀		
越前		福井
若狭		

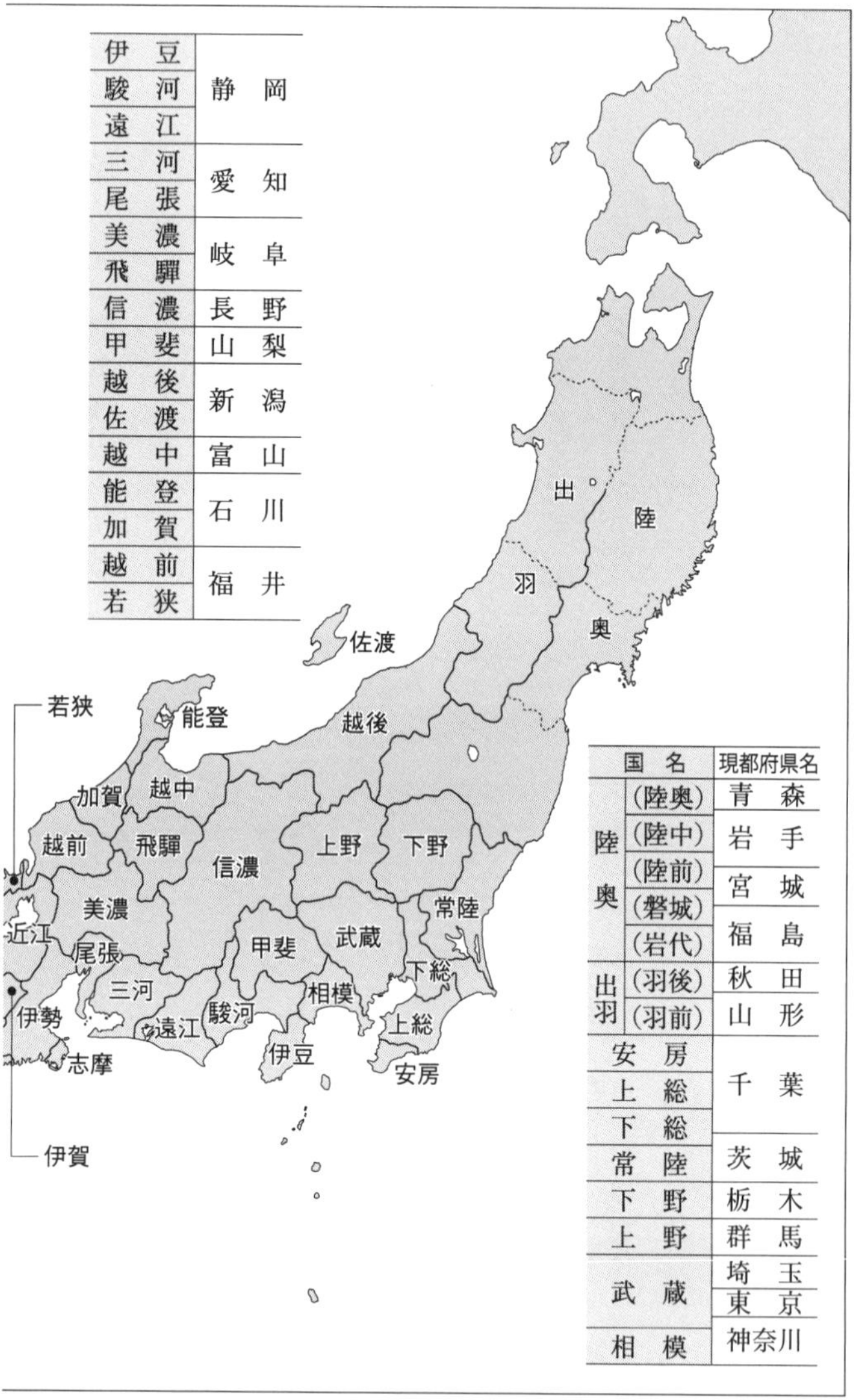

国名		現都府県名
陸奥	（陸奥）	青森
	（陸中）	岩手
	（陸前）	宮城
	（磐城）	福島
	（岩代）	
出羽	（羽後）	秋田
	（羽前）	山形
安房		千葉
上総		
下総		
常陸		茨城
下野		栃木
上野		群馬
武蔵		埼玉
		東京
相模		神奈川

筑前	福岡
筑後	福岡
豊前	福岡・大分
豊後	大分
日向	宮崎
大隅	鹿児島
薩摩	鹿児島
肥後	熊本
肥前	佐賀・長崎
壱岐	長崎
対馬	長崎

阿波	徳島
土佐	高知
伊予	愛媛
讃岐	香川
備前	岡山
美作	岡山
備中	岡山
備後	広島
安芸	広島
周防	山口
長門	山口
石見	島根
出雲	島根
隠岐	島根
伯耆	鳥取
因幡	鳥取

近江	滋賀
山城	京都
丹後	京都
丹波	京都・兵庫
但馬	兵庫
播磨	兵庫
淡路	兵庫
摂津	兵庫・大阪
和泉	大阪
河内	大阪
大和	奈良
伊賀	三重
伊勢	三重
志摩	三重
紀伊	和歌山

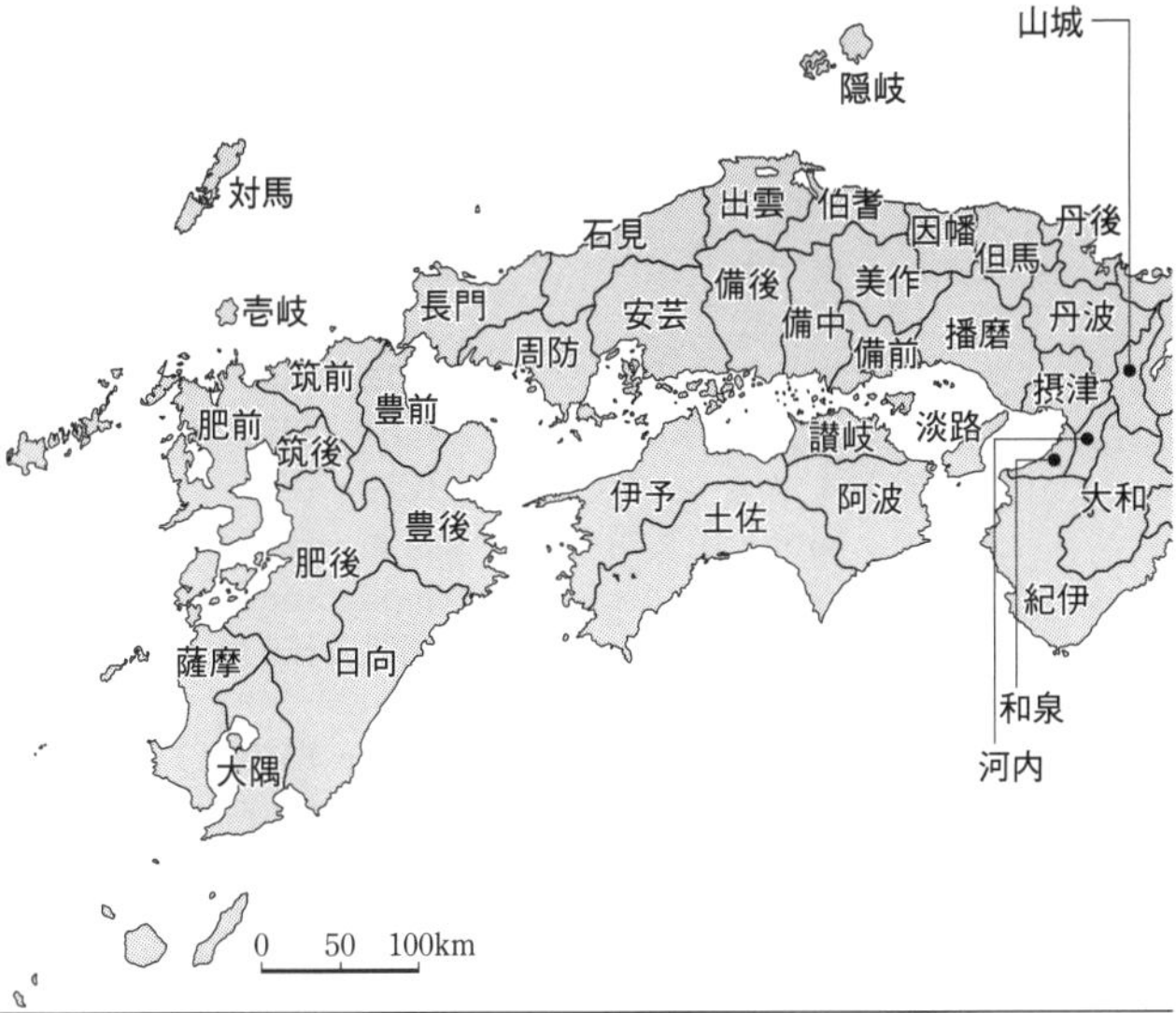

院政一覧

院	在位の天皇	院政期間	満年数
後三条	白河	1072～1073	（5ヶ月）
白　河	堀河・鳥羽・崇徳	1086～1129	43年
鳥　羽	崇徳・近衛・後白河	1129～1156	27年
後白河	二条・六条・高倉	1158～1179	21年
高　倉	安徳	1180～1181	（11ヶ月）
後白河	安徳・後鳥羽	1181～1192	11年
後鳥羽	土御門・順徳・仲恭	1198～1221	23年
後高倉	後堀河	1221～1223	2年
後堀河	四条	1232～1234	2年
後嵯峨	後深草・亀山	1246～1272	26年
亀　山	後宇多	1274～1287	13年
後深草	伏見	1287～1290	3年
伏　見	後伏見	1298～1301	3年
後宇多	後二条	1301～1308	7年
伏　見	花園	1308～1313	5年
後伏見	花園	1313～1318	5年
後宇多	後醍醐	1318～1321	3年
後伏見	光厳	1331～1333	2年
光　厳	光明・崇光	1336～1351	15年
後光厳	後円融	1371～1374	3年
後円融	後小松	1382～1393	11年
後小松	称光・後花園	1412～1433	21年
後花園	後土御門	1464～1470	6年
後陽成	後水尾	1611～1617	6年
後水尾	明正・後光明	1629～1648	19年
後水尾	霊元	1663～1669	6年
霊　元	東山	1687～1693	6年
東　山	中御門	1709	（7ヶ月）
霊　元	中御門	1709～1717	8年
中御門	桜町	1735～1737	2年
桜　町	桃園	1747～1750	3年
光　格	仁孝	1817～1840	23年

院政

第一章　摂関期までの上皇

1　上皇の誕生

藤原《ふじわら》氏隆盛の基礎を築いた藤原不比等《ふひと》（鎌足《かまたり》の子。武智麻呂《むちまろ》・房前《ふささき》・宇合《うまかい》・麻呂《まろ》の父）を中心に編纂《へんさん》された養老律令《ようろうりつりよう》（七一八年編纂開始、七五七年施行）という法典がある。これこそ、以後長く律令制と呼ばれる国家の制度の基本を定めた重要な法律である。その中に、儀制令《ぎせいりよう》という二十六条の広く朝廷の儀式について定めた部分があり、「太上天皇」という一条がある。そこには「譲位の帝《みかど》、称する所」とあり、太上天皇という称号の定義がなされている。まさに、譲位した天皇に対して、尊び称する呼び方なのである。

天皇家略系図①（数字は皇位継承の順序）

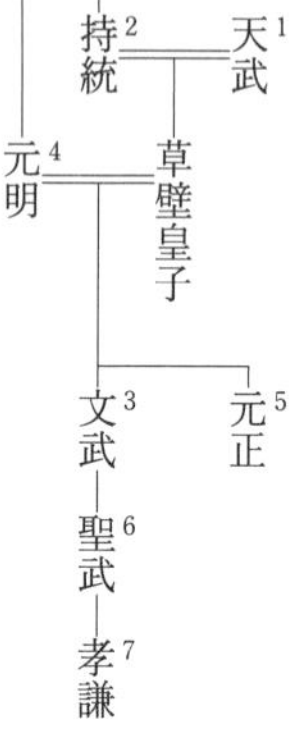

古くから「だいじやうてんわう」あるいは「だじやうてんわう」と呼んできているが、日本風の訓《よ》み方はよくわからない。江戸時代の国学者本居宣長《もとおりのりなが》は「おほきすめらみこと」と呼ぶべきだとしているが、中世以降は「おりゐのみかど」と読むことも多い。

さて、天皇の譲位は、大化改新《たいかのかいしん》のとき、皇極《こうぎょく》天皇という女帝が、位を弟の孝徳《こうとく》天皇に譲ったことにはじまるとされている。それまでの皇位継承はすべて先帝の死を機になされてきたということになっているからである。孝徳は皇極の同母弟であるが、『日本書紀《にほんしょき》』によると「豊財天皇《とよたからのすめらみこと》を号し奉り、皇祖母尊《すめみおやのみこと》と曰《い》ふ」と、姉を母として崇《あが》めたてまつったという。だから、譲位がなされても、この時点ではいまだ太上天皇という称号は、生まれていなかった。

太上天皇の称は、持統《じとう》天皇が即位後十一年にあたる六九七年、孫の文武《もんむ》天皇に譲位したときにはじまる。文武天皇（軽皇子《かるのみこ》）の父は、天武《てんむ》・持統両天皇を両親とする草壁皇子《くさかべのみこ》であったが、すでに二十八歳（数え年。以下同）の若さで世を去っていた。持統天皇が太上天皇と呼ばれたことは、『続日本紀《しょくにほんぎ》』をはじめとする諸書にみられるが、鎌倉前期に僧の慈円《じえん》（関白藤原忠通《ただみち》の子）によって書かれた『愚管抄《ぐかんしょう》』には「太上天皇ノハジマリハコノ持統ノ女帝ノ御時ナリ」とあるように、後世の歴史書はみな、この持統を太上天皇の初例としている。ちなみに、天皇という号が生まれるまでは、大和《やまと》政権の首長は大王《おおきみ》といわれていた。八世紀に編纂された『日本書紀』には、初代神武《じんむ》天皇以来「天皇」と記されているが、それはもちろん『日本書紀』ができた当時の称号を過去の大王に反映しただけである。天皇という称号の発生時期自体、いまだ完全な定説をみてはいない。古典的見解では推古《すいこ》朝（五九二～六二八）とされてきたのだが、近年の金石文《きんせきぶん》（鐘・石碑・仏像などに刻まれた文字）の見直しや新たな木簡《もっかん》（木の札に文字を書き記したもの）の発見によって、現在のもっとも有力な学説では、天武・持統朝（六七三～六九七）に成立したというのである。もし、それが正しければ、太上天皇という称号も天皇よりそう遅れることなく生まれたということになる。

天皇号は中国の古典に見え、その文化導入の過程で、採用された称号である。同様に、太上天皇の号も、中国にその典拠が求められる。それは中国の太上皇《たいじょうこう》とか太上皇帝《たいじょうこうてい》に由来すると考えられている。

中国での太上皇の称は、秦《しん》の始皇帝《しこうてい》が父荘襄王《そうじょうおう》を太上皇となしたと『史記《しき》』にあるのが初見とされるが、それは死後の追号である。ついで、漢《かん》の高祖《こうそ》が父を太上皇としたことが『史記』や『漢書《かんじょ》』にみられるが、その父は皇帝の地位についたことはない。南北朝時代にいたり、北魏《ほくぎ》の献文帝《けんぶんてい》が皇太子（孝文帝《こうぶんてい》）に位を譲った際、群臣が太上皇帝の尊号をたてまつったことが『魏書《ぎしょ》』に見える。譲位の皇帝を太上皇帝と呼ぶ例は、これよりはじまるとされており、日本の太上天皇の尊号も、これらに由来すると考えられている。太上天皇の略が上皇《じょうこう》であり、以下おもにこの上皇の略称を用いたい。なお、法皇《ほうおう》とは出家した上皇をさすものである。

2 平安前期の上皇

奈良時代までの上皇は、持統・元明《げんめい》・元正《げんしょう》・聖武《しょうむ》・孝謙《こうけん》の五人であったが、平安時代になると後三条《ごさんじょう》天皇までに平城《へいぜい》・嵯峨《さが》・淳和《じゅんな》・清和《せいわ》・陽成《ようぜい》・宇多《うだ》・朱雀《すざく》・冷泉《れいぜい》・円融《えんゆう》・花山《かざん》・三条《さんじょう》と十一人も出現する。あまり注目されることはないが、院政以前にも上皇が意外といるのである。

弘仁《こうにん》十四年（八二三）、嵯峨天皇は異母弟の淳和天皇に譲位した。平城上皇が「二所《にしょ》の朝廷」（上皇の旧平城宮と天皇の平安宮とに朝廷が分裂した状態）といわれるような弟嵯峨天皇との対立、それが薬子《くすこ》の変（八一〇）という軍事衝突をひきおこしたのに対し、嵯峨上皇と淳和天皇との関係は協調的であった。

嵯峨上皇は、淳和朝において、ほとんど国政への関与を行わなかったようである。そこには、平城と嵯峨のような対立を回避するため、できる限り国政には介入しない、あるいはできるだけ天皇に国政を委《ゆだ》ねるという姿勢が見てとれる。平城と嵯峨は同母の兄弟でも敵対したのであるから、母の違う嵯峨と淳和の間に問題がないはずはない。それを表面化させないようにするのが、嵯峨上皇の政治運営の妙であったといえる。

嵯峨上皇の最初の居所冷然院《れいぜんいん》は、大内裏《だいだいり》（平安宮）の東南端に隣接する位置にあった。最近の二条《にじょう》城発掘調査によって、この冷然院の池や庭石、遣《や》り水などの遺構も発見されている。付近は湧《わ》き水の豊富な場所で、その南には平安京内最大の池をもつ神泉苑《しんせんえん》があった。冷然院も、湧き水を利用した広い池をもった優雅な離宮であったと考えられている。ちなみに、当初は冷然院と記されたが、のちの貞観《じょうがん》十七年（八七五）と天暦《てんりゃく》三年（九四九）に火災にあったので、天暦八年（九五四）に再建された際、「燃」に通じる「然」をやめ冷泉院と改められたのである。

奈良時代までの上皇は、宮中において天皇と同居するのが普通であった。平安時代に入ると、平城上皇が、譲位後病のため各所にその御所を移し、けっきょく平城宮（平城京の中央北部に所在）にその居所を定めた。嵯峨天

天皇家略系図②（数字は皇位継承の順序）

桓武1
├平城2
├嵯峨3─仁明5─┬文徳6─清和7─陽成8
│　　　　　　　└光孝9─宇多10─醍醐11
└淳和4

皇は大内裏に隣接する冷然院にしばしば行幸《ぎょうこう》（天皇の外出）し、譲位後はもっぱらそこを院御所として利用するのである。こうして、上皇と天皇が居所を別にする慣例が生まれた。平城上皇の平城宮は特殊な例とされるが、冷然院はその後の先例となる。

嵯峨上皇は漢詩文にすぐれ、それらは勅撰《ちょくせん》漢詩集『凌雲集《りょううんしゅう》』などに採用され、書道の三筆《さんぴつ》に列せられている。まさに、平安前期を代表する文化人なのである。そのために、遊興に適した冷然院は、上皇にとって望ましい場所であった。上皇は以前からしばしば大堰川《おおいがわ》河畔の嵯峨院を訪れていたが、しだいにそこに住むことが多くなった。また、風光明媚《ふうこうめいび》な嵯峨は、遊猟・詩宴の地として、冷然院にまさる魅力があった。そこに上皇は寵愛《ちょうあい》する女性たちを引き連れて移り住んだのである。

天長《てんちょう》十年（八三三）、淳和天皇が嵯峨の皇子仁明《にんみょう》天皇に譲位する。淳和上皇も、淳和院という御所に移り住み、死ぬまでそこを居所とした。冷然院のように、大内裏に隣接はしていないが、その南西の方角にあった。現在西院《さいいん》という地名があり、近くに阪急電鉄の西院駅もあるが、その西院というのはこの淳和院の別名である。

3　摂政と上皇

嵯峨天皇の寵をえて要職を歴任し、ついには人臣《じんしん》最初の太政大臣《だじょうだいじん》となった藤原良房《よしふさ》は、天安《てんあん》二年（八五八）、外孫《がいそん》である九歳の清和天皇（文徳《もんとく》天皇の第四皇子）を即位させた。できるだけ早く確実に、外孫を即位させることが良房の目標だった。そのためには、幼帝でもいっこうにかまわない。天皇自身に政治や儀式を主宰させることが困難ならば、外祖父《がいそふ》の自分が代行しよう、ということになった。ここに、人臣の摂政《せっしょう》という異例の制度が出現する（正式の任命は八六六年）。

太政大臣は令の規定では「天皇の師範」とあり、そのことも天皇の後見人、つまり摂政の職務内容につながる根拠となった。天皇の政務の代行という重責、それは天皇の外祖父にして、太政官《だじょうかん》（いわば内閣）の最上位にあり、特定の職務内容をもたない太政大臣という地位にふさわしかった。

岸俊男氏は八世紀、奈良時代の政治史について、次のように述べている。一つは、聖武天皇（文武天皇の皇子）のあとに、その皇后の光明子《こうみょうし》（不比等の娘）が即位する案があったのではないかという。それは、先帝の皇后を即位させるという、当時の慣例からすれば、当然考えられることであった。しかし、光明子はもともと皇族ではなく臣下の出身であるため、次善の策として聖武と光明子の間の娘である孝謙天皇の即位ということになった。孝謙天皇は、前例のない女性の皇太子を経ており、しかも女帝としても「先帝の皇后で中継ぎ」という従来の姿とは大きく異なるものであった。

藤原氏略系図①

鎌足―不比等―┬武智麻呂（南家）―仲麻呂
├房前（北家）―□―□―冬嗣―良房＝基経
├宇合（式家）
├麻呂（京家）
├宮子（文武夫人、聖武母）
└光明子（聖武后、孝謙母）

けっきょく、光明子の即位は実現しなかったが、その権威と権力は大きく、それと密着した甥《おい》の藤原仲麻呂《なかまろ》（不比等の長男武智麻呂の子）が台頭し、皇族と一体化するにいたった。孝謙の寵愛をうけた僧道鏡《どうきょう》の即位計画はよく知られているが、それも孝謙の仲麻呂に対する対抗意識から生じたものであるという。奈良時代には、藤原氏の一族の光明子や仲麻呂、そして藤原氏でさえない道鏡（豪族弓削《ゆげ》氏の出身）らが即位することには、それなりの現実性があった。皇統に密着する臣下が、臣下の立場を脱却する動きがあった。

平安時代の政治史は、それらの動きが挫折《ざせつ》するところから出発した。とくに藤原氏は、臣下の地位に徹し、「即位しない一族」として自己規制していった可能性が高い。七世紀までの聖徳太子《しょうとくたいし》、中大兄皇子《なかのおおえのみこ》（即位して天智天皇《てんじ》。天武の同母兄で、持統・元明の父）、草壁皇子（天武と持統の子）といった摂政は、いずれも皇太子、つまり次の皇位継承者である。そうなると、天皇の代行者である摂政になるということは、最有力な皇位継承者となることを意味した。そのような条件下では、摂政が幼帝の地位を脅かすことになり、この二者は両立しがたい。

天武→女帝持統（文武の祖母）→文武→女帝元明（文武の母）→女帝元正（文武の姉）→聖武という七世紀から八世紀にかけての皇位継承は、中継ぎの女帝即位によって、文武と聖武という二人の正統天皇の成長を待つ、という意味合いをもっていた。三人の女帝のいずれもが譲位して上皇になった。しかし、文武・聖武が幼少で即位し、それを補佐する摂政がいれば、そのような女帝の存在は必要なかったのである。皇位は天武→草壁→文武→聖武と直系の男性天皇に継承され、それぞれの天皇が譲位して上皇になっていた可能性が高い。

その意味で、以後の百年余に、清和・陽成・宇多・朱雀・冷泉・円融・花山と七人もの上皇が輩出するのは、摂政という制度の定着と関係がある。男性の上皇が、奈良時代に聖武ただ一人という事実と比較するとき、その傾向は歴然としているだろう。

4　宇多院政はあったのか

貞観十八年（八七六）、二十七歳の清和天皇は九歳の息子陽成天皇に譲位する。幼帝の摂政には、外伯父《そとおじ》の基経《もとつね》（良房の養嗣子）が就任する。こうして、歴史上はじめて上皇と摂政が併存することになった。清和上皇は母藤原明子《めいし》（良房の娘）が所有する別荘に隣接する清和院という御所に住み、出家後は諸寺を巡幸したり、断食修行に没頭したりした。良房・基経という外戚《がいせき》（母方の親戚）の力はたいへん強く、清和上皇も陽成天皇もほとんど政治をとることはできなかった。

ところが盤石《ばんじゃく》に見えた良房から基経への権力委譲は、清涼殿《せいりょうでん》における天皇の殺人という重大事件で、大きく揺らぐことになる。元慶《がんぎょう》七年（八八三）のことである。この事件は、天皇自身やその寝所が死のケガレにおかされたという点で、かつてないものであり、貴族たちは陽成天皇を退位させるだけでなく、できるだけ皇統を大きく変えようと画策したらしい。こうして、陽成天皇からみて大叔父《おおおじ》（親の叔父で四親等）にあたる遠縁の光孝《こうこう》天皇（仁明天皇の第三皇子）が即位する。天皇は五十五歳の高齢であったため、基経がそれを補佐する立場に立った。これが事実上の関白《かんぱく》就任と考えられている。

仁和《にんな》三年（八八七）、父光孝の死によって、宇多天皇が即位した。このとき外戚ではない基経が正式に関白になるのだが、その直後に両者の間に阿衡《あこう》事件がおこる。宇多天皇の側近の学者橘広相《たちばなのひろみ》（聖武天皇に重用され、のち失脚した橘諸兄《もろえ》の子孫）が起草した勅答（天皇の答え）に、職務内容をともなわない「阿衡」という文言があったことが、大事となったのである。けっきょく、天皇へ上奏される文書の内覧《ないらん》（内々に見ること）と天皇の諮問にあずかるのが関白の職務内容であり、「阿衡」などというあいまいな語句を介在させるべきではないという基経の主張が貫かれた。宇多の治世は、基経への屈服という屈辱的なかたちで開始される。

基経が寛平《かんぴょう》三年（八九一）に死ぬと、宇多天皇は関白を置かず、寛平の治と呼ばれる親政を開始する。そして六年後の寛平九年、十三歳で元服した皇子の醍醐《だいご》天皇に譲位し、三十一歳の若さで上皇になるのである。二年後には仁和寺で出家して初の法皇となった。

譲位直後は、国政に積極的に介入して、後世でいう院政的な政治形態をめざすが、譲位直後の権大納言《ごんのだいなごん》源光《みなもとのひかる》（仁明天皇の子）らの政務ボイコット事件でつまずいてしまう。その方針がうまくいかなかったことは、宇多と側近の菅原道真《すがわらのみちざね》が、左大臣藤原時平《ときひら》（基経の長男）に対してクーデターを企てたらしいことにも、さらにはっきりとあらわれている。上皇として国政をうまくコントロールできていれば、クーデターなどおこす必要はないからである。

その失敗の原因は、道真の用い方にあったと思われる。いかに有能であるとはいえ、学者の道真が右大臣までのぼったのには、宇多上皇の特別なはからいがあった。しかし、そのことが賜姓《しせい》皇族（姓を賜って臣下にくだった天皇の実子）を中心に公卿《くぎょう》（三位以上と四位の参議）たちの反発をかってしまう。味方にしなければならない公卿たちの嫉妬《しっと》は、時平につけこまれる余地を生じた。

また、学者たちの相互対立も、激しくなっていた。かつて阿衡事件で宇多と結びついていた橘広相に対して、三善清行《みよしきよゆき》・紀長谷雄《きのはせお》といった学者たちは論難を加え、広相の立場をいっそう悪くしていた。道真と清行、道真とその門人藤原菅根《すがね》の不和も伝えられている。のちの院政のような院近臣《いんのきんしん》層（院の側近となる廷臣）を育成することに失敗したのである。

すでに最初の段階で、院政路線は大きな障害に直面し、道真の失脚・左遷で完全にその命脈を断たれた。となると、次の仁和寺《にんなじ》隠棲《いんせい》中に、宇多は新たな路線に鞍替《くらが》えせざるをえなくなった。それは、時平の弟忠平《ただひら》との連携である。この時期を通じて、宇多はあれほど対立した時平とも、しだいに融和的になったとみられているが、それもこの宇多の方針転換あってのことであろう。そして時平の死後、その路線が定着する。

その選択とは何かというと、それこそ摂関《せっかん》政治なのではなかろうか。それは藤原氏の側でも望むところであった。天皇家とあからさまに対立するのではなく、融和的な関係を保つことによって、姻戚関係を強化する。摂政や関白という地位自体に、それほどの歴史も権威もないこの時代において、藤原氏の権力と権威の源泉としては、王家（天皇家）との姻戚関係がもっとも重要なのである。忠平はつねにそのことを認識していた。つまり、宇多上皇と藤原忠平との関係こそが、摂関政治の基礎を築いたといえる。宇多上皇は、院政路線に挫折し、摂関政治の枠内で上皇の立場の維持をはかるようになったのである。

5　冷泉・円融・花山上皇と摂関政治

安和《あんな》二年（九六九）、冷泉天皇（醍醐天皇の孫）が弟の円融天皇に譲位する。冷泉上皇は新帝の父ではなく、しかも狂気の様相を呈することもあったため、政治的発言権はまったくなかった。実質的には廃位といってよい。この権力をもたない上皇は、寛弘《かんこう》八年（一〇一一）に亡くなるまで、なんと四十二年も上皇の地位にあった。これは、のちの白河上皇の四十三年に次ぐもので、後鳥羽《ごとば》上皇の四十一年よりも長いのである。

円融天皇の即位は元服前の十一歳であり、藤原氏の長老実頼《さねより》（忠平の長男）が摂政になる。実頼は外戚ではない異例の摂政であった。翌年実頼が死ぬと、円融天皇の伯父の伊尹《これただ》（忠平

藤原氏略系図②（数字は摂関就任の順序）

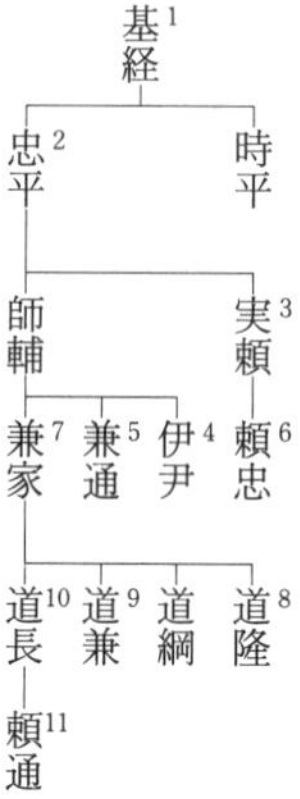

の子師輔《もろすけ》の長男）が摂政となる。ところが、この伊尹が天禄《てんろく》三年（九七二）に死んだため、その弟の兼《かね》通《みち》と兼家《かねいえ》とが対立することになる。

　関白となった兼通は、娘の媓子《こうし》を皇后に立てることにも成功し、円融天皇との関係を強化した。外戚間の対立は深刻なものとなり、兼通は死の直前の貞《じょう》元《げん》二年（九七七）、外戚ではない従兄《いとこ》の頼忠《よりただ》（実頼の二男）を関白に指名する。しかも後宮《こうきゅう》にはすでに円融天皇の第一皇子懐仁《やすひと》（のちの一条《いちじょう》天皇）を生んでいた兼家の娘詮子《せんし》がいるにもかかわらず、媓子の死後空席となった皇后に、天元《てんげん》五年（九八二）頼忠の娘遵子《じゅんし》が立てられた。それに対して、兼家のはたらきかけがあったのか、公卿たちが宮中の儀式に出てこないようになる。円融の治政は、兼家との対立の中で、ゆきづまった。

　円融天皇は永観《えいかん》二年（九八四）、冷泉上皇の皇子花山天皇に譲位し、東宮《とうぐう》（皇太子）は懐仁となる。兼家にとって外孫の即位は最大の目標でもあった。娘の生んだ懐仁の早期即位は、両者の妥協点であった。

　寛和《かんな》二年（九八六）、兼家の子道兼《みちかね》は、言葉巧みに天皇を清涼殿から連れ出して出家させ、道兼の兄道隆《みちたか》・道綱《みちつな》が神璽《しんじ》と宝剣を密《ひそ》かに東宮懐仁のもとに移してしまった。こうして一条天皇が即位し、兼家は外祖父で摂政という最強の地位を手中にした。騙《だま》されて譲位・出家させられた花山法皇は、寛弘五年（一〇〇八）に亡くなるまで、二十二年にわたって法皇の地位にありながら、完全に政治権力の圏外に置かれることになる。

　円融上皇の場合、花山・一条両天皇の時代を通じて、若干の政治的関与はあった。しかし、天皇の父である時期となる一条朝に入って、それが大幅に増加した事実はみられない。つまり、天皇の父としての政権掌握の意志は確認されないのである。その政治的な関与は、院司《いんじ》（上皇に仕えて院中の諸務を処理する職員）の昇進などの院に直接関係するものにほとんど限られていた。

　それは、兼家という外戚と正面から対決する政治的な条件を欠いていたからであろう。言い換えれば、両者に軋轢《あつれき》はあろうとも、けっきょくは一条天皇を即位させた段階で、天皇の外祖父である兼家と、天皇の父院である円融上皇は、ミウチ（限られた親類縁者）という共通の政治的基盤を優先したということになる。摂関政治とは、天皇のミウチ、つまり天皇、外戚、父院、国母《こくも》（天皇の母）などが権力の中枢を掌握する体制であるが、この時期の上皇は円融の

天皇家略系図③（数字は皇位継承の順序）

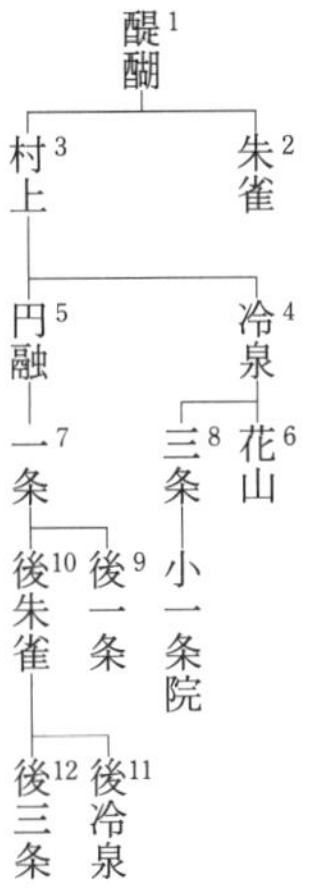

ようにこの中に完全に組み込まれるか、冷泉・花山のように排除されるかどちらかとなった。
円融は、仁和寺境内に円融寺という御願寺《ごがんじ》（天皇のための祈禱所《きとうじょ》・菩提所《ぼだいしょ》）を造営したが、在位中に行幸した形跡がない。ところが譲位後は、頻繁に御幸《ごこう》（上皇や女院《にょいん》の外出）するのである。それ以外にも、摂関家《せっかんけ》の別邸白河院訪問、東山《ひがしやま》や西山《にしやま》での花見、大堰川遊覧、石山《いしやま》寺《でら》、水尾寺《みずのおでら》、南都《なんと》諸寺、延暦寺《えんりゃくじ》、石清水八幡宮《いわしみずはちまんぐう》などへの御幸を繰り返した。それらは、円融上皇の個人的嗜好《しこう》にもよっているが、清和・宇多両上皇の先例を追おうとした意図もある。

花山法皇も政治的にはまったく無力であったが、歴史的に意味のない存在であったわけではない。出家するとまず播磨《はりま》の書写山《しょしゃざん》に参詣《さんけい》、比叡山《ひえいざん》や熊野《くまの》をはじめ、各地で修行を重ねて、正暦《しょうりゃく》三年（九九二）頃に帰京している。ただ仏道修行にいそしんだばかりでなく、和歌の名手としても知られ、『後拾遺和歌集《ごしゅういわかしゅう》』の序に「花山法王は先の二つの集に入らざる歌を採り拾《ひろ》ひて拾遺集となづけ給へり」とあるように、古来『拾遺和歌集《しゅういわかしゅう》』の撰進に深く関わったとされている。

また、『大鏡《おおかがみ》』（十二世紀初めに成立した歴史物語）によると「風流者《ふりゅうざ》」として、和歌だけでなく、絵画・建築・工芸・造園などにも非凡な才能を示した。さきの『拾遺和歌集』の中には、勅撰和歌集としてははじめて連歌《れんが》が収録されているが、それは花山法皇の意向が強かった可能性があるという。過酷な仏道修行から帰京後、東院《とういん》（花山院）の「九《く》の御方《おんかた》」（藤原伊尹の娘）という女性のもとに住み、乳母《めのと》の中務《なかつかさ》とその娘をともに寵愛するなど、色好みの名をほしいままにした。

第二章　院政の開始

1　後三条天皇の即位

花山《かざん》天皇のあとの一条《いちじょう》、三条《さんじょう》、後一条《ごいちじょう》、後朱雀《ごすざく》、後冷泉《ごれいぜい》天皇は、三条天皇を除いて、いずれも在位中に亡くなるか、あるいは死を目前にした譲位であったから、上皇としての活動はなかった。

三条天皇は冷泉《れいぜい》天皇の第二皇子で、母は藤原兼家《かねいえ》の娘超子《ちょうし》。つまり母が時の最高権力者道《みち》長《なが》の姉という関係であったから、道長は三条天皇の外叔父ということになる。道長と三条は前代の一条天皇の場合と同じミウチ関係にあったのだが、最初から反りがあわず、軋轢を増すばかりで、ついに天皇の眼病を理由に道長は外孫の敦成《あつひら》親王への譲位をはかった。長和《ちょうわ》五年（一〇一六）のことである。

こうして即位した後一条天皇は、一条天皇の皇子であったから、三条上皇はミウチから排除されてしまったのである。これではまったく政治的な権限は生まれようがなく、失意のうちに三条上皇は翌年に世を去った。

実は、この三条上皇にも、天皇のミウチとしての政治力を発揮する可能性があった。後一条天皇に譲位するにあたって、その東宮になったのが三条の皇子敦明《あつあきら》親王だったのである。すなわち、道長は三条の譲位をせまるにあたって、後一条のあとは再び三条の皇子に皇統をもどすという約束だった。

だから、三条上皇が譲位後一年あまりにして死ななければ、皇子敦明の即位もありえたのである。ところが、父の早すぎた死によって、唯一ともいえる庇護《ひご》者を失い、東宮敦明の立場はいっきに悪化する。はたして、父の死のわずか三ヶ月後、敦明は東宮を辞退するのである。新東宮には後一条天皇と同じく道長の外孫敦良《あつなが》親王（のちの後朱雀天皇）が立てられる。

東宮を辞退した敦明に対して、「小一条院《こいちじょういん》」という院号があたえられた。上皇に準ずる待遇である。また、道長の娘の寛子《かんし》が小一条院女御となったので、小一条院は道長の婿《むこ》ということにもなる。道長は絶妙なバランス感覚で、三条の子孫の政治的命脈を断ったのである。

ところが、小一条院の腹違いの妹に、禎子《ていし》内親王という女性がいた。母は道長の娘の妍子《けんし》である。道長としては、三条の中宮《ちゅうぐう》（皇后の別称）とした妍子に男子が誕生することを期待したのであるが、ついにその望みは叶《かな》わなかった。そのため、禎子の誕生は「不悦の気色《けしき》甚だ露《あら》は、女を産ましめ給ふによるか」（『小右記』）と祖父道長にとって不本意なものなのであった。

この禎子は、万寿《まんじゅ》四年（一〇二七）、東宮敦良の妃となった。この敦良との間に長元《ちょうげん》七年（一〇三四）生まれたのが、尊仁《たかひと》親王、のちの後三条《ごさんじょう》天皇である。

尊仁が生まれたとき、すでに道長はこの世になく、摂関家（摂政・関白を出す、公家として最高位の家格）はその嫡子である頼通《よりみち》が継いでいた。道長がきわめて多産の人であり、多くの娘をもったことが摂関政治の全盛をもたらしたことはよく知られている。とくに、妍子が三条中宮、彰子《しょうし》が一条中宮、威子《いし》が後一条中宮、嬉子《きし》が後朱雀女御《にょうご》と、四代にわたる天皇の中宮・女御（中宮の下位の妃）を輩出し、しかも彰子は後一条と後朱雀を生み、嬉子は後冷泉を生んだわけである。

ところが頼通は、父道長のように多産ではなかった。父が例外だったのである。頼通の唯一の娘寛子《かんし》（小一条院女御とは別人物）は、後冷泉天皇に入り、皇后に立てられたが、ついに子女を生むことはなかった。そして、父の例外的多産が、次代のわざわいに転じていく。す

藤原道長のおもな子女（数字は摂関就任の順序）

倫子 ═ 道長 1 ═ 明子

倫子の子
- 彰子（一条中宮、後一条・後朱雀母）
- 頼通 2
- 妍子（三条中宮）
- 教通 3
- 威子（後一条中宮）
- 嬉子（後朱雀女御、後冷泉母）

明子の子
- 頼宗
- 能信
- 寛子（小一条院女御）
- 尊子（源師房妻）

なわち、頼通の兄弟の多さである。とくに道長は、源雅《まさ》信《のぶ》（宇多天皇の孫で左大臣にのぼる）の娘倫子《りんし》と、源高明《たかあきら》（醍醐天皇の子で同じく左大臣）の娘明子《めいし》との間に、多くの子女をもうけた。

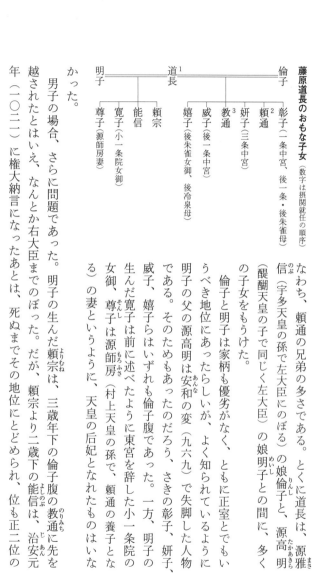

倫子と明子は家柄も優劣がなく、ともに正室とでもいうべき地位にあったらしいが、よく知られているように明子の父の源高明は安和《あんな》の変（九六九）で失脚した人物である。そのためもあったのだろう、さきの彰子、妍子、威子、嬉子らはいずれも倫子腹であった。一方、明子の生んだ寛子は前に述べたように東宮を辞した小一条院の女御、尊子《そんし》は源師房《もろふさ》（村上天皇の孫で、頼通の養子となる）の妻というように、天皇の后妃となれたものはいなかった。

男子の場合、さらに問題であった。明子の生んだ頼宗《よりむね》は、三歳年下の倫子腹の教通《のりみち》に先を越されたとはいえ、なんとか右大臣までのぼった。だが、頼宗より二歳下の能信《よしのぶ》は、治安《じあん》元年（一〇二一）に権大納言になったあとは、死ぬまでその地位にとどめられ、位も正二位のままで昇階できなかった。とくに、六十六歳になった康平《こうへい》三年（一〇六〇）には、頼通の嫡子でわずか十九歳の師実《もろざね》に先を越されてしまう。甥に抜かれた能信の立場は哀れなものであった。

頼通は外伯父として三代五十年の長きにわたり摂関をつとめた。しかしその立場が盤石であったかというと、これも疑問である。最大の原因は、後冷泉天皇の後宮に送りこんだ一人娘の皇后寛子が、いっこうに皇子を生まないことであった。

後冷泉にはほかに、後一条天皇の皇女章子《しょうし》内親王が中宮として、頼通の弟教通の娘歓子《かんし》が女御として入っていた。夭折《ようせつ》したとはいえ、永承《えいしょう》四年（一〇四九）には歓子が、先に皇子を出産したのである。そのために、同母の兄弟である頼通と教通の間も微妙な関係になってきた。

さて、少し時間をもとにもどすと、後朱雀天皇は、第一皇子である東宮親仁《ちかひと》（後冷泉天皇）の次には、第二皇子の尊仁を皇位につけるつもりであったらしい。だが、関白頼通はあくまでも、尊仁の立太子、そして即位という流れを阻止したかったのである。

ところが寛徳《かんとく》二年（一〇四五）、天皇は病にかかり、親仁に譲位することになった。このとき、激しく天皇をせきたてて、尊仁の立太子を実現させたのが、かの能信なのである。

能信は、後朱雀天皇の皇后禎子内親王の皇后宮大夫《こうごうぐうのだいぶ》（皇后宮職の長官）をつとめていた。

そして、尊仁が東宮になると同時に、東宮大夫（東宮坊の長官）となって、その職を二十年間もつとめる。さらに能信が治暦《じりやく》元年（一〇六五）に死ぬと、能信の養嗣子能長《よしなが》（兄頼宗の子）が養父の跡を継いで、東宮大夫となる。

かつて、小一条院敦明親王が、父の三条上皇の没後、孤立無援となり東宮を辞退したのと比較した場合、尊仁親王の場合は庇護者がいたのである。

まず母禎子内親王、そしてその側近でもあった摂関家傍流の能信。しかも、摂関家当主の頼通は、後冷泉天皇の伯父として外戚ではあったが、父道長とは異なって外祖父となる足がかりを失っていた。場合によっては弟の教通に外祖父の地位を奪われる可能性もあった。頼通としては、尊仁から東宮の地位を奪うにも、その代わりの皇子を見いだすことができなかったのである。

こうして宇多《うだ》天皇以来百七十年ぶりに、藤原氏を外戚としない天皇として即位したのが、この尊仁すなわち後三条天皇であった。治暦四年（一〇六八）、四十四歳で亡くなった兄後冷泉天皇のあとをうけたものである。

ちなみに、宇多天皇は光孝天皇の第七皇子であったが、母は桓武《かんむ》天皇の皇子仲野《なかの》親王の娘班子《はんし》女王であった。次の醍醐《だいご》天皇の母は内大臣藤原高藤《たかふじ》の娘胤子《いんし》であり、それ以後の天皇の母はすべて藤原氏出身だったのである。また、次の朱雀《すざく》・村上《むらかみ》天皇の母は、摂政藤原基経《もとつね》の娘穏子《おんし》で、その後の天皇の母はみなこの基経の子孫であった。

もちろん、禎子も母が道長の娘であるから、基経の子孫には違いがない。しかし、なんといっても、これほど長期間にわたって天皇の外戚を摂関家、ないしは藤原氏が占めている以上、それと無関係な天皇など出るはずがないのである。祖母までいけば、必ず摂関家出身の女性がいるに決まっている。だから、後三条天皇の母が藤原氏でないことは画期的なのである。

2　後三条院政はあったのか

後三条天皇の皇子である白河《しらかわ》天皇が応徳《おうとく》三年（一〇八六）、皇子の善仁《たるひと》親王（堀河天皇）に譲位して院政をはじめたというのは、ほぼ通説となっている。それに対して、後三条天皇は、延久《えんきゅう》四年（一〇七二）、突如として皇太子貞仁《さだひと》（白河天皇）に位を譲った。この譲位をめぐって、かつて論争が行われたことがある。後三条天皇に院政開始の意図があったかどうか、という議論である。

後三条上皇は、譲位後わずか五ヶ月で世を去ってしまったため、上皇としての事績が少ない。そのため、この論争は、意欲的な治政を推し進めていた後三条が、なぜ三十九歳の若さで譲位したのか、という問題に集中した。

そもそも、発端は『愚管抄』の記事にまでさかのぼる。すなわち、政務はひたすら臣下の摂政・関白が行い、天皇は宮中深くあるかなきかのようにしているという摂関政治のあり方に批判的であった後三条天皇は、退位ののちも上皇として政治を行うのがよいと考えた。しかし、退位翌年の急死によってそれがはたせなかったというのである。

このような見方は、南北朝時代の『神皇正統記《じんのうしょうとうき》』（北畠親房《きたばたけちかふさ》著）や江戸時代の『読史余論《とくしよろん》』（新井白石《あらいはくせき》著）などに継承され、明治以降になると黒板勝美氏や三浦周行氏などの歴史家によっても支持された。近代歴史学で重視されたのは、譲位後ただちに院庁《いんのちょう》が設置され、公卿五人を含む七人の別当《べっとう》、主典代《しゅてんだい》、公文《くもん》などの院司が任命され、院蔵人所《いんのくろうどどころ》などの組織ももうけられたことなどであった。

それらに対して、和田英松氏は、譲位の理由を、①在位中災害異変があいついだこと、②後三条の病気、③藤原氏の娘が後宮にある貞仁親王（白河天皇）の子孫に天皇の地位を継がせたくはなく、異母弟の実仁《さねひと》親王（母は源基子《きし》）を早く東宮の地位につけておくため、という三点に求めた。さらに、後三条が譲位後に置いた院庁は、それ以前の円融《えんゆう》上皇の院庁などと本質的な違いがなく、上皇としての治政とは直接関係がないとした。

この見解は、実仁の即位を意図する皇位継承問題と、院庁の性格という問題、この二つに注目したという点で、その後の研究につながる面をもっていると思う。だが、同じく後三条院政の意図を否定的にとらえる平泉澄氏の見解は、それとはまた異なった側面をもっている。

平泉氏は、後三条の譲位は病気を原因とするもので、院政開始の意志や目的など毛頭ないとする。譲位の意志の偶然性がことさら強調された背景には、「院政」という政治形態への嫌悪感が存在する。すなわち、院政というのは天皇制本来のあり方からすると変則的であり、後三条のような政治に意欲的な「聖帝」が、そのような誤った政治形態を望むはずはないし、そのようなことはあってはならないというのである。平泉氏に代表される皇国史観では、政治はあくまでも天皇中心になされなければならないわけであり、その点で摂関政治も院政も堕落した政治形態ということになる。その二つにはさまれた、束《つか》の間の後三条による治世＝後三条親政こそまさに「新政」というにふさわしい理想的な政治の姿であった。後三条親政こそ、鎌倉幕府と室町幕府の政治の間にぽっかりと生まれた理想的な後醍醐《ごだいご》親政＝「建武中興《けんむちゅうこう》」と共通する性格をもっていると考えられたのである。

戦後になると、吉村茂樹氏が、後三条在位中の災害異変が譲位の原因になるほど突出したものでなかったこと、病気についても譲位以前にさしたる重病は確認されず、死を早めた糖尿病も亡くなる年の三月なかば以降、つまり譲位後であったと主張した。これは和田氏の論点の①と②に対する具体的な反論であるが、病気による譲位を強調した平泉氏の説への批判でもあった。

その上で、後三条天皇譲位の真の目的は、藤原氏出身の茂子《もし》を母にもつ皇太子貞仁（白河天皇）即位のあとに、藤原氏ではない源基子が生んだ実仁を東宮とし、白河のあとに即位させる。その計画を確実にするために、早々に譲位して、実仁を東宮にしたのだと説いた。つまり譲位は王権の拡大という後三条親政の目的の延長線上にあり、摂関政治への回帰を阻止する目的をもっているのであって、院政開始の意図はないとしたのである。

この説は、和田説の三つ目の論点、すなわち実仁即位という皇位継承が目的であるという考え方を一歩進め、院政開始の意図を否定したという面で、『愚管抄』以来の説を否定したというふうにとらえられるかもしれない。しかし、摂関政治否定という意図のもとに、白河天皇よりも実仁を選択するということでは、『愚管抄』の記述をもとに主張されている点にも注意する必要があろう。

また、この長年にわたる論争の過程で、後三条上皇の院庁の性格について、先駆的ともいえる議論が行われたことにも注意したい。院政になると、朝廷の政治は太政官ではなく、院庁で行われるようになる。あるいは、院政では、太政官符《だじょうかんぷ》（太政官から発行された公文書。略して官符）や宣旨《せんじ》（天皇の命を伝える文書）の代わりに、国政が院庁下文《いんのちょうのくだしぶみ》（院庁から発行された文書）や院宣《いんぜん》（院司が上皇の命を受けて発行する文書）によって行われるようになる、という誤った考え方は今でも根強い。

この問題は第三章で詳しく述べるように、院政を考える場合、重要な論点になっていくのであるが、後三条以前の上皇、たとえば円融上皇のもとにも院庁があったではないか、という戦前の和田氏の主張は興味深いものがある。

この吉村説が通説化したために、以後後三条院政云々《うんぬん》という議論はほとんどなされなくなったのである。

しかし、私はこの後三条院政否定論に、疑問を感じている。なぜならば、のちの応徳三年（一〇八六）の白河天皇譲位をもって、院政開始とする考え方がほとんど通説になっていることとの関係がよくわからないからである。白河の譲位も、異母弟の輔仁《すけひと》（実仁と同じく、母は源基子）の即位を阻止し、自らの皇子の善仁（堀河《ほりかわ》天皇）の即位を強行するためになされたからである。後三条と白河の譲位の目的は、同じように皇位継承問題だったのである。それなら、なぜ前者は院政でなく、後者は院政なのか。そのことをもう少し突き詰めて考えるには、白河院政確立の過程を検証してみる必要があると思う。

3　白河院政の開始

白河天皇の譲位には、異母弟との関係が大きな原因となっている。白河天皇の母は、権中納言藤原公成《きみなり》の娘茂子である。公成は藤原北家《ほっけ》ではあるが、嫡流たる摂関家とは別系統の、閑院《かんいん》流と呼ばれる家系に属していた。ちなみに、閑院流とは、兼家（道長の父）の弟、太政大臣公季《きみすえ》の子孫である。公季が父の師輔《もろすけ》から閑院邸を譲られたことから、この名称が伝えられている。公成の曾孫《ひまご》、実行《さねゆき》・通季《みちすえ》・実能《さねよし》の代にいたって、三条《さんじょう》・西園寺《さいおんじ》・徳大寺《とくだいじ》の三家に分かれた。

後三条天皇は東宮時代に、茂子を妃に迎えた。公成の女きょうだいが藤原能信の妻であった関係から、茂子は能信の養女となっていたのである。前に述べたように、東宮時代の後三条を、この能信が支えていたのである。

ところが、延久三年（一〇七一）、後三条と源基子との間に、第二皇子が生まれた。これが実仁親王である。茂子は後三条の寵愛をうけて、白河天皇以外に、聡子《そうし》内親王をかしらに四女（末娘の篤子《とくし》は堀河天皇の中宮となる）をもうけたが、康平五年（一〇六二）、夫の即位を見ぬままにこの世を去っていた。こうして、白河にとって、十八歳も年下の弟が生まれることになったのである。

基子という女性は、もともと聡子内親王の女房であったが、茂子の死後に後三条の寵愛をうけたらしく、実仁誕生の直後に女御になっている。父は参議《さんぎ》源基平《もとひら》という人物であったが、すでに康平七年（一〇六四）に他界していた。その子季宗《すえむね》も公卿にはなれず、朝廷の中での地位はそれほど高いものではなかった。

天皇家・藤原氏関係系図（数字は皇位継承の順序）

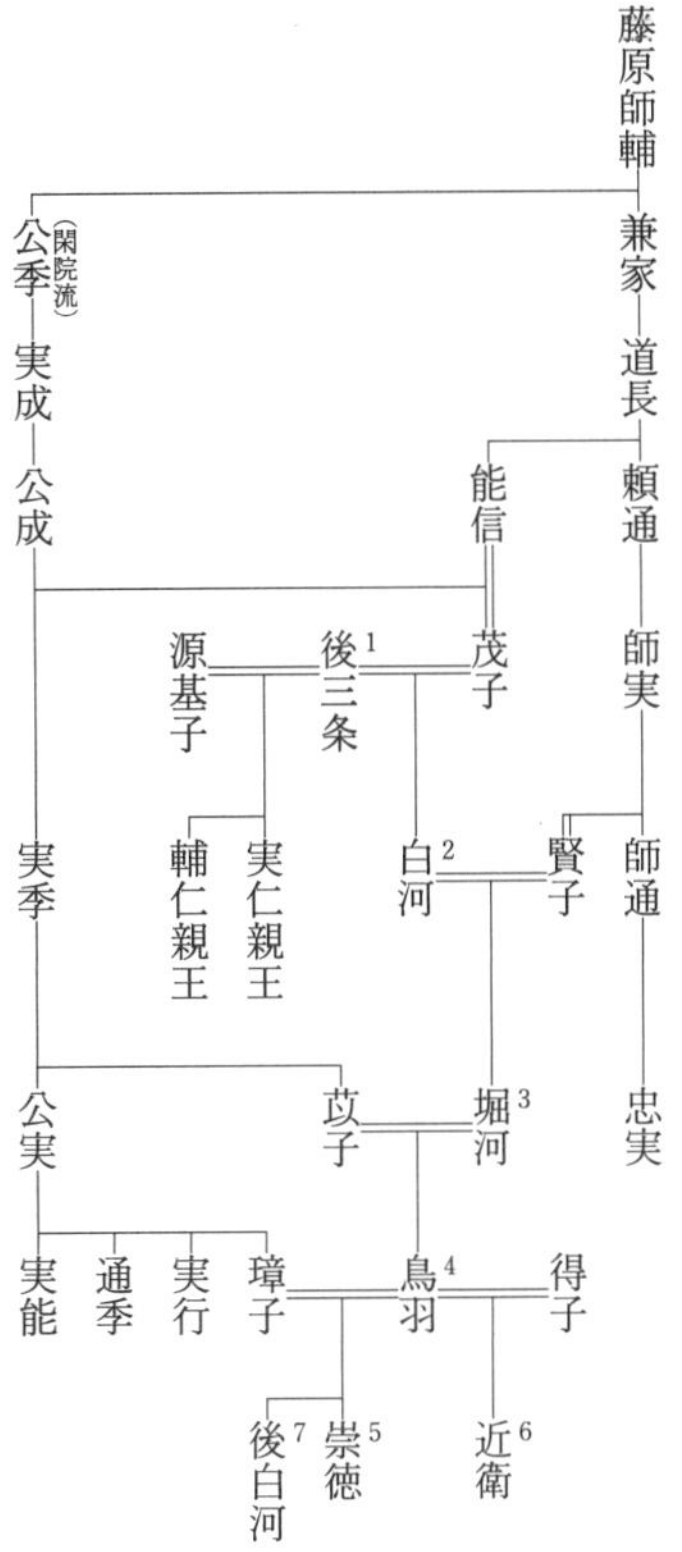

東宮時代に、摂関家の頼通のいじめをうけた後三条は、治暦元年（一〇六五）に能信が亡くなると、その跡を継いでいた養子の能長（能信の兄頼宗の実子）に警戒心をもつようになった。すでに延久元年（一〇六九）に能長の娘道子《どうし》が東宮貞仁の妃となっており、王子誕生の可能性があった。この家系も道長の子孫であり、傍流とはいえ摂関家に近い。

王家の政治的主体性を確立しようとしていた後三条としては、そのような藤原氏、とりわけ摂関家との関わりをもたない実仁の方が都合がよかった。だが、すでに亡くなってしまった茂子が生んだ子よりも、寵愛する女性の生んだ子の方がかわいいという単純な問題もあったのかもしれない。

それとともに、この基子という女性は、あの小一条院敦明親王の孫なのである。東宮時代のわが身を振り返ると、かつて道長の嫌がらせをうけて東宮の地位を捨てた小一条院に、特別の思い入れがあったかもしれない。それ以上に、後三条の母禎子の感情といったことも、考慮に入れる必要があるだろう。母は異なるとはいえ、小一条院は禎子の兄である。その面影は、孫娘の基子を通じて、その幼子の実仁に伝えられようとしている。実仁は禎子にとって、自らの孫であるとともに、不遇だった兄の曾孫でもあり、父の三条天皇の血統を両親から受け継いだ特別な皇子なのである。

延久三年（一〇七一）、村上源氏顕房《あきふさ》の娘賢子《けんし》が、摂関家の藤原師実（頼通の嫡男）の養女として、東宮貞仁の妃となった。この婚姻は後三条の意志によると『愚管抄』は述べている。しかし『愚管抄』は摂関家出身の慈円《じえん》によって書かれた歴史書であるから、この記述にはいささか疑問がある。摂関の地位を弟の教通に譲って、宇治《うじ》に引退していたとはいえ、いまだ隠然たる勢力をもっていた頼通のはたらきかけがあったと考えるべきであろう。後三条と基子の間に実仁が生まれた直後であることから考えて、頼通と東宮貞仁との提携関係が疑われる。

貞仁の賢子に対する寵愛はことのほか深かった。賢子は貞仁が即位すると承保《じょうほう》元年（一〇七四）中宮になり、その年待望の男子、敦文《あつふみ》親王を生む。すでに前年に後三条上皇は亡くなっており、この年頼通が、そして関白教通も翌年に世を去る。また、この年の十月には上東門院《じょうとうもんいん》彰子が死去する。道長の娘として、一条天皇の中宮となり、後一条・後朱雀天皇を生んだ女性である。

この数年で、旧世代の代表的人物がつぎつぎに亡くなり、いっきに世代交代が進んだ。教通のあとの関白は、賢子の義理の父であり、敦文の外祖父にあたる師実であった。白河天皇の師実に対する信頼は厚く、新体制は承保二年、二十三歳の天皇と三十四歳の関白というかたちで発足した。

ところが、敦文は承保四年（一〇七七）、わずか四歳で死んでしまう。秋になって流行しはじめた疱瘡《ほうそう》によるものだという。賢子との間に第二皇子が生まれたのが、承暦《じょうりゃく》三年（一〇七九）であった。これがのちに堀河天皇となる善仁親王である。五年後、白河天皇最愛の賢子は二十八歳の若さでこの世を去った。

こうなると、賢子の面影を残した善仁に位を譲りたいという思いが、日に日につのっていったことであろう。父後三条の意志で東宮の地位にあった異母弟の実仁の存在が邪魔であったが、応徳二年（一〇八五）、疱瘡でその実仁が亡くなるのである。

しかし、実仁のあと、すぐにわが子善仁を東宮にすることは、難しかった。実仁の下には同母弟の輔仁がいたのである。善仁が七歳に対して、輔仁は十三歳であった。しかも、生前の後三条が、実仁のあとには輔仁を即位させるつもりだったと伝えられ、白河天皇の祖母である陽明門院《ようめいもんいん》禎子が健在で、ことあるごとに「先帝のご遺志」というものを持ち出していた可能性もある。

その根回しに一年ほどを費やしたのであろうか、応徳三年（一〇八六）、ついに八歳の善仁が皇太子となる。しかも白河天皇は同日にその新東宮に譲位してしまうのである。この白河の譲位、堀河天皇の即位をもって、普通、白河院政の開始とされている。

4　院政確立への道

院政の開始とはいっても、すぐに白河上皇の権力が確立したわけではない。輔仁が即位する可能性は残っており、万一そのようなことになると、白河にとって、自らの子孫に皇位を継承させることが難しくなる。

八歳の新帝の摂政には、摂関家嫡流の藤原師実が任命される。白河の即位後、まもなくその関白に就任して以来、すでにその地位に十年あまり。白河にとって、師実はかなり気心の知れた廷臣である。

白河にとって今は亡き最愛の女性、賢子は村上源氏顕房の娘ではあったが、師実の養女として白河の妻になったのである。そして、今上《きんじょう》にとって、血縁はないとはいえ、師実は外祖父ということになる。

師実にとっては、父頼通がどうしても天皇の外祖父になれなかったことを知っているから、この堀河天皇との関係は何ごとにも代えがたい。これに対して、輔仁親王の母は源基平の娘基子であり、師実は外戚の地位にない。こうしたことから、白河・堀河父子と摂関家の師実は、対輔仁の点から、強い提携関係をもつことになる。

そのような権力関係にあるために、ふだんの政治は幼帝の代理、つまり摂政師実を中心に行われることになる。ミウチ、すなわち天皇、父上皇、国母、外祖父などが協力して政治を行うのが摂関政治であるから、その意味では摂関政治が復活したといってもよいことになってしまう。もちろん天皇は幼帝であり、国母は不在であるから、けっきょく上皇と外祖父が政治を行うということになるのだが、そうなると、院政の開始ということと矛盾してしまう。

そこで、もう少し視野を広げて考えてみよう。元木泰雄氏によると、村上源氏の顕房流や公成→実季《さねすえ》→公実《きみざね》とつながる閑院流藤原氏という、新たな外戚家の台頭にもかかわらず、国政における外戚の占める比重が低下したという。

摂関期には、実務官人や学者が含まれる参議（大臣や納言の下位で、公卿の構成員）を除いて、主要な公卿の大半を天皇のミウチが独占していた。この場合のミウチとは、藤原氏の場合には摂関の子供や兄弟、天皇の外戚（外祖父、外伯父・叔父）、源氏の場合は一世源氏（親王である皇子を含む）までをいう。ミウチから離れれば政治的地位の継承は困難となった。だから、外戚関係によってミウチの地位を維持した藤原氏とは対照的に、外戚となれなかった各源氏は、天皇の子孫であるにもかかわらず二代から三代で公卿の地位を失うものが多かったのである。

ところが、摂関および外戚の地位が道長の嫡流に独占され、その他の藤原氏が排除されたため、限られた公卿を除いて女子の入内《じゅだい》が困難となっていった。藤原北家の複数の公卿から入内していた道長以前にくらべると、摂関とその周辺の権威は保証されるものの、入内する女子の数が減って、外戚関係が断絶する危険性が増すという皮肉な結果となったのである。

実際に、道長が摂政になった長和五年（一〇一六）の段階で、すでに公卿十八人のうち、ミウチは半数の九人に減少していた。この傾向がさらに進んで、後三条天皇が即位した治暦四年（一〇六八）には、大臣三人と大納言信長《のぶなが》（教通の子）以外にミウチの公卿はいなくなっていた。

このように、長く摂関政治を支えてきたミウチによる政権中枢の独占はくずれ、公卿たちはもはや、ミウチとしての立場を政治的権威の源泉とはみなさなくなってきていた。それゆえに、新たな外戚家として台頭してきた村上源氏や閑院流藤原氏が、かつての摂関家のようなかたちで政治の中枢をにぎることはなかったのである。

摂関期には、皇位や摂関といった、人事のうちでもとくに重要な問題は、ミウチの中心にあった天皇・父院・国母・外戚などが話し合って決めていた。それ以外の人間がこのような案件に介入することなど考えられなかった。

ところが、院政期になると、これが大きく変わるのである。そのことを象徴するのが、堀河天皇が亡くなって、白河法皇の孫の鳥羽《とば》天皇が五歳で即位した嘉承《かしょう》二年（一一〇七）七月のできごとであった。幼帝の即位であるから、当然摂政が置かれなくてはならない。鳥羽天皇の母は、閑院流藤原氏の実季の娘であった。実季も鳥羽天皇の母苡子《いし》もすでに他界していたが、苡子の兄の東宮大夫公実が外伯父として、その摂政の地位を望んだという。

とくに公実は「いまだかつて天皇の外祖父でも母方のおじでもない人が、御即位にさいして摂政となったことはございません」と法皇にせまったというのである。堀河天皇のもとで関白をつとめていた忠実《ただざね》は、師実の孫にあたるのだが、すでに堀河の外戚でもなく、新天皇の外戚でもなかった。だから、そのまま関白忠実が摂政となることを、公実は阻止しようとしたのである。

元木氏によると、たしかに摂政には、安和の変直後の実頼《さねより》が冷泉天皇の母方の大伯父であったのを例外として、良房《よしふさ》以来、基経・忠平《ただひら》・兼家・道長・頼通・師実と、ずっと外祖父、外伯父・叔父である外戚が就任してきた。関白は、初代の基経以来、太政大臣に付随する官職とされ、非外戚の首席大臣が兼任することもあったが、天皇の代理をつとめる摂政に非外戚がなったことはほとんどないのである。

このように公実の主張には聞くべきものがあったので、法皇はたいへん悩んだらしい。この法皇の迷いに決着をつけたのは、醍醐源氏の権大納言源俊明《としあきら》の強引な参院であった。『愚管抄』によると、俊明は周囲の制止をふりきって法皇の御前に進み、摂政人事の決定をせまった。別に、忠実にするように説得したわけではない。しかし、結果として、亡き堀河天皇の関白を、そのまま新帝の摂政にするという、常識的な決定に落ち着いたのである。

俊明は源高明の曾孫であるが、白河法皇や故堀河天皇、そして新帝鳥羽とのミウチの関係はなかった。そのような人物が、摂政の人事という国政の重大事に関与することは、摂関期にはありえない。彼は白河法皇の院庁別当で、しかも日頃から後見役として院の政務に深く関与していた。俊明ら兄弟はいずれも後三条天皇の側近くに仕え、兄の権中納言隆俊《たかとし》は記録所（記録荘園券契所《きろくしょうえんけんけいじょ》）の上卿《しょうけい》（長官）をつとめ、「陣中公事《くじ》、一身奉行す。殆《ほとん》ど傍《かたわら》に人無きが如《ごと》し。末代に於《お》いて無双の卿相也《けいそうなり》」（『古事談』）とさえいわれているのである。

この俊明らの醍醐源氏と同じように政務の中枢に関与したのが、大江匡房《おおえのまさふさ》である。匡房は文章道《もんじょうどう》の家に生まれた学者であるが、その学識を高く評価されて、後三条天皇の皇太子時代に東宮学士（皇太子の教育係）となった。そして、後三条が即位すると記録所の運営という重要な政策に深く関わり、永保《えいほう》二年（一〇八二）には右大臣の人選という重要な人事の際に、白河天皇に進言を行ったという。この年、匡房はたかだか弁官局《べんかんきょく》（太政官の事務局）の役人の左中弁《さちゅうべん》にすぎないのである。

関白実頼にはじまる小野宮《おののみや》流の藤原氏で、左少弁《さしょうべん》、右中弁、蔵人頭《くろうどのとう》をへて権中納言となった通俊《みちとし》も、「通俊、匡房などは近古の名臣也」（『古事談』）と、匡房とならんで白河からの賞賛をうけている貴族である。後三条天皇の蔵人頭であった同じ小野宮流の資仲《すけなか》も、宣旨枡《せんじます》(後三条天皇が定めた公定枡)の制定を執行し、人事にも介入したようである。

小野宮流は、道長と同時代の右大臣実資《さねすけ》によって、その基礎が築かれた。実資は「賢人右府《けんじんうふ》」(右府は右大臣の別称)といわれるほど有職故実《ゆうそくこじつ》の見識が高く、故実書『小野宮年中行事』をまとめており、また長大な日記『小右記《しょうゆうき》』(小野宮右大臣の日記)を記したことでも有名である。

実資は、養子資平《すけひら》に対し、小野宮流の家の儀式作法、有職故実の指導を通じて、家職を譲ることを示した。その後の小野宮流は、その実務能力を発揮して、弁官や蔵人頭をへて公卿にいたる「名家《めいか》」と呼ばれる独自の地位を、朝廷内で形成していった。

儀式作法や有職故実の修得と継承が実務能力につながるのは、摂関期以降に進行する政務の儀式化という問題に関連している。貴族社会内部には、ミウチの勢力以外に、そのような実務官僚の家と家職が成立し、継承されるようになってきていた。源俊明らを出した醍醐源氏が大納言(左大臣・右大臣・内大臣に次ぐ官職)の地位を代々維持できたのも、実務官僚としての素養のためである。

大江匡房を含めて考えると、弁官・蔵人・文章博士《もんじょうはかせ》といった実務官僚、学者の出身者が、天皇の命令の忠実な執行者という立場を越えて、人事などの重要な問題で院から諮問をうける「顧問」というべき立場に立ちうるようになっていた。このようにして、院近臣というものが大きな力を発揮するようになる。このことが、政界におけるミウチの比重を下げる結果となったのである。

さて、鳥羽天皇即位のときの忠実の摂政就任は、ほかにも重要な問題を含んでいた。まず、公実が外戚として摂政を望んでいたということから、忠実自身が補任《ぶにん》の宣命《せんみょう》（天皇の命を伝える文書）には明確に「上皇の仰《おおせ》の由」（『殿暦』）を載せよと指示し、実際にその宣命には「太上天皇乃詔久《だいじょうてんのうのたまわく》」（『朝野群載《ちょうやぐんさい》』）と書き出されている。この宣命によれば、摂関が上皇の権威によってその地位についたことを意味し、上皇の権威を著しく高める結果となった。

とともに、摂政・関白を世襲する家としての摂関家というものが定着するのも、この時期である（九八頁の系図参照）。摂関期には、摂関と外戚というのは、密接不可分の関係にあった。ところが、後三条天皇の即位によって関白に就任した藤原教通は、外戚ではなかった。その跡を継いだ頼通の嫡子師実も、後三条の外戚ではなかった。白河の場合、妻の賢子が師実の養女となっていた関係から、師実はその間に生まれた堀河天皇の外戚、外祖父といってもよいだろう。しかし、師実の子の関白師通《もろみち》、その子の忠実となると、外戚関係はなかった。外戚ではない師通、忠実に摂関の地位が、世襲されはじめたのである。

そして、皮肉なことに、鳥羽即位時の摂政をめぐる問題こそが、そのような摂関と外戚との分離を決定づけた。すなわち、外戚ではないにもかかわらず、道長の子孫である一つの家系に、摂関が世襲されることになったのである。外戚関係が何代にもわたって続いた摂関期には、王家と摂関家というのは、ほとんど一体のものとなっていたのである。だから、院政期になって、王家と摂関家という、朝廷の頂点を構成する家が確立したことになる。

また、ほとんど同じ頃、院の家父長権というものも確立する。例の輔仁問題の解消である。白河法皇の孫にあたる鳥羽天皇の即位で、白河の異母弟である輔仁の即位はさらに遠のいた。幼帝即位後、法皇は内裏六条院に近い院御所に住み、源為義《ためよし》（義家の孫）や同光信《みつのぶ》（頼光の玄孫）らの武士に終日内裏警固を命じた。輔仁勢力の動きを警戒したからである。

ところが、永久《えいきゅう》元年（一一一三）、天皇に対する極秘の重大計画が発覚する。それによって、輔仁の護持僧仁寛《にんかん》と醍醐寺座主《だいごじざす》勝覚《しょうかく》の童子《どうじ》千手丸《せんじゅまる》が流罪となった。仁寛は輔仁勢力の中心人物とされる源俊房《としふさ》（藤原頼通の養子源師房の子）の子であり、勝覚はその仁寛の兄である。嫌疑は天皇呪詛《じゅそ》。真偽は不明である。この政治的事件によって、輔仁即位の芽は完全につみとられる。こうして、王家における白河法皇の家父長権が確立するのである。

第三章　院政の構造

1　皇位選定権と叙位・除目

朝廷で何が一番重要であったかといえば、それは人事権である。それなら現代の組織でも同じではないか、といわれそうだが、その重要度が違う。朝廷は、人の序列、つまり上下関係、あるいは身分というものを、官職と位階（合わせて官位という）という制度で規定し明示する。律令制にもとづいたこの機能は、さまざまな変遷をとげながらも、江戸時代が終わるまで存続した。

その人事権の中で、もっとも根幹をなすのは、天皇の人事というもの、つまり皇位選定権ということになる。院政というのは、上皇がこの天皇の人事権を完全に掌握することで、確立したといえる。摂関期には外戚の藤原氏によって天皇の地位が左右された。摂関によって王の人事権がにぎられていたのである。後三条《ごさんじょう》天皇はその外戚の手から、王の人事権をとりもどそうと努力した。貞仁《さだひと》（白河《しらかわ》）→実仁《さねひと》→輔仁《すけひと》というように、自らの皇子たちを即位させようとしたのである。ところが、白河天皇の抵抗によって、けっきょくはたせなかった。白河上皇は、堀河《ほりかわ》→鳥羽《とば》→崇徳《すとく》と曾孫にいたる直系の子孫を即位させることに成功した。まさに、父の人事権を打ち破るかたちで、自ら天皇の人事を牛耳ったのである。

それでは廷臣たち、貴族たちの人事権についてはどうなのか。それらを決める場というのは、叙位《じょい》・除目《じもく》ということになる。それらは、天皇が幼少のときは内裏にある摂政の宿所で、天皇が成人するとその御前で決定されることになっており、その原則はほぼ一貫して守られている。

院政期になると、この叙位・除目に院が介入し、朝廷の人事権を事実上院がにぎってしまう。そのよい例が、嘉承三年（一一〇八）正月除目である。この幼帝鳥羽の践祚《せんそ》後はじめての除目では、白河法皇の近習《きんじゅう》の多くが生産力が高く実入りのいい熟国《じゅっこく》（播磨、伊予《いよ》など）の受領《ずりょう》（現地へ下る国司の最上級者。地方長官）に任じられるなど、恣意《しい》的な人事権が行使されたといわれる。

この年の十月に藤原宗忠《むねただ》（通称、中御門右大臣）は日記『中右記《ちゅうゆうき》』に、「今太上天皇の威儀を思ふに、已《すで》に人主《じんしゅ》に同じ。就中《なかんずく》、我が上皇已に専政主也」と記した。上皇（白河法皇）の権威が、すでに国王である天皇に等しく、あるいはそれ以上の専制君主の域に達しているというのである。白河法皇に対する貴族の専制君主観の一因が、このような貴族の人事権の全面的掌握にあるのは間違いないだろう。

それでは、そのような院による人事権掌握は、どのようなかたちでなされるのか。結論からいうと、裏側から「非公式」になされるのである。叙位・除目のような朝廷の人事権行使は、貴族や官人の身分に関する行為である。身分秩序の頂点にあるのは、天皇である。となると、その頂点にある人物が任命するという原則はくずせない。

玉井力氏の研究によると、そのような人事介入は、要職がすべて記された「任人折紙《にんじんおりがみ》」という非公式な文書が、院から天皇・摂政に渡されることによってなされるようになったという。「折紙」というのは、紙を普通縦に二つに折って書かれた文書で、非公式な「メモ」という性格をもっている。とくに、除目に関して「任人折紙」の方式が一般的になるのが、鳥羽天皇即位以降の、ちょうどこの時期だというのである。

2　院庁と国政

次に、朝廷の政治的な決定はどのように行われ、そのことと院政とはどのように関係していたのか。つまり朝廷の政務の実態、院政の実態にせまりたい。

かつて、院政について、次のような説明がされていたことがある。従来は、朝廷の政治は太政官で行われ、その命令は太政官符（官符）や宣旨というかたちで出されていた。ところが、院政になると政治は院庁で行われ、その命令は官符や宣旨に代わって、院庁下文や院宣で出されるようになった、という説明である。

同じような説明が、摂関政治についてもいわれていた。すなわち、摂関政治になって、政治は摂関家の政所《まんどころ》（家政機関）で行われるようになり、その結果は摂関家の政所下文《まんどころくだしぶみ》や御教書《みきょうじょ》で命じられるようになった、というのである。このような、摂関政治と院政のとらえ方は、非常にわかりやすいので、現在でもそのような説明をしている書籍がある。

このうち、摂関期のいわゆる「政所政治論」については、土田直鎮氏が白紙にもどすべきだと徹底的に批判している。土田氏は、まず摂関政治期において、摂関家政所下文が、荘園《しょうえん》関係のわずか三通、他の文書中に政所下文の名が見えるものが一、二あるだけなのに対し、官符・宣旨は文書・記録に無数にあらわれるから、政所下文や御教書が官符・宣旨に代わるものになったことなどありえないと断じる。

また、関白頼通《よりみち》の時代に蔵人頭として精勤した藤原資房《すけふさ》（実資の孫）の『春記《しゅんき》』（春宮大夫の日記）をみると、資房が内裏と関白邸を頻繁に往復して、天皇と関白との意見交換に奔走しているが、その間摂関家政所や家司《けいし》（家政機関職員）は少しも姿をあらわさない、という。このような状態で、政所が国政の中心であるはずがないというわけである。

摂関期でも国政の中心は朝廷にあり、国政の主要な命令がもっぱら官符や宣旨で出されるのだから、太政官がその中心にあったとする。その上で、国政審議の機関として重要なのは、太政官の最高幹部である公卿たちの会議の一つである陣定《じんのさだめ》だというのである。

陣定というのは、内裏の近衛《このえ》陣座《じんのざ》（仗座《じょうざ》）で開かれるので陣定とか仗議《じょうぎ》とか呼ばれ、別に定例のものではなく、議題があるときに召集された。当時、大事はこの会議で議せられることになっていたが、大事といっても、必ずしも今日の感覚からする国政の大事とは一致せず、儀式的なことも多く、実際の政務に直接関係あることとしては、国司の申請事項（おもに貢納関係のこと）を議する国司《こくし》申請雑事定《しんせいぞうじさだめ》とか、国司の成績判定会議である受領功過定《ずりょうこうかさだめ》など、国司に関するものが目立っていた。

とかく先例が重んじられて、基本的な政策や方針を新たに打ち出すようなものはみられない。しかし、それがすなわち当時の政治なのであって、今日のように、施政方針を華々しく宣伝し、諸政策をかかげるといったやり方とはまったく趣の異なったものである。当時の朝廷の政治がいかに儀式的な、先例を墨守するものであっても、ただちに朝廷以外に別に政策を立案し、施行する機関があったかのように想像するのは錯覚というべきである。

　橋本義彦氏も、土田氏の「政所政治論」批判をうけ、従来の院政に対する見方を「院庁政治論」として厳しく批判した。

　院庁とは上皇や女院（天皇の母や三后、内親王などで、院号をあたえられた女性）に付属して、院中の諸務を処理する機関である。院庁の職員を院司というが、上皇の院司に関していえば、嵯峨上皇の院中の別当・蔵人が事実上の初見とみられる。その後、宇多《うだ》上皇の院中には、別当・侍者《じしゃ》・判官代《ほうがんだい》・殿上人《てんじょうびと》・御厩司《みうまやのつかさ》・院庁雑色《いんのちょうのぞうしき》が見え、円融《えんゆう》上皇のもとには、そのほかに、蔵人所・別納所《べちのうしょ》・掃部所《かもんどころ》・進物所《しんもつどころ》・御厨子所《みずしどころ》・武者所《むしゃどころ》・御随身所《みずいじんどころ》などがあった。

　このように、院庁の主要な機構は、院政の開始よりも百年も前の円融上皇のときまでに成立し、定着していた。院庁が院政のために成立した機構ではないことはあきらかである。また、院庁を機構の面からみると、白河・鳥羽院政のもとでは、院務処理の機能しかもたず、それが直接国政に関わる機能をもっていたとは考えられない。

　鈴木茂男氏は、院庁下文や院庁牒《いんのちょうちょう》など、別当・判官代・主典代の署名を有する院庁発給文書は、白河・鳥羽院政期においては、院庁と何の関係もない一般国政に関する内容のものは見当たらないとして、上皇と奉者があれば発給できる院宣は、その用途にも用法にも制限のない、私文書系の奉書《ほうしょ》の一種であり、院政はこの制法に関わらない院宣によって旧来の太政官機構を動かして成立していたと結論づけた。

橋本氏は、鈴木説にもとづき、院政も、基本的には太政官を中心とする従前の政治機構によって運営されたが、その機構に重要な地位を占める廷臣を院司とし、また反面、院司を蔵人頭・内蔵頭《くらのかみ》、あるいは諸国の受領に任ずることによって、従前の政治機構を掌握した。つまり院と院司とを結ぶ主従的な関係を絆《きずな》として人を把握し、それによって機構を掌握したのであって、そこに院司ないし院庁機構の政治史上にはたした大きな役割を見いだすことができる、と述べた。

こうして、おそらくは黒板勝美氏による、院政は「摂政家または関白家の政所政治が上皇の院庁に移った」といった言説以来、摂関政治や院政についての通説の位置を占めていた「政所政治論」「院庁政治論」ともに、完全に学界においては葬られるにいたった。

3　公卿会議と寺社強訴

陣定については、さきの土田氏の説明につけ加えるならば、次のようになるだろう。陣定は内裏の左近衛陣《さこのえのじん》（まれに右近衛陣《うこのえのじん》）で行われた公卿の会議である。どちらにせよ、天皇の日常生活の場である清涼殿《せいりょうでん》とは、やや離れている。

その起源ははっきりとはわからないが、九世紀後半ぐらいであろう。会議の進め方は、その日の担当公卿である上卿が、前もって太政官の事務官である外記《げき》に命じて、公卿を召集する。会議では、下位の公卿から発言が求められ、上卿の命で参議の大弁《だいべん》がその発言を記録し、それが蔵人を通じて天皇に奏聞《そうもん》された。

その特徴としては、まず太政官の議政官《ぎせいかん》（いわば閣僚）である公卿がすべて召集されるということである。欠席者がつねに出るので、すべての公卿がそろうことはないが、一部の公卿が選ばれた会議ではない。外記が召集事務を担当することからしても、陣定が太政官の首脳部による会議という性格をもっていると考えるべきである。また、会議に出席できるのは、左大臣以下の現任公卿であり、前官《ぜんかん》（すでに大臣・納言・参議を辞した者）や非参議《ひさんぎ》（三位以上で参議に任じられていない者）といった人々は参加できないというのが本来の姿であった。

次に重要なのは、摂政や関白が陣定には出席しないという点である。陣定は決定機関ではなく諮問機関なので、決定権者はこの会議に出ないことになっている。摂政は天皇の代理であり、関白は内覧という職務をもっている。内覧とは天皇に奏聞される文書を、前もって見ることができる権限である。ということは、天皇と相談してことを決することができる。摂関は天皇とともに、陣定における公卿の発言を参考にして、ことを決める立場にある。そのことが、この陣定という会議のやり方に、はっきりと示されている。

つまり、陣定という会議は、摂政や関白という地位が定着していくのと、ほぼ同時に確立していった会議の方式であるから、摂関政治に酷似した特徴をもっているのである。

このような陣定に対して、天皇の日常生活の場である清涼殿で開かれる公卿会議もある。その形式は二種類あって、一つは天皇の御座所《ござしょ》である昼御座《ひのおまし》前で行われる御前定《ごぜんさだめ》、もう一つは清涼殿にある殿上間《てんじょうのま》で開かれる殿上定《てんじょうさだめ》というものである。

御前定というのは、その名のとおり天皇の目の前での会議のこと。清涼殿の場合、その母屋《もや》に天皇が座り、その東の庇《ひさし》の間に公卿が集められて、会議が行われる。

殿上定というのは、内裏の殿上間という部屋での会議である。殿上間というのは、清涼殿の南庇にある公卿たちの控え室のこと。その部屋は東西に四間《けん》の細長い形になっていて、もっとも東には南向きに殿上倚子《てんじょういし》というものが置いてある。一間おいて、東から三間、四間には公卿や殿上人の台盤《だいばん》と呼ばれる大机があり、その下手《しもて》つまり西には殿上日記を収めた日記《にっき》唐櫃《からびつ》、そのそばには殿上人の出欠を管理する出勤簿「日給簡《にっきゅうのふだ》」があった。

この殿上間というのは、侍所《さむらいどころ》と同じ性格をもっているといわれる。侍所というのは、鎌倉幕府や室町幕府のそれがたいへん有名であるが、もともと貴族の邸宅にあった部屋なのである。侍所は、幕府でも御家人《ごけにん》統制の機関であるが、貴族においても主従関係の管理組織であった。ということは、殿上間も天皇と貴族との主従関係の統制機能をもっていたことになる。

公卿会議の性格にも、この殿上間の性格と共通する部分があった。陣定の特徴を繰り返すと、召集公卿の選定(選別)がなく、すべての現任公卿が召集される。摂関の列席がみられない。前官の出席が、少なくとも白河・鳥羽院政期にはみられない。これに対し、殿上定では、召集公卿の選定があり、摂関も出席する。そして前官の公卿も召されることがある。御前定の場合も、この殿上定に準じた性格をもっている。開催場所も、陣定が天皇の居住空間から離れているのに対し、殿上定や御前定は同じ建物内である。

御前定や殿上定はもちろん摂関期以前でも開かれている例があるのだが、とくに目立ってくるのは後三条・白河親政期から白河院政前期(堀河天皇在位中)である。とくにこの時期、大寺社の強訴《ごうそ》(僧徒の集団訴訟)や騒乱の際に、御前定や殿上定で審議されている例が多いことが注目される。

さらに興味深いと思えるのは、そのような強訴や騒乱のときに開かれる御前定や殿上定が、嘉承二年（一一〇七）の鳥羽即位以降、まったくみられなくなることである。そして、そのような議題の多くが、白河法皇の院御所で審議されるようになる。それまでも院御所での議《ぎ》定《じょう》がなかったわけではないが、寺社の強訴や騒乱の場合に開かれた例は数少ない。天皇と貴族との主従関係に深い関係のある場所で開かれていた会議が、院御所に移動した意味はどう考えたらよいのか。

院政期は寺社強訴が飛躍的に増加した時代である。強訴がおこる原因としては、権門《けんもん》寺社間の対立抗争、あるいは権門寺社内部の派閥抗争があげられる。あるいは、寺社荘園と国衙《こくが》（国司が政務にあたった役所）との対立も、その一つであろう。しかし、実際には、一方の寺内派閥、一方の権門寺社、あるいは受領などと院との結びつきが、事態をより深刻化して、強訴や騒乱にいたる場合が多いのである。原因の一端が院にあるだけに、院による決断なくしては事態が収拾できなくなる。

嘉承二年（一一〇七）以降、強訴や延暦寺の騒乱などで、陣定が行われることはなくなる。興福寺《こうふくじ》の場合は、摂関のもとで公卿の会議が行われる例がみられるが、それ以外は院御所で会議が開かれるのである。堀河天皇の在位中は、内裏御前定や殿上定、あるいは陣定で審議されていた議題が、院御所であつかわれるようになった。とくに、内裏御前定や殿上定は、開かれなくなるのである。そのことは、強訴や寺社騒乱の問題について、院御所を中心に公卿の会議が開かれるようになったこと、換言すればそのような問題の処理が、はっきり院中心に行われるようになったことを示している。

応徳三年（一〇八六）の白河の譲位以後、院御所で公卿会議が開かれることもあったが、そのほとんどが院の家政的次元の問題に限られていた。ところが、嘉承二年（一一〇七）の鳥羽即位以降は、国政に深く関わる問題、「国家大事」といわれる問題でも、院御所での公卿会議が開催されるようになる。

こうして、院御所での会議の国政上の地位は、従来に比較して格段に高いものとなった。実質上、院御所での会議が、陣定や摂関邸での会議、内裏の摂関宿所での会議の上に立つ、朝廷の「最高審議機関」になったといってもよい。また、内裏の天皇のもとでの会議、つまり内裏御前定や殿上定が開かれなくなるのである。

4　武士と北面

従来、朝廷の院や貴族たちは、多くの東国武士を従えた武家の棟梁《とうりょう》としての源義家《よしいえ》の強大な武力を恐れたといわれてきた。そのような理解から、院政とは新しい封建的な領主の成長、つまり中世的な武士の強大化に対抗する、古代天皇制の専制化である、という石母田正氏の有名な学説なども生まれた。

だが、最近の武士論研究の進展によって、そのような義家の見方は、根本からとらえなおされている。『奥州後三年記《おうしゅうごさんねんき》』によると、元来、清原《きよはら》氏は「国宣《こくせん》を重くし朝威をかたじけなく」しというから、朝廷や国司に忠実で、それに反旗を翻そうという気はなかったという。しかし、清原氏の内紛に介入した義家は「国の政事《まつりごと》をとどめてひとへにつはものをととのえたとあるから、国の徴税を怠り、兵を集めることに奔走した。実際、事件の十年もあとの承《じょう》徳《とく》元年（一〇九七）の『中右記』には、「前陸奥守《さきのむつのかみ》義家、合戦の間、金を貢がず」と記されており、十年も前の陸奥守時代の金の貢納がいまだに滞っていたのである。

後三年の役ののち、義家が長く「前陸奥守」として新たな官職につくことなく、朝廷に冷遇されていたのは、義家を恐れたのではなく、まさにこの陸奥守時代の朝廷への貢納未進《みしん》（滞納）が最大の理由であったとするのが元木泰雄氏の説である。当時の国司にとって、もっとも重要な仕事は官物《かんもつ》（租税や上納物）などの徴収であり、その一部は朝廷に貢納されねばならなかった。その結果が、受領功過定という勤務評定の一番の評点となり、さらなる出世につながるわけである。それを十年もたって完了していない国守の存在は、朝廷にとっては許しがたかった。

白河院としても、そのような受領として無能な武士を、貴族たちの反対をおしきってひきたてることなどできなかった。あるいは、そうするほど義家は重要な存在でもなかったといえる。

また、寛治《かんじ》五年（一〇九一）、河内《かわち》の所領をめぐる郎従《ろうじゅう》間の争いをきっかけに、義家は同母弟の義綱《よしつな》と対立し、双方とも京都に兵を集めて、一触即発の事態となった。藤原師通の日記『後二条師通記《ごにじょうもろみちき》』によると「兵の事は遣し返すべきなり。諸国国司随兵《ずいひょう》留めらるべきの官符、諸国に下知せよと云々」とあり、京都近国を本拠としていた軍事貴族たちの入京がとどめられた。

元木氏はこのことからも、義家が東国武士と広く主従関係を結んでいるような武士ではなく、おもに在京する軍事貴族連合の盟主といった存在であったと述べる。その意味でも、義家は貴族たちの立場を脅かす特別な存在にはなっていなかった。寛治五年（一〇九一）の事件も、朝廷は義家を恐れたのではなく、京都での合戦を恐れたということになる。

そのことを裏づけるように、義家と争った弟の義綱の方は、寛治八年、出羽《でわ》でおきた平師《もろ》妙《たえ》の乱（国司の館を襲い、財物を盗んだ事件）に陸奥守として追討を命じられ、恩賞として従四位上美濃守《みののかみ》に任じられている。義家も陸奥守としての貢納をはたしてさえいれば、同じように朝廷で厚遇されたはずなのである。

さて、承徳二年（一〇九八）の院昇殿で、復活のきっかけをつかんだと思えた義家を、不運がおそう。康和《こうわ》三年（一一〇一）、嫡男対馬守義親《つしまのかみよしちか》が、九州の各地で人民を殺害して公物《くもつ》を押し取り、さらに大宰府《だざいふ》の命令に背いたとして解官《げかん》されたのである。告発したのは、大宰大弐《だいに》（大宰府の実質上の長官）の地位にあった大江匡房。後三条の代から仕えている、白河法皇側近の学者である。

朝廷はいちおう追討使の派遣は決めるが、実際には父義家に命じて義親の召還を命じたのである。ところが、義家が派遣した腹心の郎等豊後権守《ぶんごのごんのかみ》藤原資通《すけみち》が、途中で義親に与《くみ》して、

清和源氏略系図

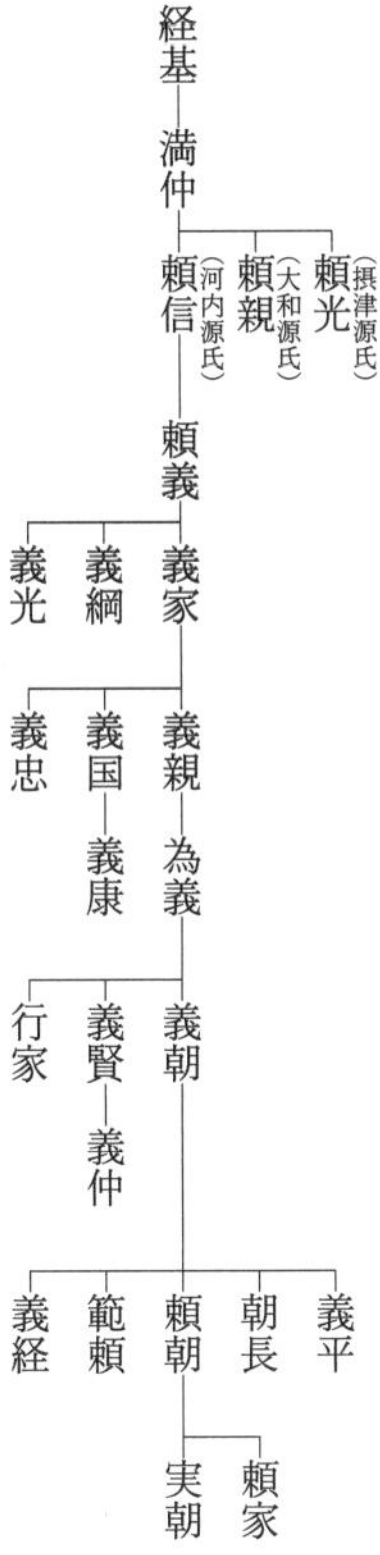

朝廷の追討使を殺してしまった。けっきょく義親が隠岐《おき》に配流《はいる》されたのは、翌康和四年のことであった。そして、嘉承元年（一一〇六）七月、義家は京都で世を去るのである。

義家が死んだ翌年、隠岐に流されていた義親が、にわかに対岸の出雲《いずも》に渡り、国の目代《もくだい》（国司の代理）と郎従七人を殺害し、公事物を奪い取る事件がおきた。近隣諸国にも義親に同調する動きがあり、山陰諸国の国衙支配が動揺した。ここで追討使に選ばれたのが、因幡守《いなばのかみ》平正盛《まさもり》、すなわち清盛《きよもり》の祖父である。

正盛以前の伊勢《いせ》平氏は、朝廷で長くうだつがあがらず、貴族社会の最底辺によどんでいた。ところが正盛は永長《えいちょう》二年（一〇九七）、伊賀《いが》国山田《やまだ》・鞆田《ともだ》村、柘植《つげ》郷の所領を、六条院御堂《ろくじょういんみどう》に寄進して、白河院の知己をえた。というのも、この御堂が、白河院最愛の娘にして、惜しくも夭折した郁芳門院媞子《いくほうもんいんていし》の菩提《ぼだい》を弔うために建立《こんりゅう》されたからである。

といっても、身分の低い正盛が、直接院に所領寄進を申し出ることはできない。藤原顕季《あきすえ》や藤原為房《ためふさ》らの院近臣、あるいは院寵愛の祇園女御《ぎおんのにょうご》によって荘園を立てるために利用されたともみられる。こうして、正盛は院北面《いんのほくめん》に取り立てられたのである。

出雲での義親の反乱に、隣国因幡の国守正盛の起用とは、まことに手回しがよい。前九年の役での陸奥守源頼義《よりよし》、延久二年（一〇七〇）の陸奥藤原基通《もとみち》の反乱での下野守《しもつけのかみ》義家、寛治七年（一〇九三）の出羽平師妙の乱での陸奥守義綱などの追討使の例から考えると、不穏な動きのある国あるいは隣国には、軍事貴族を国守として配置する政策が存在したようである。
追討使に任命された正盛は嘉承二年（一一〇七）十二月十九日、京都を出発した。翌年の正月六日に出雲に到着し、義親とその従類討滅の報が京都に届いたのが、正月十九日である。なぜ、これほど正盛率いる追討軍が強かったのか。

義親追討軍は、正盛自身の私兵と、出雲・因幡および近隣諸国の国司によって編成された国衙軍制の発動によっていたと考えられる。当時の国衙軍制は、国守の私的従者や国衙の在《ざい》庁官人《ちょうかんじん》、国衙に日常的に組織された国内の中小武士団からなる国司軍、有事の際の要請に応じて国司軍に合流する半独立的な地方豪族軍などによって、成り立っていた。朝廷の追討宣旨は、これらの国衙軍制を、一時的に追討使の正盛の指揮下に入れることを意味していた。迅速な義親追討は、この時期の山陰諸国において、国衙軍制が有効に機能していた証《あかし》であろう。

正月二十九日、鉾《ほこ》にさした義親の首級《しゅきゅう》を先頭に、正盛が京都に凱旋《がいせん》した。それに先立つ二十四日、正盛は追討の恩賞として、因幡守から但馬守《たじまのかみ》に遷任されている。このときの『中右記』には「彼身《かのみ》いまだ上洛《じょうらく》せずと雖《いえど》も、まずこの賞あるなり。くだんの賞しかるべしと雖も、正盛は最下《さいげ》品《ぼん》の者。第一国に任ぜらるるは、殊寵によるものか。およそ左右を陳《の》ぶべからず。院の辺に候ずる人、天の幸ひを与ふる人か」（『中右記』）と記されている。こうして、正盛は院の「殊寵」によって、京武者《きようむしや》の第一人者に躍り出たのである。

一方、源氏の方はというと、義親が討たれた翌天仁《てんにん》二年（一一〇九）、その弟の義忠《よしただ》が殺され、その容疑をかけられた義忠の従兄弟の義明《よしあき》（義綱の三男）が討たれた。怒った義綱が近江《おうみ》に出奔し、それを今度は義親の子で十四歳の為義《ためよし》が追捕《ついぶ》した（義綱は配流先の佐渡《さど》で暗殺された）。すさまじいほどの一族の殺し合いである。ちなみに、この功によって為義は左衛《さえ》門尉《もんのじよう》に任じられた。

一般には、この時期の源氏衰退の背景に、為義に義綱を追捕させるなど、一族の内紛を助長させて、源氏を抑圧しようという院の策謀があったとみる傾向がある。しかし、上横手雅敬氏は、むしろ謀反人義親の子の為義に勲功をあげさせ、名将義家の養子として復活させることにより、源氏の瓦解《がかい》をまぬがれさせたという。『愚管抄』によれば、白河法皇は皇位をめぐって争っていた輔仁親王の一派の襲撃に備えて、「光信《みつのぶ》・為義・保清《やすきよ》三人ノケビイシ」に鳥羽天皇を守護させたという。院も当初は、為義を側近の武力として重視していたのである。

平氏の成功は、武力による奉仕だけでなく、造寺・造塔をはじめとする経済的奉仕にも余念がなかったからである。ところが源氏は、義家の金滞納をはじめとして、どうしてもそのような奉仕ができなかった。しかも、為義は、郎等を処罰せず、むしろかばうことが多く、殺人犯である他人の郎等を奪おうとして合戦におよぶのも辞さない。そのような粗暴な行動が、貴族たちの警戒心を生むのである。平氏が院政の秩序に同化されたのに対して、源氏は武士団の主従結合を堅固に守ろうとして、非社会的集団化したため、院や貴族の顰蹙《ひんしゅく》をかい、結果的に栄達を阻まれたというのが、上横手氏の見解である。

当時の武士は、源氏でも平氏でも、院の権力を脅かす可能性など皆無であると、貴族社会では考えられていた。院や貴族によって、彼らが抑圧されるはずがなかったのである。それどころか院は、寺社の強訴や騒乱、地方の反乱に備えて、それら軍事貴族の勢力を拡大させようとしていた。そのような院の要請に応えたのが平正盛であり、その子忠盛《ただもり》であった。逆に、院の期待にそうことができなかったのが、義家、義親、そして為義ら、清和源氏（とりわけ河内源氏）の一党であった。

院政と武士との関係を考える場合、白河法皇が置いた北面の武士という存在に触れておかねばならない。平正盛は、義家とは異なり、院殿上人になった形跡はない。

まず「北面」という用語であるが、これは元来建物の北側にある部屋のことである。どのような建物にも北側の部屋というのがあるわけだが、この場合院御所の建物の北側部屋を示す。建物というのは南面していて、南側は日光が入る表側ということになるが、北側は日が入りにくい裏側ということになる。

北面の武士というのは、この院御所の「北面」に控えていた武士のこと。北面の武士についての有名な記録は、『中右記』の白河法皇が亡くなったときのもので、大治《だいじ》四年（一一二九）七月十五日の葬儀に集まった者の中に、「此《こ》の外、北面に候ずる者、信乃守《しなののかみ》盛重《もりしげ》、相模守《さがみのかみ》以下五位六位等、有官無官の輩《ともがら》、合はせて八十余人」とある。

ただし、その「北面に候ずる者」＝「院北面衆」のすべてが武士だったのではない。白河院政後期には北面は「上《じょう》北面」と「下《げ》北面」の二つに分かれ、「上北面」には諸大夫《しょだいぶ》の家格の者が任じられ、いわゆる「北面の武士」といわれる者のほとんどは「下北面」に所属した。白河法皇にたいへん重く用いられたように見える正盛でさえ、諸大夫の家格とはいえなかったため、生涯「下北面」のままだったらしい。

ちなみに諸大夫とは、摂関家や大臣家に仕え、普通四位から五位の位階をもつ家柄・身分である。「下北面」はそれより下の侍身分ということになる。当時の一般社会では、侍身分も支配階級に属し、凡下《ぼんげ》と呼ばれる一般庶民とは大きな身分的格差があった。だが、貴族社会というのは、それ自体が支配者集団であり、侍身分というのはその底辺にある。諸大夫と侍の間には大きな身分の違いがあった。

北面の武士以前、宇多上皇の頃から院武者所《いんのむしゃどころ》という組織があったらしい。これが白河の譲位頃から拡充されて、寛治七年（一〇九三）には三十人に達していたという。ところが、

『為房卿記』康和五年（一一〇三）八月十七日条に「院司・殿上人」とは区別された「北面伺候五位六位十人許」が、高陽院に御幸する白河法皇の牛車に「弓箭を帯して」供奉している記事がある。これ以前には、院北面に祗候する武士は確認できないが、これ以降『中右記』などにも同様の存在がみられる。そのことから、米谷豊之祐氏は康和年間（一〇九九・一一〇四）に北面の武士が整備されたとする。

この時期というのは、承徳三年（一〇九九）白河上皇に楯をついていた関白師通が亡くなり、二年後に父の大殿（摂政・関白の経験者に対する尊称）師実も病死、摂関家が衰退した時期である。それに対して、法皇の威勢は高まり、以前からあった院武者所とは別に、法皇の私的軍事力として、北面の武士の組織が整備された。それによって、院武者所は縮小されたと考えられる。

第四章　白河院政から鳥羽院政へ

1　白河法皇と藤原忠実、鳥羽天皇

承徳二年（一〇九八）、白河《しらかわ》法皇は、閑院流藤原実季《さねすえ》の娘苡子《いし》を、堀河《ほりかわ》天皇の女御として入内させる。その苡子が康和五年（一一〇三）に生んだのが宗仁《むねひと》、すなわち鳥羽《とば》天皇である。苡子入内のとき、すでに実季は世を去っており、また苡子も皇子誕生にともなう産褥《さんじょく》で死んだが、兄の公実《きみざね》はかつて堀河天皇の乳母《めのと》であった自分の妻光子《こうし》を、再び皇子の乳母にすることに成功した。白河法皇の母茂子《もし》も閑院流の出身であったから、嘉承二年（一一〇七）の鳥羽の践祚によって、閑院流の外戚としての地位が確定した。

一方、摂関家では、師通《もろみち》・忠実《ただざね》と完全に外戚の地位から遠ざかってしまっていた。鳥羽践祚のとき、外戚の公実が摂政の地位を望み、一時法皇がその可否に迷ったというのは、摂関家にとって大きな痛手であった。

ここで、問題となるのが閑院流公実の娘璋子《しょうし》である。璋子は康和三年（一一〇一）に生まれたが、七歳のとき父を病で失い、白河法皇とその寵愛深い祇園女御《ぎおんのにょうご》の養女として育てられた。

天皇家略系図④（数字は皇位継承の順序）

白河[1]—堀河[2]—鳥羽[3]—┬崇徳[4]
　　　　　　　　　　　　├後白河[6]
　　　　　　　　　　　　└近衛[5]

その璋子と摂関家忠実の嫡子忠通《ただみち》との縁談がもちあがったのは、永久二年（一一一四）のことである。婚儀に積極的であったのは法皇で、忠実の方は何かと理由をつけて、婚儀の日《ひ》次《なみ》決定を引き延ばした。忠実とすれば、いかに法皇の意向であろうとも、かつて摂政の座を争った公実の娘を、息子の嫁にするのは気が進まなかったのであろう。

ほぼ同じ頃、忠実の娘勲子《くんし》（のち泰子《たいし》と改名）を鳥羽天皇のもとに入内させる話が進んでいた。永久元年（一一一三）に、勲子の入内を春日《かすが》・石清水八幡・賀茂《かも》などの神社に祈願しているから、忠実はこの入内に当初かなり積極的であった。摂関家としては、久々に天皇の外戚となれる絶好の機会であるから、積極的にならない方が不思議なのである。

ところが意外なことに、この話が忠実の心変わりで立ち消えになったという。突然の翻意の理由はいったい何なのか。永久元年の時点で、勲子はすでに十九歳であったが、鳥羽天皇は十一歳であった。八歳年長の妻というのは、忠実の正室師子《しし》の場合と同じであり、しょせん政略結婚なのだから、そのような年齢差など問題とはならない。

ただ、勲子の母師子は、かつて法皇との間に覚法法親王《かくほうほっしんのう》（法親王は、出家後に親王宣下《せんげ》を受けた皇子）を生んだのち、忠実に下された女性であった。少々若すぎる天皇への入内は、忠実にある疑念を抱かせた可能性がある。それは、勲子を求めているのが、実は法皇その人ではないかという疑いである。男女の性に関して比較的おおらかな当時の貴族社会であっても、実の母子ともに関係をもつのは禁忌（タブー）である。勲子の入内は家にとってぜひはたしたいが、天皇が自分の意志を示して行動できるまで待とうということだったのではないだろうか。

ところが、永久五年（一一一七）突如、璋子の入内が決定する。この年の十月から十二月にかけて、忠実は璋子と備後守《びんごのかみ》藤原季通《すえみち》らとの密通を、自らの日記『殿暦《でんりゃく》』に暴《あば》き立てる。最高権力者である白河法皇の養女に対して投げかけられた「奇怪《きかい》不可思議の女御か」「くだんの女御奇怪の人か」「乱行の人」といった暴言は、常軌を逸している。

男が女を訪れて求婚する妻問《つまどい》の慣習のある社会において、特定の女性のもとに複数の男性が通ってくることが、それほど目くじらをたてるようなできごととは思われない。とすれば、その背景には、忠実の閑院流に対する怨念《おんねん》があったとみるべきであろう。閑院流は、まさに白河、堀河、鳥羽と三代の天皇の外戚としての地位を、盤石のものとしつつあった。そのことに対する摂関家当主としての苛立《いらだ》ちが、この記事を書かせたというべきであろう。

当時の貴族の日記は、公開を主たる目的とするものではないが、さりとて門外不出というものでもない。しかるべき筋から頼まれれば、書写さえも許される。だから、このような記事は、いつ法皇の目に触れるかわからないのである。

保安《ほうあん》元年（一一二〇）十一月、鳥羽殿《とばどの》（京の南郊の離宮）から京中三条殿に入った法皇は、ただちに忠実の内覧を停止する決定を下した。すなわち、左大臣源俊房《としふさ》に命じて、宣旨を出させたのである。内覧とは、天皇に奏上される文書を内見する職務であり、関白の職掌の根幹をなしている。内覧を止められた忠実は、関白の地位にある意味を失った。

関白も内覧も天皇による任命ということになっているが、実際には追認でありその地位は事実上、道長《みちなが》の子孫、つまり摂関家に世襲されてきた。そのために、いちおう摂関家に配慮して、直接関白罷免というかたちにしなかっただけで、実際には関白の罷免に等しいのである。

これを聞いた忠実の衝撃は激しく、驚いて駆けつけてきた藤原宗忠《むねただ》に「運が尽きた」ともらしたという。

けっきょく忠実は自邸の門を閉ざして謹慎し、二ヶ月後の保安二年（一一二一）正月、いったん内覧に復帰ののち、嫡子忠通が父に代わって内覧となる。そして、忠通が正式に関白に就任したのは、三月のことであった。忠通はこれ以降、四代三十八年、摂関をつとめる。『愚管抄』によると、法皇が熊野御幸で留守の間に、鳥羽天皇からの申し入れをうけて、忠実が勲子入内の交渉に入ったことが、法皇激怒の原因であるという。璋子は永久五年（一一一七）に入内したが、その翌年中宮になっている。璋子は大納言を極官《きょくかん》（到達しうる最高の官職）とする閑院流の出身であり、先例では中宮にも皇后にもなれる身分ではなかった。しかし、すでに専制君主としての地位を確固としていた法皇の意向が、そんな先例を吹き飛ばしてしまったのである。

だが、この年の八月、忠実は伊勢神宮祭主の子大中臣親仲《おおなかとみのちかなか》に勲子入内を祈願させている。璋子が中宮になってしまったとはいえ、勲子の入内さえはたせれば、璋子を皇后として勲子を中宮とする道ものこされている（一条天皇の時代、藤原道長の娘彰子《しょうし》が中宮となったとき、すでに中宮であった定子《ていし》を皇后とした「二后並立」の例がある）。おそらくは忠実から直接若い鳥羽天皇にはたらきかけをしたというのが、真相ではなかろうか。

法皇の立場からすれば、勲子の入内は後宮での璋子の立場を悪くする可能性があり、璋子に対する法皇の思いが深ければ深いほど、その事態を避けねばならなかった。しかも、成長するにつれて、鳥羽天皇の発言力が増してきたのも、法皇の気がかりであった。永久四年（一一一六）の十二月除目において、法皇と天皇が対立したという『殿暦』の記事がある。

かつて、皇子の堀河天皇が成長し、忠実の父である関白師通が結んで、父白河院の発言力を封じた時期があった。また、師通の死後も、一時堀河天皇との間に緊張関係が生じたこともあった。直系の天皇であっても、生身の人間である以上、成人すれば政治的な立場が強化される。親政へのベクトルが多少ともはたらき出すのである。

実際に、孫の鳥羽天皇と関白忠実とが提携を深めると、あの師通の時代の二の舞となる。法皇がそのような危惧《きぐ》を感じたとしても、不思議ではない。こうして、忠実は関白を罷免され、宇治に配流同然の身となる。以後、法皇存命中は、上洛も許されなかったのである。そして、保安四年（一一二三）に鳥羽天皇は、法皇の意向により、五歳の崇徳《すとく》に譲位することになる。こうして、法皇と天皇の対立は解消され、専制的な白河院政は、その最終的な仕上げを終えた。

2　忠実失脚の背景

白河法皇の専権が確立する前後、長治《ちょうじ》二年（一一〇五）と天永《てんえい》四年（一一一三）、大規模な強訴がおこった。前者は、延暦寺の内部抗争および延暦寺と石清水八幡宮という権門寺社間の争い、後者は、延暦寺と興福寺という二大権門寺社の対立が、院の支配と複雑に絡まり合いながらおきた。

その様相はそれぞれ個別の事情があり、複雑であるが、おおざっぱにみれば、前者の事件が筑前《ちくぜん》国竈門宮《かまどのみや》に対する末寺末社支配、後者が京都の清水寺《きよみずでら》に対する支配、と深く関わっておきた。権門寺社の全国支配、地方寺社の系列化という問題である。つまり権門寺社の確立という事態が進行し、それに関わって院政という政治形態が出現した。その背景には荘園制の成立がある。

同じように、白河法皇と藤原忠実との対立、あるいは法皇と鳥羽天皇との緊張関係というものも、前代にもよくみられた宮廷内の暗闘、あるいは主導権争いという次元だけでとらえられない。すなわち、その背景に王家と摂関家という朝廷内二大権門の成立という問題があり、さらにそれぞれの権門が荘園制の成立と深く関わっている。それゆえに、宮廷内の対立抗争が、十二世紀なかばの保元《ほうげん》・平治《へいじ》の乱の軍事衝突につながっていくのである。

かつて、摂関政治の時期に政権をにぎっていた藤原道長やその子頼通《よりみち》のもとに寄進《きしん》地系荘園が集まり、院政期になると今度は院政というかたちで政権を奪った王家に荘園が集中すると考えられていた。しかし、武士を代表とする在地領主の所領形成とその寄進を軸に、摂関期以来の荘園制を考える見方は、今や大きく修正されつつある。鎌倉時代に作られた大田文《おおたぶみ》（国別の土地台帳）の分析によって、荘園成立のピークは十二世紀中・後期であるという事実があきらかになったのである。

王家と摂関家のうち、最初に荘園集積に積極的となったのは、摂関家であった。とはいっても、それは朝廷の政治の主導権をもっていた摂関期のことではない。摂関期の摂関家も荘園はもっていたが、家の経済における比率はそれほど高いものではなく、むしろ国家的給付の封戸《ふこ》（収入源として支給された戸）や受領の奉仕によって支えられていた。そして、その時期に立てられた荘園も不安定で、後三条天皇以後の荘園整理によって、かなりの部分が停止されてしまった。

とくに摂関家にとって問題となったのが、受領家司の離反である。たとえば長治元年（一一〇四）、家司阿波守《あわのかみ》源高実《たかざね》のサボタージュによって、翌年の臨時客《りんじきゃく》（年始に大臣以下公卿を招いて供応すること）の費用が欠乏しているし、同様なことが永久四年（一一一六）にもおこっている。また受領家司が負担していた三月節句、季御読経《きのみどきょう》なども費用が足りないため、儀式そのものが行われなくなってしまった。

このため、忠実は保安元年（一一二〇）の失脚にいたるまで、必死になって荘園の集積による事態打開をはかっている。まず、嘉承元年（一一〇六）、前年に没した祐子《ゆうし》内親王の「高倉一宮《たかくらいちのみや》領」を忠実は家領に編入する。祐子は、頼通の養女嫄子《げんし》と後朱雀《ごすざく》天皇の間に生まれた皇女である。

続いて、永久二年（一一一四）に忠実の祖母京極北政所《きょうごくきたのまんどころ》麗子《れいし》、後三条皇女で堀河天皇中宮であった篤子《とくし》があいついで亡くなる。その遺領「冷泉宮領」と「堀河中宮領」はいずれも、忠実の管領《かんりょう》するところとなった。また、この時期に、かつて頼通の荘園で、その死後分割されていたものも、すべて手中におさめている。

頼通の時代に大宰府府官平季基《すえもと》が開発・寄進した島津《しまづ》荘は、忠実の時代に大幅に拡大し、やがて薩摩《さつま》・大隅《おおすみ》・日向《ひゅうが》の三カ国にまたがる八千町歩の大荘園に成長していった。また、九州東部に散在する宇佐《うさ》八幡宮領が摂関家領となったのも、忠実の時代である。長治元年（一一〇四）四月には、陸奥の藤原清衡《きよひら》（奥州藤原氏初代）が進めた馬を高陽院の馬場ではじめて走らせ、七月にも再び清衡から馬二匹を贈られている。こうしたつながりから、清衡からの奥羽の荘園寄進に成功した。

前章で、摂関期に摂関家政所で国政が行われたという政所政治論が、現在では否定されているということを述べた。実は、摂関家政所という家政機関自体が拡充・整備されるのも、忠実の時期である。政所の拡充と荘園の集積は密接不可分の関係にあった。忠実の摂関在任期間に、摂関家の家政について記された『執政所抄《しっせいしょしょう》』が成立する。摂関家の年中行事に必要な物品の大半は、六位以下の政所の下級職員である下家司《しもけいし》の活動と荘園からの調進によるところとなった。

また遠隔地にまでおよぶ荘園を支配するには、交通・流通の掌握ということが必要となる。こうした問題と関わって興味深いのは、忠実の時代に、平等院《びょうどういん》を中心とする宇治の都市的な整備が行われたらしいということである。最近の「宇治市街地遺跡」の発掘によってあきらかになってきたのは、宇治に平等院を中心とした碁盤目状の町並みが形成されはじめていたらしく、それがちょうど忠実の時期、すなわち十二世紀はじめの可能性が高いという。私はこれこそ摂関家の権門としての中心、すなわち「権門都市」であると考えている。

それ以前の宇治というと、まず藤原基経《もとつね》が九世紀後半に木幡《こはた》の地に墓所を定め、その後十一世紀初頭に道長が木幡《こはた》三昧堂《さんまいどう》、すなわち浄妙寺《じょうみょうじ》をその近くに建立した。また道長は自分の墓をその近くに定め、現在宇治陵として宮内庁が管理している墓のどれかがそれであると推定されている。道長の子の頼通は、その木幡の地域よりもかなり南に離れた宇治川ぞいに別荘を造り、十一世紀なかば、平等院を建立したのである。また、そこから少し離れたところに、その子の師実《もろざね》が泉殿《いずみどの》、さらに師実の孫の忠実が富家殿《ふけどの》という邸宅を造った。また頼通の娘四条宮《しじょうのみや》寛子《かんし》が、白川金色院《しらかわこんじきいん》という寺を平等院から山を越えた東に建立する。すなわち、それまでの摂関家は、宇治といってもかなり広い範囲に散在した邸宅、あるいは墓地、寺院を造っていたのである。

それが、十二世紀初頭以後、忠実あるいは四条宮寛子などの手で、平等院を中心とする条《じょう》坊《ぼう》制《せい》的（碁盤目状）な都市にまとめられていった。そう考えると、摂関家の権門としての成長と、この都市形成というものがつながりをもってくる。平等院の近辺に古代以来の宇治橋という交通の要地があり、当然のことながら宇治川は重要な交通路であり、巨椋池《おぐらいけ》を通じて舟運《しゅううん》が発達していた。そのような環境と都市とが深い関わりをもっていることは、十分理解できることであろう。

しかし、そうした摂関家の権門としての成長は、院との間に軋轢を生じさせることとなる。白河法皇は、必ずしも荘園の形成自体を否定するという考えをもっていたわけではないが、摂関家における荘園の集積・拡大は、忠実の政治的自立につながるものとして警戒するようになった。

たとえば、天永二年（一一一一）、美濃の忠実の荘園に密かに下向した下野守源明国《あきくに》が、途中で殺人を犯しながら帰京し、死穢《しえ》を拡散したということで佐渡に配流された。明国の行動によって、多くの祭礼が中止・延期を余儀なくされたので、その処罰が行われたのだが、背景に院の強い憤りがあったらしい。明国は摂津《せっつ》国多田《ただ》の地を本拠とする多田源氏であり、侍所別当などの家政機関職員として、忠実に奉仕していた武士であった。摂関家荘園の支配のための武力行使が、紛争を呼んだわけであるが、それによって忠実は配下の有力な武士を失った。

永久五年（一一一七）には、院の熊野参詣の途中にある忠実の荘園が御幸の費用を出さないことについて、院から諮問があった。この時期、摂関家は氏寺興福寺に対する支配権を強めていたが、翌元永《げんえい》元年（一一一八）には、院近臣である頭弁《とうのべん》（蔵人頭と弁官を兼任する職）藤原顕隆《あきたか》（藤原為房《ためふさ》の二男）の訴えによって、興福寺の荘園や封戸が問題となり、顕隆を通して興福寺と摂関家の荘園についての尋問があった。また、興福寺領の阿波国竹原牧《たけはらのまき》について、国司が院に訴える事件もおこった。さらに、翌年の六月にも、蔵人所御厨（蔵人所の所領）を興福寺に寄進することが、院から禁止されている。

また、元永二年に、上野国《こうずけ》五千町歩の荘園を摂関家に寄進する動きを、院が禁止した事件がおこっている。その理由というのは、斎院御禊《さいいんのごけい》（賀茂川の水で身を清める禊《みそぎ》の儀式）の紅花《べにばな》料《りょう》を納める土地が、その中に含まれていること、一国内に五千町歩にもおよぶ荘園を設定することが好ましくないという二点であった。この立荘（荘園を立てること）を推進していたのは、忠実の家司であった平知信《とものぶ》であり、上野の国司が院に訴えたために、頓挫《とんざ》したものであった。

このように、保安元年（一一二〇）の忠実罷免事件の背景には、こうした権門としての摂関家の成長、荘園の集積・拡大を忌避する白河法皇の意志が存在した。忠実失脚後の大治二年（一一二七）に忠実が集積した堀河中宮領を継承した証菩提院《しょうぼだいいん》領が、白河法皇によって没収される事件もあった。忠実が再び荘園の集積を再開し、安定した摂関家領を確立するのは、白河法皇が亡くなって、忠実が復権する鳥羽院政期のことである。

3　王家領荘園の形成

それでは、同時期の王家の方は、どのような状況だったのだろうか。平安京の二条大路が鴨川《かもがわ》を越えたところ、つまり二条の東の延長部分は二条大路末と呼ばれる。その二条大路末が東山につきあたるところに、承保二年（一〇七五）から法勝寺《ほっしょうじ》が造営され、二年後の承暦元年（一〇七七）に金堂《こんどう》以下の大半の伽藍《がらん》が完成、さらに永保三年（一〇八三）に有名な八《はっ》角九重塔《かくきゅうじゅうのとう》が完成する。この法勝寺の造営を行ったのが、白河天皇である。

白河の天皇在位は延久四年（一〇七二）から応徳三年（一〇八六）までであるから、その大半がこの大寺院の造営にあてられた。これ以後、この白河と呼ばれる平安京の東に隣接する地域には、六勝寺《ろくしょうじ》（法勝寺・尊勝寺《そんしょうじ》・最勝寺《さいしょうじ》・円勝寺《えんしょうじ》・成勝寺《じょうしょうじ》・延勝寺《えんしょうじ》）と呼ばれる「国王ノ氏寺」、つまり天皇の御願寺群が造営されていく。この御願寺の創建にあたっては、国家的な給付としての封戸が経済的基盤として設定され、その不足分が荘園で補塡《ほてん》されるべきだというのが、在位中から譲位後まで一貫した白河の方針であった。

しかし、康和四年（一一〇二）に完成した堀河天皇の御願寺尊勝寺の場合をみると、造営を主導した白河法皇がそのような方針を指示したにもかかわらず、その数ヶ月後には荘園を立てる準備がなされ、翌年には近江守藤原隆時《たかとき》や中納言源国信《くにざね》、宮内大輔《くないのたいふ》藤原師季《もろすえ》らの所領寄進が正式に認められている。法勝寺でも、膨大な封戸からの収入がとだえたため、国司たちが便補保《びんぽのほ》と呼ばれる事実上の荘園をつぎつぎと立てていった。十一世紀末から十二世紀初頭、律令制にもとづく国司からの封戸納入の悪化により、天皇の御願寺でも経済基盤が荘園に移されていったのである。

円光院《えんこういん》と無量光院《むりょうこういん》は、白河天皇の中宮であった賢子と皇女郁芳門院の菩提を弔うために醍醐寺の中に建立された御願寺である。六条院御堂も郁芳門院の御所を、その死後に持仏堂《じぶつどう》にしたものである。賢子は応徳元年（一〇八四）に、わずか二十八歳で亡くなった。鎌倉前期に成立した説話集『古事談《こじだん》』には、天皇が危篤となった賢子から離れようとせず、臨終後もその遺体を抱いて離さなかったという話が伝わっている。平安末期の僧皇円《こうえん》の編による歴史書『扶桑略記《ふそうりゃっき》』にも、天皇が泣き暮らし、数日食事をとらなかったことや、「主上悶絶《しゅじょうもんぜつ》、天下騒動」などと書かれている。それほど寵愛したのである。また、郁芳門院もその賢子が生んだ娘であり、その面影を残していたのであろうか、「太上皇最愛之女《むすめ》」といわれたが、嘉《か》保《ほう》三年（一〇九六）二十一歳の若さで急死した。その哀しみは筆舌につくしがたいもので、その直後に白河は出家して法皇となったのである。

円光院は創建当時、寺領として近江国柏原《かしわばら》荘が施入されて、不輸《ふゆ》（租税免除）の特権をえていた。しかし、それでは足りないというので、新たに越前《えちぜん》国牛原《うしがはら》荘が立てられることになった。荘の本主《ほんしゅ》（荘園の所有者）は忠範《ちゅうはん》という東大寺《とうだいじ》の僧であったが、賢子の父である右大臣源顕房《あきふさ》が「券契《けんけい》を尋ねる」という行為を行った結果、忠範は荘園の文書を遍智《へんち》院僧都《いんそうず》義《ぎ》範《はん》に進上し、義範をへて顕房への寄進、そして立荘がなされた。

しかも、牛原荘の場合、本主忠範の所領はわずか二十町にすぎなかった。しかし、寄進地に国司が指定した荒野二百町を合わせて「庄田開発《しょうでんかいほつの》庁宣《ちょうぜん》」が発せられ、国司の協力をえた開発と領域設定がなされ、けっきょく二百町におよぶ広大な領域型荘園が成立した。

同じように、無量光院でも「券契を尋ねる」ことからはじまって、本主能高《よしたか》のわずかな所領をもとに、院使・府使・国使が現地に臨んで立券荘号《りっけんしょうごう》手続き（朝廷・国衙の認可を得て荘園を立てること）の結果、肥後《ひご》国山鹿《やまが》・玉名《たまな》二郡にまたがる広大な山鹿荘が立てられた。

末茂流藤原氏略系図

そうした白河法皇にとって特別な女性の菩提を弔う仏事の経費などを調達するため、白河院や生前の彼女たちと関係の深い中・下級の貴族や女房たちが連携して立荘を進め、国司の協力をえて、数百町から千町におよぶ広大な領域型荘園が立てられたのである。

また、六条院御堂には、平正盛《まさもり》が東大寺領伊賀国玉滝《たまたき》荘内の十五町の田地を、永長二年（一〇九七）に寄進して、白河法皇に近づいたことが有名である。これは、藤原顕季《あきすえ》や同為房などの院近臣、あるいは法皇が寵愛していた祇園女御が、正盛の所領寄進を利用し、鞆田村から柘植郷におよぶ六十町以上の鞆田荘を立てることにつながった。

このように、白河院政開始後、御願寺領の荘園が、院近臣をはじめとする院の周囲の人々の力で形成されていった。つまり、白河院政がもっぱら荘園整理令によって、荘園の抑制を行っていたとはいえないのであって、すでに王家領荘園の形成がはじめられていた。そして、鳥羽院政期になると、その動きはいっそう顕著なものとなった。

院近臣の中でも、鳥羽院政期の王家領荘園形成に、大きな役割をはたしたのが、末茂《すえしげ》流の藤原家成《いえなり》である。家成は顕季の孫にあたり、受領を歴任してきた院近臣の家、すなわち受領層といわれる家柄の出身であった。顕季が白河院近臣になったきっかけは、院の乳母子《めのとご》（乳母の実子）であったことによる。そして、受領として王家の経済を支え、さらに御願寺領荘園の形成にも大きく関与した。

顕季の嫡男長実《ながざね》も白河・鳥羽両院の近臣だったが、娘の得子《とくし》が鳥羽院の寵愛をうけて、五位クラスの諸大夫層の家柄出身としては異例の皇后になり、近衛《このえ》天皇やその姉の暲子《しょうし》（のちの八条院《はちじょういん》）を生んだことは大きかった。その得子こそが、美福門院《びふくもんいん》である。顕季の二男家保《いえやす》も両院の近臣で、三条烏丸《からすま》の院御所、鳥羽《とば》の証金剛院《しょうこんごういん》などを造営していたが、その子家成は「天下の事を挙げて一向《いっこう》家成に帰す」（『長秋記《ちょうしゅうき》』）といわれるほどで、鳥羽院第一の寵臣となった。そこでは、家成が、鳥羽院の愛する美福門院の一族であるということが、非常に大きかったのである。

家成は、白河の宝荘厳院《ほうしょうごんいん》や仏頂堂《ぶっちょうどう》、鳥羽の安楽寿院《あんらくじゅいん》、勝光明院《しょうこうみょういん》、金剛心院《こんごうしんいん》などの院の御願寺を、つぎつぎと造営した。これらの寺院では、修正会《しゅうじょうえ》、修二会《しゅにえ》、盂蘭盆会《うらぼんえ》、御念仏といった定期的な法会《ほうえ》、その他のさまざまな儀式が行われたが、それらの財源として、新たな荘園が必要となった。また、願主の院や女院が亡くなると、その菩提を弔うための国家的な仏事も挙行されたから、その費用を調達するための荘園も立てられていった。

家成は、こうした御願寺の造営を請け負って、その荘園が新たに必要となると、自分のもつ知行国《ちぎょう》での立荘を繰り返した。その際、利用したのは、自分が親しい貴族の所領であり、その所領の寄進を募ったのである。所領がみつかれば、知行国主としての権限を最大限に利用して、立荘を推し進めた。たとえば、越後国《えちご》では、金剛心院領小泉荘《こいずみ》などの中世荘園を数多く新立させ、免田などを寄進した親しい貴族たちがその預所職《あずかりどころしき》に補任されている。美濃国でも、下級貴族の中原俊重《なかはらとししげ》が寄進した所領をもとに、真桑荘《まくわ》を立てている。

のちに王家領の一大荘園群を形成することになる八条院領は、鳥羽院の皇女八条院に伝領されたものである。その中核は、鳥羽殿に造営された安楽寿院付属の荘園であったが、その安楽寿院領として保延《ほうえん》三年（一一三七）以来、十五年間で十ヶ所以上の荘園が立てられ、最終的には六十ヶ所を越える荘園と末寺社が集積された。それらに深く関わったのが、家成なのである。

4　鳥羽殿と法金剛院

さて、鳥羽院近臣の藤原家成は、鳥羽殿預《とばどのあずかり》という地位もあたえられていた。その立場は、鳥羽殿の納殿《おさめどの》や御倉町《みくらまち》を管理する「納殿幷《ならびに》御蔵沙汰人《みくらさたにん》」という役職の上に立つ存在で、白河法皇が亡くなる直後まで美福門院の父長実が同じような立場にあり、それを家成が引き継いだものと推定されている。

このような鳥羽殿と家成との関係を考えるために、さかのぼって鳥羽殿が建設された時点にもどってみよう。鳥羽殿というのは、平安京の朱雀大路の南延長である鳥羽作道《つくりみち》が、鴨川と桂川《かつらがわ》との合流点において、ちょうど交わったあたりに造られた離宮であった。最初の計画は、応徳三年（一〇八六）に白河院譲位後の院御所としてのものである。しかし、その造営自体は、その後、白河・鳥羽院政期のほぼ全期間にわたって断続的に続けられた。

鳥羽殿造営に先行して、平安京に隣接する白河地区には、九重塔をはじめとする法勝寺の主要堂舎が完成し、その偉容を誇っていた。しかし、国家的な法会が行われる法勝寺を中核として、平安京の条坊制に似た碁盤目状の都市計画がなされていた白河地区と、この鳥羽殿とは大きく異なっていた。そもそも、白河にはこの応徳三年の時点で院御所は存在せず、白《しら》河南殿《かわみなみどの》という御所が造営されたのは、これよりも十年後の嘉保二年（一〇九五）になってのことであった。それに対して、鳥羽殿では院御所造営が先行し、南殿付属の御堂として証金剛院が康和三年（一一〇一）に完成するまで、寺院というものがなかった。

鳥羽殿建設について記した『扶桑略記』によると、鳥羽殿は百町の規模をもった地域を囲い込んでいたが、その半分の面積にせまる「南北八町、東西六町」という大きな池、そして「築山《つきやま》」などが最初に造られたという。しかも「五畿《ごき》七道《しちどう》六十余州皆共に役を課し、池を掘り、山を築き」とあるように、全国に課役を課す国家事業（国宛《くにあて》）として、池と築山が造営されたのである。そして「讃岐守高階泰仲《さぬきのかみたかしなのやすなか》、御所を作るに依《よ》り、已《すで》に重任《ちょうにん》の宣旨を蒙る《こうむ》」とあるように、院御所建設は受領の成功《じょうごう》（造営費などを提供して希望の官職に任じられること）によって行われた。ということは、建物自体にくらべ、この池と築山、つまり庭園を造ることが、いかに重要だったかを示している。

そこでは当初から、逍遥《しょうよう》和歌などの歌会、観月会、船遊びなどをはじめとして、競馬《くらべうま》・騎射・流鏑馬《やぶさめ》などの武芸にいたるまで、王の遊興が繰り広げられた。鳥羽殿建設の目的は、このような白河上皇の悠々自適な生活のためであった。在位中の京内の内裏は、いろいろな制約も多く、堅苦しい場所であったから、譲位後の御所としてはこのような広大な池と庭をもった別天地が造られたのである。

しかし、それらの遊興も、最初は単なる気晴らしにすぎなかったかもしれないが、しだいに政治的な意味をもっていく。院は鳥羽殿で開かれるさまざまな遊興を通じて、院の北面衆を編成するのみならず、一般の公卿や殿上人らの貴族、あるいは上は摂政・関白、下は随身《ずいじん》にいたるまで、人的支配を広げていく。これが、いわゆる文化の政治性である。

また『扶桑略記』には、鳥羽殿が「後院《ごいん》」として建てられたとある。後院というのは、譲位後の御所であることに加え、天皇家の私的な所領・財産を管理する機関という意味を含んでいる。離宮としては、嵯峨院のように平安京外にもうけられたものもあったが、後院として京外に出たのは鳥羽殿がはじめてである。

もちろん、院御所は鳥羽殿だけではない。むしろ圧倒的に多いのは、平安京の中の院御所なのである。白河院政期から鳥羽院政期にかけて、京外の院御所は鳥羽殿と白河殿しかない。そして、たとえば朝廷の政務のうちもっとも重要な人事を決定する除目のとき、院はわざわざ京中の院御所にもどることが多い。

それでは、院御所での公卿会議の場合はどうかというと、やはり京中で開かれることが非常に多いのである。白河院政期に限ると九十八例のうち、鳥羽殿で八例、白河殿で二例以外はすべて京中院御所での開催である。

白河殿での二例は、七ヶ日白河念仏で院が白河殿に滞在中、延暦寺と園城寺《おんじょうじ》の紛争がおきたため、急きょ開かれた保安元年（一一二〇）四月二十八、二十九日連続の会議であり、実質的には一例のみといってよい。

鳥羽殿での八例は、朝覲行幸《ちょうきんぎょうこう》、院の御幸、院の御賀、法勝寺での法会といった、王家の家政と関係の深い議題が多い。しかも興味深いことに、八例のうちの五例までもが、「院司公卿」に限定した召集であったことが史料に明記されている。ということは、公卿会議の面から考えると、鳥羽殿は、王家の家政について院司公卿たちが協議する場所であったといってもよいのではないかと思う。

鳥羽殿にみられる施設としては「武者所」「御厩」「鳥羽御倉」「北面衛府《ほくめんえふ》」「仏所《ぶっしょ》」「納物所《のうもつどころ》」「修理所《しゅりどころ》」などが確認されている。また、史料で一番目立つのは、貴族の直廬《じきろ》、すなわち鳥羽に宿泊するための宿所である。その宿所の持ち主を調べてみると、大半が院近臣のものだとわかる。このことは『扶桑略記』の「近習・卿相・侍臣・地下《じげ》雑人《ぞうにん》ら、各家地を賜り、舎屋を営み造る。あたかも都遷《みやこうつ》りの如し」という記述に相当するのである。

宿所は、院御所の周辺に独立した邸宅として建てられたとみられる。そして、路に面していたため、有力な近臣の宿所には、院が路を見物するための桟敷《さじき》がもうけられることもあった。また、鳥羽に宿所をあたえられなかった『中右記』の著者の藤原宗忠のような貴族は、鳥羽に泊まらなければならないときには、近臣の宿所を一時的に借りたようである。

白河法皇が亡くなったのは大治四年（一一二九）であった。法皇は生前、「わが崩後、荼《だ》毘《び》礼《れい》を行ふべからず。早く鳥羽の塔中石間に納め置くべきなり」（『長秋記』）と命じていた。すなわち、その遺骸《いがい》を火葬にはせず、鳥羽の三重塔のもとに葬れというのである。その三重塔は、天仁二年（一一〇九）に自らの墓所にするようにと建立させてあった。

しかし、死の半年前、荼毘に付すなという命令は撤回された。法皇が亡くなったのは、京中の院御所、三条烏丸第であったのだが、その遺骸は葬儀の日、京都の北西郊外にある香隆《こうりゅう》寺《じ》近く、現在の衣笠山《きぬがさやま》東麓に運ばれ、荼毘に付された。そして、遺骨は一時香隆寺に納められたが、その二年後の天承《てんしょう》元年（一一三二）、法皇の遺言どおりに鳥羽の三重塔に納められた。

また、その終焉《しゅうえん》の場である三条烏丸第の西対屋《にしのたいのや》が、鳥羽殿に移築され、成菩提院《じょうぼだいいん》の堂舎となる。成菩提院の堂には、宿所としての寝殿が付属し、それらは法皇の墓所である三重塔を拝するかたちで建てられた。こうして、鳥羽院政期の鳥羽殿が、白河法皇の墓所として再出発する。

御所が寺院に先行した白河院政期と異なり、鳥羽院政期には、寺院と御所の造営が並行して行われるようになる。成菩提院に続いて、保延二年（一一三六）に北殿《きたどの》付属の勝光明院、翌三年東殿御堂にあたる安楽寿院、久安《きゅうあん》元年（一一四五）安楽寿院御所、仁平《にんぴょう》二年（一一五二）田中殿《たなかどの》、久寿《きゅうじゅ》元年（一一五四）金剛心院という具合である。

ここで興味深いのは、池を前にして東面した勝光明院の御堂が、宇治の平等院阿弥陀堂《あみだどう》を模していたことである。また、そこに建てられた経蔵《きょうぞう》も平等院の経蔵を模していた。

鳥羽院政期になると、天承元年（一一三一）、忠実が謹慎をとかれて政界に復帰する。その内覧復帰直後の長承《ちょうしょう》元年（一一三二）の鳥羽院の平等院御幸に際して、忠実は平等院経蔵の宝物《ほうもつ》を上皇に見せている。その後も再三にわたって鳥羽上皇は宇治を訪れており、そうした環境の中で勝光明院やその経蔵が造られたのである。

保延三年（一一三七）に安楽寿院が完成供養されたあと、同五年にその東に藤原家成が造進した三重塔が造営供養された。久安元年（一一四五）に安楽寿院御所が完成すると、鳥羽院はそこを自らの終焉の地とすることを宣言し、その東の三重塔に自分を葬るように遺言した。そして、実際に保元元年（一一五六）、この安楽寿院御所で亡くなり、遺言どおりその三重塔に遺骨が納められることになる。こうして、鳥羽殿は白河上皇遊興の場所から、白河・鳥羽二代院政の主の墓所となる。

鳥羽院の菩提を弔うための安楽寿院領は、のち王家領荘園の一大中心となっていく。永治《えいじ》元年（一一四一）に出家した鳥羽院は、その八月に女御得子（美福門院）と暲子（八条院）にそれらの荘園を譲与した。また、十二月には崇徳天皇を譲位させ、得子を自らの皇后の地位につけるとともに、その得子が生んだ近衛天皇を即位させるのである。

翌康治《こうじ》元年（一一四二）正月、得子を呪詛したとして、待賢門院《たいけんもんいん》（後《ご》白河《しらかわ》の母）に仕える源盛行《もりゆき》とその妻が土佐《とさ》に配流される事件がおき、翌二月には待賢門院が出家する。待賢門院はかつて、亡き白河法皇の養女として限りない愛情をそそがれ、鳥羽院の在位中に中宮となった女性である。男性遍歴を噂《うわさ》されながらも、白河法皇の死後もしばらくは、鳥羽院と御所を同じくする場合も多く、熊野はじめ各所に同車して御幸するなど、仲むつまじく過ごしてきたのである。

しかも、大治四年（一一二九）から造営されはじめた待賢門院御願の法金剛院《ほうこんごういん》が、翌年に落慶《らっけい》供養を迎えた。この供養は鳥羽上皇と待賢門院、および公卿たちが参会し、仁和寺覚法法親王（鳥羽の第四皇子）が導師をつとめて、盛大に行われた。この御願寺は、現在のＪＲ花園《はなぞの》駅の北側に造営された寺院であり、当初はほぼ一町四方の敷地をもち、中央に大きな池、池の西には阿弥陀堂、東には御所が建てられた。また出入りのために西の築垣《ついがき》に大門がもうけられ、東の御所に通じる門があった。現在の法金剛院の池は、当時の池のほんの一部であって、当時は御所から阿弥陀堂へ向かうのに船を用いたらしい。

この法金剛院、最初は阿弥陀堂と御所だけだったようだが、その後長承四年（一一三五）に北斗《ほくと》堂《どう》、保延二年（一一三六）に三重塔と経蔵、保延五年に九体《くたい》阿弥陀堂（南御堂）・法華三昧堂と、待賢門院存命中に続々と堂舎の造営がなされた。これらの造営には、当初の一町四方の寺域では不足していたので、南築垣が取り壊されて、南へ寺域が拡張された。

鳥羽殿以前に法勝寺が白河に造られているのと同じように、法金剛院の造営前に白河に天《てん》治《じ》二年（一一二五）から大治五年（一一三〇）にかけて円勝寺が造営されている。規模の面では、鳥羽殿にはおよばないものの、この法金剛院は構造の面ではよく似ている。

5　二大権門の亀裂

鳥羽院政期に、鳥羽殿と法金剛院という二つの造営事業が、ほぼ同時に進んでいた背景にはどのような政治の状況があったのだろうか。白河法皇が亡くなって、鳥羽院政がはじまると、藤原忠実が政界に復帰したことはすでに述べた。復帰の翌年、長承二年（一一三三）、忠実失脚の直接の原因となった娘勲子の入内問題が決着する。彼女はすでに三十九歳で、しかも鳥羽上皇よりも八歳も年上であった。勲子改め泰子が、上皇の配偶者として皇后の地位をえたことは異例であった。しかも皇子の誕生も望みえず、上皇と忠実との協調関係を示す象徴的な婚姻とみるべきである。

鳥羽上皇にとっては、泰子との婚姻とほぼ同じ時期、もう一人の女性との新たな関係が進行していた。それが、待賢門院から上皇の心を離してしまうことになる院近臣藤原長実の娘得子（のちの美福門院）との関係であった。こちらの方は、摂関家出身の泰子とくらべると、貴族社会での身分ははるかに低かった。その家柄は、末茂流《すえしげ》（八二頁の系図参照）という藤原北家でも傍流に属し、摂関期には受領にはなるが、とても公卿にはのぼれず、だいたい四位か五位がいいところという程度であった。

ところが得子の祖父顕季が、白河院の乳母子、すなわち顕季の母親子《しんし》が白河院の乳母であったという関係から、院近臣として急速に台頭した。しかも、白河院の外戚であった閑院流藤原氏の実季の養子として、朝廷に出仕するとともに、三十年にわたって讃岐・丹波《たんば》・尾張《おわり》・伊予・播磨・美作《みまさか》の国守を歴任する。白河院政開始と同時に、院別当となり、院に経済的奉仕を行い、ついに長治元年（一一〇四）、従三位にのぼって公卿に列したのである。

得子の父長実も、その父の築いた基盤をもとに、院近臣として活躍する。彼は、保安三年（一一二二）に従三位にのぼって公卿となり、大治四年（一一二九）四月というから、白河法皇が亡くなる直前に参議になっているのだが、それまで三十年にわたって受領を歴任している。その後、参議として一年、権中納言として四年で、長承二年（一一三三）に五十九歳で死去している。三十年の受領生活にくらべて、公卿とくに議政官としてはわずか五年。こうしたことから、『中右記』の著者の藤原宗忠に「才知に非《あら》ず、英華に非ず、年労に非ず、戚里に非ず。世間頗《すこぶ》る傾く気有るか。但《ただ》し本より大幸人也。天これを与ふるか。若《も》しくは是《こ》れ故白河院御骨を懸け奉る賞《しょう》か」とその権中納言昇進を酷評される。

そうした典型的な受領層の院近臣で、しかもせいぜい四位止まりのはずの諸大夫という家柄出身の長実ごときの娘が、以後の政界を左右する存在となるなど、前代では考えられない事態であった。受領層としての莫大《ばくだい》な富によって、院の御所や御願寺造営に経済的奉仕を行っても、政界の中枢で発言力をもつような近臣ではなかったはずなのである。

長実が死去したのは長承二年（一一三三）のことであったが、その翌年、長実の一族が処分される。得子の兄長輔《ながすけ》が昇殿を停止され、備後守と伯耆守《ほうきのかみ》であった二人の兄も国務を止められた。さらに得子の姉も屋地・荘園・資材・雑具を収公され、そのほか一家眷属《けんぞく》がそれぞれ財産を没収されたのである。このとき、同時に鳥羽上皇の近臣として有名な顕頼《あきより》（藤原顕隆の嫡男）もその屋敷を召し上げられたという。角田文衛氏は、顕頼の処分を、その妻がのちに皇后になった得子に仕えていることから、顕頼が当初から得子と鳥羽上皇を結びつける行為に関与して、妻をその介添え役にしていたのではないかと推定している。

この事件は、待賢門院が強く鳥羽上皇にはたらきかけた結果であろう。崇徳天皇にはたらきかけた結果とみるべきかもしれないが、天皇はまだ十六歳であったから、父の意志に反したこのような厳しい処分を行いえたとは考えにくい。鳥羽上皇としては、内心反発を感じても、この時点で自分の皇子はすべてこの女院が生んでいたのである。待賢門院と得子では、まだまだ格が違いすぎたのであろう。そして、鳥羽上皇と得子の関係が、すぐさま上皇の心を待賢門院から離反させることにはならなかったようである。その一番の証拠が、大々的に造営が継続された女院御願の法金剛院であると思う。この寺院の造営に、鳥羽上皇が無関係であったとは思えない。

しかし、得子は保延元年（一一三五）に叡子《えいし》内親王、同三年に暲子内親王（のちの八条院）とたてつづけに上皇の女子を生んだのち、同五年五月ついに皇子誕生をみる。体仁《なりひと》親王、つまりのちの近衛天皇である。こうして、得子の立場は子女を生むごとに重みを増していた。とはいえ、得子はこの時点で女御ですらないから、体仁は崇徳天皇の中宮藤原聖子《せいし》の猶子《ゆうし》（養子）として育てられたのである。生まれた年の八月に、次期天皇を予定される東宮となったが、それは「皇太弟」（天皇の弟が皇太子であるときの呼称）ではなく崇徳の「皇太子」なのであった。おそらくは、聖子の父忠通の意向が大きくはたらいた結果であろう。

体仁親王は永治元年（一一四一）、わずか三歳で即位した。譲位した崇徳天皇は二十三歳であり、成人天皇から幼帝への譲位によって、鳥羽院の政治的主導権が強まる。また、崇徳も、養子への譲位ということで、鳥羽院亡き将来に院政が行いえると考えたのであろうか、素直に譲位に応じたようである。院政は天皇の直系尊属のみが行えるというかたちが、もう定着していたが、白河院政も鳥羽院政も、養子の即位という先例はなかった。しかし、入内以来十年以上もたつ中宮聖子には実子がなかったので、養子の東宮体仁の養育にはげんできたのである。

ところが、公表された宣命には養子の「皇太子」への譲位とあるはずが「皇太弟」への譲位とあったため、崇徳の将来の院政は不可能であることがわかった。崇徳としては、騙されたという感が強かったであろう。崇徳の不信は、とりわけ中宮聖子の父忠通に対して、向けられることになった。

というのも、崇徳は中宮聖子を愛してきたのだが、この頃になって内裏女房の兵衛佐《ひょうえのすけ》という女性への寵愛が生まれていた。彼女は、法勝寺修理《しゅり》別当法印信縁《しんえん》の娘であって、母の関係から内裏に出仕していたのである。この女房が保延六年（一一四〇）九月に、崇徳の第一皇子重仁《しげひと》を生んだ。その重仁も、体仁と同じく母の門地を理由に、前年の八月に女御となっていた得子のもとで養育されていたのである。重仁誕生で第一に被害をうけるのは、中宮聖子の父忠通。体仁つまり近衛天皇の即位を急いだ理由の一つが、この忠通であったことは容易に想像できる。

橋本義彦氏は、病弱な近衛天皇に子孫がえられないことを考慮して、得子は他の皇位継承者となる可能性のある皇子と親密な関係を結んで将来に備えたのではないかと推定している。だから、得子は重仁の排除を、まだこの時点では考えていないし、同じことが鳥羽院にもいえるのである。となると、重仁を天皇にしたくないのは、その母ではない聖子とその父忠通ということになる。ここに、保元の乱につながる藤原忠通と崇徳上皇との対立の軸が見えてくる。

康治二年（一一四三）、崇徳の同母弟である雅仁《まさひと》親王に、王子守仁《もりひと》親王が生まれる。母懿《い》子《し》の産後が悪く亡くなったため、この王子は鳥羽院に引き取られて、得子の養子となる。得子は近衛天皇即位とともに皇后となり、崇徳・雅仁の母待賢門院は得子呪詛事件に連座、前年二月に出家して若き皇后に完全に敗れてしまっていた。

それにしても、ややこしい人間関係である。実子と養子の関係が入り乱れて、何が何だかわからなくなる。ここまでで、保元の乱に関係する王家の主要な人々が姿をあらわしたので、人間関係を一度整理しておこう。

まず、崇徳上皇の皇子重仁。実母は上皇の中宮聖子ではなく、養母が鳥羽上皇の皇后得子（のちの美福門院）である。崇徳の同母弟雅仁（のちの後白河天皇）には守仁（のちの二条《にじょう》天皇）という王子があり、実母が死亡したため、得子のもとで養育される。そして鳥羽上皇と得子の間に生まれた近衛天皇、という具合である。

皇太弟として即位した近衛天皇の存在によって、鳥羽上皇のあと、崇徳が院政を行う可能性はきわめて低くなった。しかし、病弱な天皇が早世することにでもなれば、崇徳の皇子である重仁の即位の可能性が浮上してくるのである。その場合、ともに得子の養子となっているこの重仁と、雅仁の王子の守仁が、有力な皇位継承者となる。重仁と守仁のどちらが有利かといえば、父が即位している重仁の方が上ということになろう。

また、この状況に、輪をかけて複雑な様相を示すのが、摂関家の動向である。忠通は父忠実の失脚によって保安二年（一一二一）に関白に就任して以来、白河院政のもとではまさに院近臣と変わらぬように、院に忠実な態度をとっていた。しかし、約十年後、白河法皇の死によって、大殿忠実が政界に復帰すると、最初は表面化しなかった忠実と忠通との亀裂《きれつ》が、しだいに大きくなっていくのである。

摂関家略系図

失脚のとき、四十三歳であった忠実、二十四歳であった忠通、そして問題となる忠実の二男頼長《よりなが》はまだ乳呑《ちの》み児《ご》であった。それが十年後になると、頼長はそろそろ元服も間近という年齢に達していたのである。忠通と頼長という兄弟は、その年齢差は二十三歳、まるで父と子であった。忠通には長く男子が誕生しなかったため、宇治の富家殿に籠居《ろうきょ》の身であった忠実の命令で、天治二年（一一二五）六歳の頼長が忠通の養子となった。そして頼長は忠実の近く、つまり宇治で成長したと考えられる。

忠通の母は正室で右大臣源顕房の娘、頼長の母は忠実家司藤原盛実《もりざね》の娘。頼長はこの父ほどの年齢差、そして母の家柄もはるかに高い兄、義父でもある忠通に、劣等感をもっていたらしい。

そういった内心とは別に、頼長の昇進は順調であった。白河法皇が亡くなった翌年の大治五年（一一三〇）に叙爵し、十月には五位のまま近衛中将《このえのちゅうじょう》を兼ねる五位中将となった。この五位中将とは、藤原師通以来摂関家の嫡流を象徴する地位である。また彼は、参議をへずに権中納言に就任しているが、これも摂関家嫡流の特権であった。さらに保延二年（一一三六）にはわずか十七歳で内大臣となった。これは忠通の十九歳、忠実の二十一歳をしのぐ史上最年少の大臣昇進であった。

このような輝かしい頼長の昇進は、忠実の依怙《えこ》贔屓《ひいき》というのではなく、摂関家嫡流ゆえであった。その点で、父忠実の偏愛によるとする『愚管抄』の解釈は誤っている。当時の頼長は忠実に全面的に従っていたわけではなく、康治元年（一一四二）八月の興福寺悪僧《あくそう》の奥州配流について、「今度刑を蒙る僧、多くこれ法文を習い知ると云々。ああ哀しいかな」（『台記』）といって、配流を実行した忠実への批判をさえ行っている。ここからも頼長は、忠通の子というかたちで、自らの立場を考えていたものと思われる。

忠通には大治二年（一一二七）待望の男子が誕生したが、残念ながら夭折した。そして、康治二年（一一四三）に権中納言源国信の娘との間に、男子基実《もとざね》が生まれたのである。奇《く》しくも同じ年、崇徳上皇の弟雅仁親王に、守仁親王が生まれた。

ともかく、忠実、忠通、そして忠実の子であり忠通の養子となった頼長と、摂関家嫡流の相続が順調に行われようとしていたところに、この忠通実子が誕生したことが、忠実・頼長と忠通との間に、亀裂を生み出していく。忠通は関白をそれまで養子の頼長に譲るつもりであったが、この基実誕生により実子への譲渡の気持ちが高まるのである。

しかも、興福寺悪僧の配流問題では、氏長者《うじのちょうじゃ》（氏全体の統率者）である忠通の権限を侵すかたちで、忠実が配流を強行したのである。こうした、氏長者をないがしろにする父の行動は、忠通にとって関白譲渡を自らの意志で行いたいという気持ちを強くするきっかけになったものと思われる。

さらに、久安四年（一一四八）、頼長の長男であって、しかも忠通の養子となっていた兼《かね》長《なが》の少将昇進をめぐって忠実と忠通が対立し、忠通が以後兼長の官位昇進に関わらないと宣言する事件がおきた。

また、同じ久安四年に、頼長が養女多子《たし》（実父は閑院流の藤原公能《きみよし》）を近衛天皇に入内させようとし、摂政忠通がそれを美福門院と組んで妨害し、養女呈子《ていし》（実父は藤原伊通）の入内を強行したため、忠通と頼長との関係が決裂する。その結果、多子は皇后、呈子は中宮となり、後者の優位が確定。ついに、久安六年（一一五〇）忠実は忠通を義絶し、藤原氏の頂点に立つ氏長者の地位を頼長に継承させることになるのである。

6 「叔父子」の噂

雅仁親王の王子守仁親王は仁平元年（一一五一）、九歳で仁和寺に入室することになった。このことは、守仁が皇位継承から排除されようとしていることを意味するが、この直前に関白忠通は、弟の頼長が近衛天皇の退位をはかっていると鳥羽院に讒言《ざんげん》しているのである。

ところが、二年後の仁平三年、近衛天皇が眼疾悪化のために、守仁への譲位を望んでいるという奏請が、再三にわたって忠通から鳥羽院になされた。崇徳院には忠通の娘聖子（皇嘉《こうか》門院《もんいん》）が入内し中宮となっていたが、すでに入内から二十年たつも実子なく、重仁の即位は聖子の立場を悪化させる可能性があったのではないか。この時点で、先帝崇徳の皇子である重仁に対して、皇位にのぼっていない雅仁の王子守仁は、皇位継承の面では不利である。仁和寺に入室した守仁の出家を阻止し、あくまでもその即位を推進する意志をもっていたのは、忠通だけではなく美福門院得子も同じであった。美福門院としては、養子である重仁が即位した場合、崇徳の院政が行われるのを恐れた。

だが、概して鳥羽院はこの頃忠通に冷淡であった。仁平元年と同三年の忠通の言葉が、鳥羽院からすぐに、忠通と対立する頼長に伝えられているからである。また、仁平三年の奏請は、すでに久安六年（一一五〇）に忠通を義絶していた忠実に、鳥羽院からその経緯と所感が語られている。となると、忠通はますます美福門院を頼ることになったのである。

皇位継承の面で、重仁と守仁を比較した場合、父が皇位にあった重仁の方が有利である。おそらくは、鳥羽院の意向も同じであっただろう。もしも近衛天皇に後嗣ができなかった場合、鳥羽院の意志によって、重仁の即位が実現する可能性が高い。

ところが、説話集『古事談』には、驚くべき記述がある。

白河法皇の養女として、鳥羽天皇のもとに入った璋子（待賢門院）が、法皇と密通し、そのことを人はみな知っていた。そして、崇徳院は鳥羽天皇の皇子ではなく、密通の結果できた法皇の子であった。鳥羽院もそのことを知っていて、崇徳を「叔父子《おじご》」と呼んでいたという。それが理由で、鳥羽院と崇徳院は不仲で、鳥羽院が亡くなったときも、遺言で崇徳を寝所に入れないように、近臣藤原惟方《これかた》に厳命した。

法皇と璋子の密通と、崇徳院の出生の秘密を、これほど明確なかたちで暴露した記録は、ほかには見当たらない。そこで、この『古事談』の記述が事実なのかどうかが、焦点となるが、近世の『大日本史《だいにほんし》』や『読史余論』以来、多くの歴史家たちが、この「叔父子」説を肯定的にみてきた。

『古事談』という真偽のさだかでない「説話」を多く含んだ書にしか存在しない話が、あまり疑われなかった理由は、少なくとも保元の乱前夜において、鳥羽院と崇徳院との不和が事実であり、それが鳥羽院没後、同母兄弟である崇徳と後白河の正面衝突という事態につながったことを説明するのに、「叔父子」説を真実とする方が、より説得力があるからである。

だが、私には鳥羽院が最初から、この「叔父子」説を信じていたとは思えないのである。院政とは天皇の直系尊属しか行えないことは、今まで述べてきたことであきらかだと思う。とすると、鳥羽院は崇徳が自分の実子ではないと知ったならば、あらゆる手段でその退位をはかるはずなのである。白河が生きていた大治四年（一一二九）までは困難であったことはわかるが、それ以後も永治元年（一一四二）まで退位させなかったのは、もしも実子でないことを知っていたなら、あるいは信じていたならば、考えられない行動なのである。

しかも、ほかに候補者が皆無であるなら話はわかるが、実子であることが確実な雅仁親王がおり、母は崇徳と同じ待賢門院なのである。そうであれば、白河死後のできるだけ早い段階で、この雅仁への譲位を行うはず。つまり、そのような行動に鳥羽院が出なかったのは、出られなかったのではなく、崇徳在位中は「叔父子」などと露ほども思っていなかったことを示している。

だから、「叔父子」説を鳥羽院が信じるのは、崇徳の譲位後のことなのである。しかも、私は崇徳の皇子である重仁即位の可能性を、その養母の美福門院が模索していた段階では、「叔父子」説の流布はなされなかったと考えている。その時期を推定するならば、病弱な近衛天皇の後嗣が事実上困難な状況となり、重仁後継が再び浮上、鳥羽院の冷淡、忠実・頼長との決定的な対立の中で、忠通が孤立する状況においてであると思う。

ここで、重仁の立場を決定的に悪化させる方策は、重仁が鳥羽院の直系ではないことを、鳥羽院自身に信じさせることとなのである。となると、崇徳の父は鳥羽院ではなく、白河法皇であるという噂を流布し、かつそれを鳥羽院にも信じさせればよいことになる。ここにいわゆる「叔父子」説が流布される要因がある。

いったい、噂のもとは誰《だれ》なのか。可能性として一番にあがってくるのは、美福門院であろう。美福門院は鳥羽院を待賢門院から奪った女性である。美福門院が、噂の流布に深く関わり、それを鳥羽院に伝えたことはあったと思う。だが、それだけで、この噂を鳥羽院が信ずるであろうか。既述のように美福門院自身が、白河法皇と待賢門院との関係の詳細を知るはずはない。しかも怪しすぎる点が、むしろ難点であろう。美福門院が単独でこの噂を鳥羽院の耳に入れたとは考えにくいのである。

となると、伏兵として浮上するのは、忠通である。忠通は崇徳の即位後、その摂政・関白として、その枢機に接しえた。また、既述のように、忠通の娘聖子は崇徳の中宮であったから、そのあたりの情報に精通していると考えられていただろう。また、父忠実の日記『殿暦』の記事の詳細を知りうる立場にあったから、例の待賢門院の男性遍歴に関する記述を提示することは容易であった。鳥羽院が噂を信じたとすれば、忠通が関与したとするのがもっとも可能性が高いと思う。

近衛天皇は、久寿二年（一一五五）に十七歳で亡くなる。病弱ゆえに予想できぬことではなかったにせよ、対立する忠通と頼長の養女があいついで入内、立后していたが、いずれも皇子を生むことはなかったのである。鳥羽殿の法皇のもとでは「王者議定」が行われ、守仁の父雅仁の擁立が決定された。後白河天皇である。その過程で、忠通の意見は聴取されたが、対立する大殿忠実と内覧頼長の関与は排除された。

この後白河即位の結果、頼長の内覧も停止され、その失脚があきらかなものとなる。こうして、皇子重仁の即位の芽が完全につみとられることで、皇統から遠ざけられた崇徳院と、頼長の二人は追いつめられて、保元の乱での暴発へとつながるのである。

ここで、頼長とその父忠実の権力に打撃をあたえたもう一つの噂があったという。頼長の日記『台記《たいき》』によると、鳥羽法皇が忠実・頼長父子を憎むにいたった理由は、次のようなものである。近衛天皇が死後巫女《みこ》の口に寄せて、自分が眼病を患った末ついに崩じたのは、先年誰かが自分を呪詛して愛宕護山《あたごやま》「天公像《てんぐ》」の目に釘《くぎ》を打ったためであるといった。法皇が使者を下して検分させたところ、そのとおりであり、愛宕護山住僧によると五、六年前の夜中のことであるという。美福門院と忠通は、この所為を忠実・頼長のものと疑い、そのために法皇もこれを信じたというのである。

頼長は、この話を家司である藤原親隆《ちかたか》から聞いて記しているのだが、すでに家司の藤原成《なり》隆《たか》からも耳にしており、当時、広く世間に流布していたものであるとする。頼長自身、愛宕護山に「天公像」というものが存在することを知らぬといい、また五、六年も前のできごとがここにいたって露見したのは不自然であり、この噂は美福門院と忠通の謀略である可能性が高いとされている。

この噂が摂関家の忠実・頼長に対する策謀であったとすると、「叔父子」の噂は、崇徳院およびその皇子重仁親王に対する謀略であったと考えていいのではないか。ともに、美福門院と忠通が協力して行った、鳥羽法皇への政治工作なのである。そのもとになる事実の真偽が問題なのではなく、「叔父子」の噂こそ、保元の乱前夜における政界中枢の分裂と抗争の中で、専制君主である法皇を籠絡するための「政治」の一つであった。

第五章　保元・平治の乱から後白河院政へ

1　保元の乱の勃発

時は、保元元年（一一五六）七月十一日払暁《ふつぎょう》。鶏鳴《けいめい》とともに、けたたましい蹄《ひづめ》の音が、京の市中に響き渡った。六百余騎の軍兵が、鴨川を渡って、崇徳《すとく》上皇方が陣どる白河北殿に攻めかかったのである。二条方より駒《こま》を進めるのは、平清盛《きよもり》を大将とする三百余騎、その北の大炊御門《おおいみかど》方からは、源義朝《よしとも》の二百余騎、さらにその北の近衛方より、源義康《よしやす》（義朝の盟友で足利《あしかが》氏の祖）の百余騎。

突進する騎馬のいななき。空気を切り裂いて飛ぶ無数の矢。落馬する武者と噴出する血汐《ちしお》。

今は亡き白河《しらかわ》法皇によって、元永元年（一一一八）に造られた院御所白河北殿の周辺は、またたく間に凄惨《せいさん》な殺戮《さつりく》の巷《ちまた》となった。院御所が戦場になるなど、いまだかってないことである。

上皇方は不意をつかれた恰好《かっこう》になったが、源為義《ためよし》とその子らの奮戦で、しばらくは一進一退の戦局が続く。しかし、しょせん多勢に無勢である。辰刻《たつのこく》（午前八時頃）になって、後白《ごしら》河《かわ》天皇がいた東三条殿《ひがしさんじょうどの》からも、東の遠方に火の手があがるのが見えた。天皇方が、白河北殿と、その北に隣接する前斎院《さきのさいいん》御所に、火を放ったのである。紅蓮《ぐれん》の炎の中で、世に名高い保元の乱の勝敗は決した。

上皇、および流れ矢にあたって重傷の左大臣藤原頼長《よりなが》は、くずれおちる白河北殿をかろうじて逃れる。清盛らの配下の兵たちは、白河北殿の東方にある法勝寺の伽藍の中へと探索の手を伸ばす。鎮護国家《ちんごこっか》のために造立《ぞうりゅう》された金色三丈二尺の毘盧遮那《びるしゃな》仏を本尊とする金堂。金色二丈の釈迦《しゃか》仏像を安置する講堂。金色丈六の阿弥陀仏九体が並んだ阿弥陀堂。そして、何よりも空前絶後の二十七丈（約八一メートル）と推定される八角九重塔。これらはいずれも、白河法皇が在位中、丹精をこらした建造物である。まさに、白河法皇の権威と権力を象徴していた場に、血に汚れた鎧《よろい》武者たちが土足で踏みこんだのである。

敵味方に分かれた崇徳上皇と後白河天皇、いずれも白河法皇の養女待賢門院璋子《しょうし》が生んだ、鳥羽《とば》法皇の皇子であった。同じ母をもつ兄弟。それは、異なる母をもつ兄弟が普通の時代にあっては、希有《けう》のうるわしき関係。こともあろうに、その二人が敵味方に分かれようとは。『愚管抄』に「保元々年七月二日、鳥羽院ウセサセ給ヒテ後、日本国ノ乱逆《らんげき》ト云《いう》コトハヲコリテ後、ムサノ世ニナリニケル也」とあるように、鎌倉時代の貴族たちは、この乱の後に「武者の世」がやってきたと認識した。この乱以後、平氏政権が成立したなどという単純素朴な学説は、今日ではさすがに消滅したが、この乱と三年後の平治の乱をへて、平氏とくに平清盛という武士の力が国政を左右するにいたったことは疑えない。

平安時代のはじめの薬子《くすこ》の変（八一〇）において、平城《へいぜい》上皇とその一派が武力で退けられて以降、この国では長く中央の政権争いが、あからさまに武力で決着することはなかった。平城上皇でさえ、出家したことで許されて、ゆかりの深い平城宮で余生を送ることができた。それ以降の京都での政争は、つねに宮廷内の陰謀のたぐいで決まるのであり、それは隠微ではあっても、大量の血が流されることはなかった。敗れ去ったものは遠く流人の身となることはあっても、人々の前に骸《むくろ》を晒《さら》すことはなかった。もちろん、この間の貴族が、死刑廃止論者であったからでもなく、近代的な人権思想の持ち主であったからでもない。

平将門《まさかど》の乱（九三五〜九四〇）や藤原純友《すみとも》の乱（九三九〜九四一）に代表されるように、それまで地方ではいくらも戦乱はあったし、追討行動は行われていた。すでに摂関・院政期の東国では、殺し合いで政治権力の帰趨《きすう》が決するいわゆる「自力救済の世界」が一般的となっていた。朝廷のある京都でも、寺社の強訴が行われ、武士の姿が目立ってきた。だが、強訴の勢力は政権の打倒をはかるものではなかったし、武士に対する貴族たちの期待も、彼らの身辺を警固するボディーガードか番犬以上ではなかった。そして何よりも、京都は血を嫌う清浄の地、として意識されるようになっていたのである。

わずか数時間の短さであったとはいえ、こういった状況の京都での戦乱は、国政に甚大な影響をあたえた。しかし、それはまだ、これからはじまる本編の序幕でしかなかったのである。血が流されたといっても、厳密にいえば、そこは鴨川を越えた京外の白河という地域であった。本当の京都で血が流されるのは、その三年後の平治の乱においてである。

死刑も復活した。崇徳上皇方の武士、源為義とその子供たちの多くは捕らえられ、処刑された。しかし、その死刑は国家的な刑罰のかたちをとらず、為義の子で唯一後白河天皇方に加わった嫡男義朝にあずけられて、その私刑（リンチ）という形式であった。自力救済的処刑という表現もふさわしかろう。平清盛の叔父忠正《ただまさ》一族の処刑も同様である。しかし、まだ上皇方の貴族は死刑にならなかった。

平治の乱では、先制攻撃をうけて捕らえられ自殺した信西《しんぜい》（藤原通憲《みちのり》）の首が、獄門の樹にかけられる。そして、最終的に敗れた権中納言藤原信頼《のぶより》が六条河原《ろくじょうがわら》で首を斬《き》られた。れっきとした貴族、それもその最上層の公卿が死刑になるのである。

2 保元の乱の歴史的意義

保元の乱によって、政治はどのように変わったのか。元木泰雄氏の最新の研究によると次のようなことになる。院政期の政治構造は、白河・鳥羽院政を通じて、王家と摂関家という二大権門を生み出した。ところが、鳥羽法皇のあとをめぐって、王家においては崇徳、近衛《このえ》、後白河という少なくとも三つの皇統に分裂、摂関家も忠実《ただざね》・頼長と忠通《ただみち》とに分裂していった。正統な皇位継承者であった近衛天皇が夭折し、その翌年に鳥羽法皇も亡くなった。

二大権門の分裂によって、政界は大きく動揺し、摂関家の主流であった忠実・頼長方が反乱に追いつめられ、壊滅したのが保元の乱であった。その背景には、王権を父系と母系の双方が支え、父院・母后・外戚などが共同で政治を行う摂関政治の体制、つまりミウチ政治が過去のものとなっていたことが大きい。院政によって、父院が専制的権力を行使、単独で後継者を決定するようになった。

そのために、白河→鳥羽→崇徳→重仁《しげひと》（崇徳の第一皇子）という皇統が正統となりつつあ

天皇家略系図⑤（数字は皇位継承の順序）

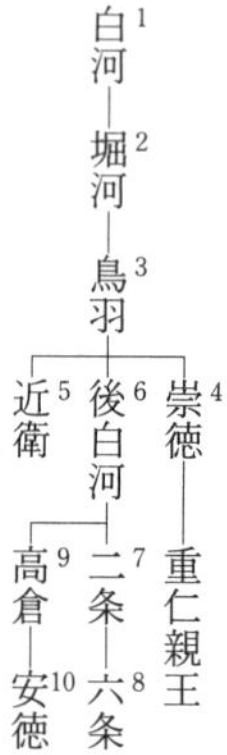

ったにもかかわらず、受領層出身の美福門院に籠絡された鳥羽上皇は、崇徳の次に、まず近衛（崇徳の異母弟）を皇位につけた。その死後今度は美福門院や忠通の「叔父子」説によって崇徳の皇子重仁ではなく、正統性や権威が十分ではない後白河（崇徳の同母弟）を即位させた。そのために、鳥羽法皇の死によって、皇位が著しく不安定となり、美福門院が調停者としての役割を発揮することもできずに、武力衝突がおこってしまったのである。

　しかも、権門の拡大によって、従来の国家的な組織や機構よりも、個人的な主従関係が大きな意味をもつようになった。大寺社の強訴や騒乱への備え、地方の反乱の鎮定を目的に、白河法皇がもうけた北面の武士は、しだいに肥大化して、京都の治安を守る中心的な組織に成長した。といっても、それらの武士は、白河法皇、鳥羽法皇との個人的なつながりによって動員される性格が強いため、予想外の皇位を手にした後白河天皇との関係はきわめて不透明かつ不安定であった。

　一方、大殿となった藤原忠実は、数多く集積した摂関家領荘園を維持・管理するために、武士団を組織していた。それらの中心は、源為義や平忠正（清盛の叔父）の一族、源頼憲《よりのり》（多田源氏で明国《あきくに》の孫）などであった。また、興福寺の悪僧信実《しんじつ》らも忠実と密接な主従関係によってつながっていた。信実は大和《やまと》源氏の出身であり、武力としても侮りがたい実力を備えていた。それらの武力を父忠実から引き継いだのが、頼長である。

だが、頼長は権門の統制・維持にやっきとなる中で、周囲との軋轢を増していった。とくに兄忠通との対立が激しくなるとともに、藤原家成《いえなり》を代表とする院近臣勢力との関係を悪化させた。そもそも、摂関家の荘園集積は、美福門院やその周囲の院近臣との対立を激化させつつあったのだが、それに加えて摂関家に内包された武力が、院近臣たちの警戒心を呼びおこしたのである。

鳥羽院の死後、そうした頼長と対立する院近臣勢力の恐怖心は頂点に達する。中継ぎの天皇と目され権威にも権力にも欠けている後白河のもとで、王家の武力はきわめて不安定、あるいは分裂の危機をはらんでいた。源義朝は鳥羽院政末期に急速に台頭した武士であったため、鳥羽法皇との関係はそれほど密接なものではなく、むしろ待賢門院に仕えた熱田《あつた》大宮司《だいぐうじ》家の藤原季範《すえのり》の娘（頼朝《よりとも》の母）が正室であったため、後白河天皇に接近していた。しかし頼りになる武力はこの義朝ぐらいであった。

有力な北面武士であった源光保《みつやす》（美濃源氏）や平盛兼《もりかね》（伊勢平氏傍流）らは、美福門院や守《もり》仁《ひと》親王（後白河の第一皇子）のいる鳥羽殿の警備に専念し、後白河のもとには駆けつけなかった。あるいは、平清盛は、白河・鳥羽院政を通じて成長した正盛《まさもり》・忠盛《ただもり》父子の後継者であったが、むしろ後白河ではなく院政の正統な後継者であった崇徳に親近感をいだいていたらしい。

そのために、信西を中心とする院近臣勢力は、頼長に対しさまざまなかたちで挑発を繰り返し、後白河の即位に不満をもつ崇徳上皇ともども、反乱に追い込んだのである。王家と摂関家とに直属する武力が、相互の矛盾の中で、火をふいたのが保元の乱であった。従来のような宮廷内での陰謀で対立を解消させる余裕が、双方になかったのである。権門武力の有力な一角をなす悪僧信実らの到着を待つ崇徳・頼長方に対し、奇襲で白河北殿や前斎院御所などをいっきに攻めるという後白河方の戦術は、そのような権力関係の反映であったともいえよう。

保元の乱の結果、権門としての摂関家は大きな打撃をうけた。もはや、武力を内包することはできなくなったし、興福寺の悪僧勢力を組織することなどとても不可能な状態となった。しかし、勝利した王家側も、無傷ではすまなかった。対立する崇徳の皇統を排除したものの、後白河天皇は軍事的勝利によっても自ら権威を獲得することはできなかったし、さりとて幼少の東宮守仁が後白河の代わりをはたすというわけにもいかなかった。王家も権門として、鳥羽院政期の力を回復するにいたらなかった。鳥羽法皇の死後、まさしく家長不在の王権といった状況となった。

こうした状態の王家・摂関家の中で、政界の中心となったのが、信西や藤原信頼、藤原惟《これ》方《かた》ら旧鳥羽院の近臣たちであった。平清盛も、武士ではあるが、鳥羽院近臣でもあったから、そのような勢力の一角に存在したといってよい。とはいえ、これらの人物はいずれも鳥羽院近臣という点では共通しているが、それぞれの性格がかなり異なっている。

信西は、藤原氏でも傍流の南家貞嗣《さだつぐ》流の出身で、大学頭《だいがくのかみ》を継承した学者の家柄に生まれた。父実兼《さねかね》が早世したため、学者としての出世を断念して鳥羽院に接近し、院庁の判官代になる。しかし、鳥羽院政期の院近臣の家柄はほぼ固定化していたので、天養《てんよう》元年（一一四四）出家、その身分の壁を打ち破ろうとしたのである。そして、抜群の学才も生かして、鳥羽法皇の信任をえた。

信頼は道長《みちなが》の兄道隆《みちたか》流の藤原氏出身、祖父は基隆《もとたか》、父は忠隆《ただたか》で、いずれも位階のみあって職掌のない散位《さんい》ながら公卿になっている。彼は信西に比して、はるかに名門の院近臣の家柄だったのである。しかも、父忠隆の妻は崇徳の乳母《めのと》、妹は後白河の乳母をつとめ、基隆、忠隆ともに大国受領を歴任するタイプの院近臣であった。

そうした典型的ともいえる院近臣の家柄出身の信頼であったが、他に

道隆流藤原氏略系図

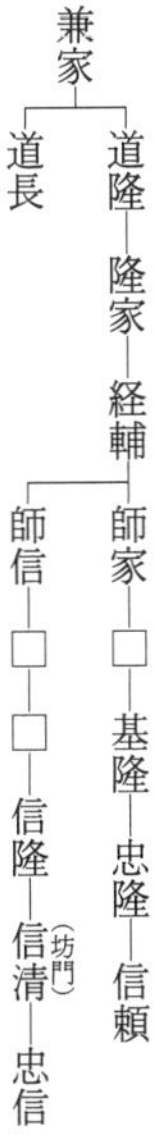

みられない特徴があった。それは武士との関係である。とくに、彼が知行国としていた武蔵《むさし》国、あるいは一族が知行国としていたらしい陸奥国における誼《よしみ》もあって、源義朝という自由に動かせる武力をもっていた。彼自身は武士ではないが、武家の棟梁的な性格を備えていたといえるのである。また、関白藤原基実《もとざね》を妹婿として、その後見役といった立場にもあった。

惟方は、実務官僚という立場から院近臣として活躍してきた為房《ためふさ》流藤原氏（勧修寺流《かじゅうじ》）の出身であり、父は鳥羽院の信頼が厚かった顕頼《あきより》である。顕頼は公卿会議のあと、特別に院に召されるような、政務の決定にも関与する立場の近臣公卿であった。惟方の母は二条天皇《にじょう》の乳母であったから、二条側近の中心人物となっていた。

こうした中で、保元の乱直後の政局で、もっとも目立った活躍をしたのが、信西であった。王土《おうど》思想にもとづいた保元新制《ほうげんしんせい》を発布し、権門寺社に対する厳しい荘園整理を命じて、記録所を再興した。また、悪僧（武装した僧）や神人《じにん》（神社の雑役に奉仕した下級神職）の削減命令を出している。さらに、乱の翌年には諸国の受領に命じて大内裏の再建を進め、京中の整備、兵仗《へいじょう》（実用の武器や武具）停止、宮中の儀式復興などの政策を推し進めたのは、いずれも信西その人であった。

その背景には、安定しない後白河天皇の権威を確立し、兵乱によって穢《けが》れた王都を再建しようという強い意志があった。しかし、実際にはそのような施策の実行にもかかわらず、白河・鳥羽院政期のような体制は回復されなかった。というよりも、この信西をめぐって新たな対立が生まれるのである。

信西自身は、すでに出家の身であったが、保元の乱後の一門の隆盛はめざましいものがあった。保元二年（一一五七）十月、新造内裏造営の恩賞として、叙位が行われた。信西には俊憲《としのり》という左少弁で五位蔵人であり、記録所の弁として活躍していた子がいたが、その同母弟貞憲《さだのり》も、少納言で兵部権少輔《ひょうぶごんのしょうゆう》という実務官人で、このとき臨時に正五位下となった。一方、後白河の乳母朝子《ちょうし》が生んだ成範《しげのり》は、遠江守《とおとうみのかみ》として蔵人宿所屋《くろうどしゅくしょおく》を造営して、正五位下となったし、その同母弟脩範《ながのり》は美濃守として後宮の弘徽殿《こうきでん》を造営、従五位上となっている。

院近臣には、主として弁官・蔵人頭など実務官人をつとめて公卿にのぼる家系と、もっぱら大国受領を歴任していく家系とがあり、厳密に区分されてきた。ところが、信西の子たちには、俊憲や貞憲のような実務官人系と、成範や脩範のような大国受領系の両方が存在したことになる。こうしたことはきわめて異例であり、既得権を奪われるのではないかと恐れた院近臣たちの反発を呼んだ。大国受領系の代表が信頼であり、実務官人系の代表が惟方ということになるだろう。

保元三年（一一五八）八月、後白河天皇は東宮守仁親王（二条天皇）に譲位する。この譲位によって、普通なら後白河院政開始ということになるはずである。ところが平信範《のぶのり》の『兵《ひょう》範記《はんき》』（兵部卿信範の日記）は、この譲位を「ただ仏と仏の評定」によって決定されたと記している。この二人の「仏」とは信西と美福門院のことをさすと考えられるのである。院政を行えるのは、実質的に「王の人事」権を有する人物でなければならない。皇位を決定する人物でなければばならない。ところが、後白河上皇には、その条件が欠けているのである。

そして、この美福門院こそ、鳥羽法皇の晩年の寵愛を一身に集めた皇后であり、皇女八条院とともに王家領荘園の大半を相続していた女性である。それに対して、後白河は鳥羽法皇のもっていた荘園をまったく継承できず、かろうじて保元の乱で没収された頼長の荘園を後院領というかたちで所有できたにすぎない。経済的基盤に欠けており、とうていその意味でも王家の家長とはいえなかったのである。

それでは後白河ではなく、美福門院が院政を行ったかというと、そのような政治的な行動をとった形跡はなく、政治はもっぱらもう一人の「仏」の信西がしきってしまっていた。有能ではあるが、たいした身分も家柄もない人物とその子たちが、後白河上皇の傍らで事実上その代わりの仕事をしていた。そのことは、名門の院近臣たちにとっても許しがたい行為に映ったことであろう。

また、さきにあげた惟方は二条天皇の乳母子《めのとご》（乳母の実子）であったが、大納言藤原経宗《つねむね》もその姉懿子《いし》が二条を生んでいるので外戚であり、ともに二条天皇側近という立場でもあった。惟方は院近臣の家柄であったが、経宗は関白師実《もろざね》の子経実《つねざね》の子ということで摂関家につながる高い身分にあった。ここに個々の政治的立場を越えた、反信西連合というものが形成されることになる。

3　平治の乱

平治の乱は、反信西連合の挙兵によって開始された。平治元年（一一五九）十二月九日の深夜のことである。武装した兵を率いるのは、後白河上皇の寵臣で権中納言の藤原信頼。れっきとした公卿である。率いられた軍勢の中心は、源義朝の麾下《きか》にあった。攻撃をうけたのは後白河上皇の院御所三条東殿である。

軍勢は三条北、烏丸東にあった三条東殿を包囲して、放火するという作戦をとった。上皇とその姉上西門院《じょうさいもんいん》は、重成《しげなり》（満仲《みつなか》弟満政《みつまさ》の五代孫）、光基《みつもと》（美濃源氏光信《みつのぶ》の子）、季実《すえざね》（文徳源氏季範《すえのり》の子）ら源氏の武士によって拉致《らち》され、二条天皇の住む内裏の一本御書所《いっぽんごしょところ》に幽閉された。信頼率いる軍がねらったのは、後白河上皇に近仕する信西一族の命であった。しかし、警備の北面武士や一般の官人、女房までが殺戮されたにもかかわらず、信西夫妻やその子たちは辛くも脱出に成功する。

とくに信西自身は、事前に事態を察知して、近江との国境に近い山城国《やましろのくに》田原《たわら》に逃れていたらしい。だが、もはやこれまでと思ったのか、郎等たちに命じて身を深く地中に埋めさせて自殺する。遺骸は源光保に発見されて、斬首《ざんしゅ》の上、都大路を渡され獄門に晒されるのである。これが十二月十七日のことであったが、すでに乱がおきた翌日の十日には、信西の子たち、つまり俊憲・貞憲・成範・脩範らすべての配流が決定されていた。こうして、乱の第一段階は終わった。

さて、このとき、平清盛が熊野詣《もうで》で京都を離れていたことは有名である。信頼が清盛の留守をねらって、挙兵したことはあきらかだが、信西と清盛が提携関係にあったと考えるのは難しい。元木氏が指摘するように、清盛が不在であっても、平氏と提携していれば、六波羅《ろくはら》の平氏一門の邸宅に逃げ込むことが可能だったはずだからである。事実、信西の子の成範は六波羅に逃れたが、身柄を信頼方に引き渡されてしまう。その意味で、清盛は信頼方にも信西方にも与せず、中立であったと考えるべきであろう。

こうして、清盛は十二月十七日に難なく京都にもどった。ちょうど、信西の首が晒された日のことである。信頼にとって子の信親《のぶちか》は清盛の娘を妻にしており、むしろ信西死後は清盛が協力してくれると思ったのであろう。

だが、信頼の思惑《おもわく》はみごとにはずれる。これまで中立の立場をとっていた内大臣藤原公教《きみのり》が、武力による信西討伐、義朝の武力を背景にした信頼の専横に反発したのである。公教は太政大臣実行《さねゆき》（藤原公実《きみざね》の子で、三条家の祖）の長男で閑院流の出身である。鳥羽院政末期から政務の中枢で活躍し、保元の記録所では上卿をつとめた有力公卿であり、かなりの政治力をもっていた。その公教が二条側近の経宗・惟方に接近し、平氏の六波羅邸への天皇行幸をもちかけたのである。

二条側近の経宗・惟方にしても、信西死後の政治的主導権をにぎることが目的である以上、このまま信頼や義朝らをのさばらせておくわけにはいかない。そしてこの動きに帰京した清盛が乗るのである。清盛がまず十二月二十五日朝、信頼に臣従を誓う名簿《みょうぶ》を提出し、娘婿として六波羅に迎えていた信親を丁重に信頼のもとに送り返す。

一方、二条側近の動きもすばやかった。この日の夜、後白河上皇のもとを惟方が訪れて、仁和寺への脱出を促した。信頼を見限っていた後白河はこれにすぐさま応じたらしい。そして深夜、清盛と惟方らは二条天皇を女房車に乗せ、内裏を脱出、六波羅の清盛邸に迎えたのである。引き続いて仁和寺に逃れていた後白河も、そして女院たちも六波羅に参入した。

二十六日の朝、信頼・義朝らはようやく事態の急変を知る。天皇と上皇を奪われたため、いっきに賊軍に転落したのである。『愚管抄』によると、信頼は鎧以下の武具をつけて、義朝とともに出陣した。義朝の武力をもって、逆転にかける意気込みであったと思われる。

しかし、信頼に従っていた源師仲《もろなか》（源俊房の孫）は、降伏したときの手みやげとするつもりで、三種の神器の一つである内侍所《ないしどころ》（神鏡《しんきょう》）を密かに携帯し、自らの保身をはかろうとしていた。『平治物語《へいじものがたり》』によると、源光保や甥の光基などの武士は、二条側近として協力していたため、信頼や義朝から離れて平氏に味方することになった。こうして賊軍となった信頼・義朝からは、同盟者が続々と離反していった。

元木氏の考察では、義朝の軍が、待賢門などの内裏周辺で華々しく戦ったとする『平治物語』の記述は作為的で、ひたすら平氏の六波羅にせまったとする『愚管抄』の記事が、真実に近いという。しかし、ついにその劣勢を挽回《ばんかい》することはできなかった。六波羅に屍《しかばね》を晒すつもりであった義朝は、腹心の鎌田《かまた》正清《まさきよ》らに説得されて、東国をめざして落ち延びることになる。

公家の信頼・師仲・成親《なりちか》らは、それに反して平氏に降伏した。首謀者とされた信頼は六条河原で斬首。成親（藤原家成の三男）も武装していたが、『平治物語』によると妹が清盛の嫡男重盛《しげもり》の妻となっていたため、単なる解官にとどめられた。のちに政界復帰をはたして後白河の側近に加わり、鹿《しし》ヶ谷《たに》事件でけっきょく清盛に殺されることになる。そして、あの神鏡を利用して保身をはかるつもりであった師仲も解官され、翌年下野国に配流される。許されるのは六年後の永万《えいまん》二年（一一六六）のことである。

義朝の一族には過酷な運命が待ちかまえていた。『平治物語』によれば、近江との境に近い龍華越《りゅうげごえ》で延暦寺の悪僧の襲撃をうけ、叔父義隆《よしたか》を失う。その後、嫡男頼朝は一行からはぐれ、負傷した二男朝長《ともなが》を美濃の青墓《あおはか》で、自らの手にかけた。甲斐《かい》・信濃《しなの》の武士を組織しようとする長男義平《よしひら》とも別れた。そして、鎌田正清の縁者である尾張の長田忠致《おさだただむね》のもとを訪ねたが、『愚管抄』によると湯殿でその裏切りに気づき、主従とともに自害する。『平治物語』によると、義朝が死んだのは十二月二十九日のことであったという。

『平治物語』によれば、義平は地方武士の組織に失敗し、単身京都に潜伏して清盛以下の暗殺を企てるが、けっきょく捕らえられ、六条河原で斬首される。平治の乱が初陣であった十三歳の頼朝は、命は助けられて伊豆に流された。幼い頼朝の弟たちも配流か出家ということになり、河内源氏の武士は京都から一掃される。

義朝が殺されたとされるちょうどその日、十二月二十九日に二条天皇は六波羅の清盛邸から八条にあった養母美福門院の御所に入った。後白河上皇も、年が明けた正月六日、八条堀河にあった藤原顕長《あきなが》（白河院近臣藤原顕隆の子）邸に移る。八条は本来の大内裏からかなり南に離れた場所であり、かつては皇族や上流貴族が住むことはなかった。しかし、もともと七条東の市に近く、七条町小路《まちこうじ》は商工業地域として繁栄していたし、西から京都へ入ってくる交通・流通の拠点でもあった。

美福門院の御所は、その祖父にあたる藤原顕季《あきすえ》から子の長実《ながざね》、そして娘美福門院へと伝えられてきた。顕季は白河法皇の乳母子であることから、その近臣となった人物であるが、いわゆる受領層という各国の受領を歴任する貴族であった。

受領が徴税の請負《うけおい》をしていたことはよく知られている。その具体的なやり方は、京都の周辺に納所《なっしょ》と呼ばれる蔵を造り、そこに国で集めた物資を集積するというものであった。朝廷や寺社に要請されると、そこから一定額の物資を納入していたのである。そして、それらの物資も、受領と関わりのある運送業者、たとえば梶取《かじとり》とか綱丁《こうちょう》という人々によって運ばれた。さらに、納所の運営も専門の金融業者や商人などに任せていたらしい。そういう背景から、祖父の顕季は、そのような金融業者や商人の多い地域に、邸宅をもうけたのであろう。

しかも、美福門院は亡き鳥羽法皇から、王家領荘園のほとんどを相続した、大荘園領主であった。それに対して、後白河上皇は、保元の乱で敗れた藤原頼長の荘園を後院領に編入して、その後自ら所有していたと思われるが、荘園領主としてははるかに弱体であった。上皇と天皇が戦乱のときは武士である清盛の六波羅邸に逃れ、戦争終結とともに経済力のある美福門院を頼ったのはそのためであろう。

この時点での乱の勝者は、まず清盛であるというのが通説であるが、元木氏はそれよりも清盛を武力として動員した二条天皇側近の経宗・惟方の二人であったとする。保元の乱後の政局を主導した信西、そして武力を背景に台頭した信頼も、ここまでの平治の乱で滅亡したのである。ともに後白河上皇の近臣であったから、もともと権威がない上皇であったとはいえ、二人の死によりその力の衰亡はどうにもならないところまできていたといえよう。そして、二条による久々の天皇親政の確立は確実であるかに思われた。

ところが、ここからが後白河という人物の不思議なところなのである。もうだめだと思われたところで、思いもかけぬ事態がおこる。それは、後白河が八条堀河の顕長邸の桟敷で、八条大路の様子などを眺めたり、民衆を呼び寄せたりしていたところ、経宗・惟方は突然そこに板を激しく打ちつけ上皇の視界をさえぎってしまったのだという。

後白河が若いときから今様《いまよう》に熱中していたことはよく知られている。今様というのは、民衆の歌謡である。後白河には、民衆との接触を好むという性向があった。はたして彼が民衆との結びつきによって、自らの王権を強化しようとする積極的な意志をもっていたかどうか。だが、二条の側近である経宗や惟方が、上皇の行動にそうした警戒心をいだいたことは十分考えられる。

ともかく、二人は政治の実権を二条天皇から父親の後白河上皇に渡してはならないといっていたということが、『愚管抄』には書かれている。もしかすると、ただ単に桟敷に板を打ちつけるというよりは、上皇の幽閉ということまで意図した行動かもしれない。この事件、のちにおこる平氏による後白河の鳥羽殿幽閉の先例のような気がするのである。

この事件に後白河が反撃する。『愚管抄』によると、これが経宗・惟方の差し金であることを聞いた上皇は、清盛を召し出して「自分の政治生命はこの経宗・惟方ににぎられている。この二人を思う存分こらしめてくれ」と涙ながらに訴えたという。清盛は郎等に命じて、二人を逮捕させた。そして、内裏の陣頭に上皇がでかけ、その牛車の前に引きすえられた二人の公卿は、拷問されうめき声をあげたというのである。

『愚管抄』では、上皇の涙の訴えの場に、摂関家の大殿忠通がいたことが記されているのがおもしろい。二条側近の経宗は、二条天皇の外戚であった。つまり、天皇との外戚関係を復活させたい摂関家にとっては、実に忌々しき相手なのである。著者の慈円《じえん》は、この忠通の子であるから、父のことを悪く書くはずもない。私には、このときの後白河をあやつっていたのは、この忠通ではないかと思われるのである。このままでは、摂関の地位まで、経宗に奪われるかもしれないという忠通の危機感が、この後白河の反撃劇に反映されているのではないだろうか。かくして、経宗は阿波、惟方は長門《ながと》へ流され、ともに失脚するのである。

この二条側近の配流が、永暦《えいりやく》元年（一一六〇）三月のことであるが、二人の逮捕の直後、あの信西の子俊憲らが召還され、もとの地位に復帰している。このことから、二人は平治の乱の責任、つまり信西を殺した首謀者としての責任をとらされたという元木氏の見解に従いたい。これによって、平治の乱の最終的な決着がついたのである。

4　二条親政から後白河院政へ

『愚管抄』は当時の政情について、平治元年（一一五九）から応保《おうほう》二年（一一六二）まで三、四年は、後白河院と二条天皇が申し合わせて、同じ気持ちで政治を行っていた、と述べている。その様子を、当時蔵人頭であった中山忠親《なかやまただちか》の日記『山槐記《さんかいき》』にみてみると、次のような具合であった。

たとえば、永暦元年（一一六〇）に時の太政大臣藤原伊通《これみち》（近衛天皇の中宮呈子《ていし》の実父）が、皇太后宮少進《こうたいごうぐうしょうしん》藤原良清《よしきよ》という者を、非蔵人《ひくろうど》（蔵人の見習いポスト）に推薦したことがあった。このとき蔵人頭忠親が関白基実の指示を求めたところ、院に申すべしと命じられたため、院に奏上したところ、前関白忠通に意見を聞けということになった。そこで、忠通に諮問すると、自分は良清という者をよく知らないので、もう一度院に申し上げろということになり、再び忠親が院に参上すると、院はさらに天皇に申すべし、ということになった。そこで、内

後白河上皇のおもな子女

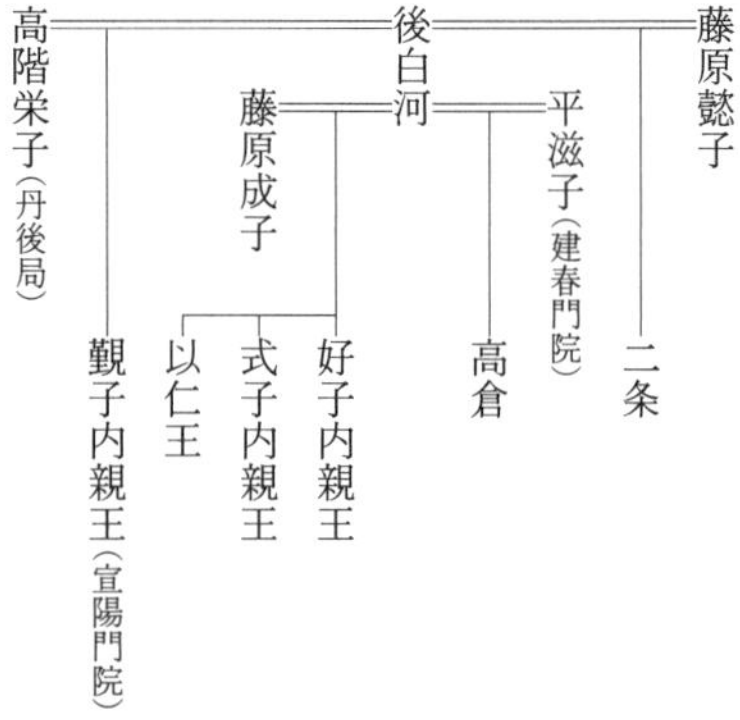

裏の天皇に奏聞すると、現在は非蔵人は三人おり、新たに任命すると人数が多くなるが、過去に四人の例もあるので、さらに院の仰せによるべし、ということになる。

最終的な結論がどうなったかは、史料が欠けていてわからないのだが、同様な四者のやりとりが他の案件にも見える。つまり、当時の政界中枢の意志が、二条天皇・後白河上皇・前関白忠通・関白基実の四者の手をへて、決定されていたのである。ただ、この四者のうちの誰がもっとも決定権をもっているのか、さっぱりわからない。さらに、場合によっては、有職の公卿と呼ばれる物知りの公卿たちに、意見を求めることもある。私はこれを「在宅諮問」などと名付けたのだが、こうなるとますます複雑怪奇というべきであろう。

ところが、最近の下郡剛氏の研究で、応保元年（一一六一）あたりから、このような状況に変化がみられるという指摘がなされている。すなわち、応保元年九月以降になると、多くの問題が二条天皇と大殿忠通との間で決定されるようになり、関白基実が関与することもあるが、後白河上皇がそれに加わった事例がないというのである。

この変化は、この年の九月に上皇と平滋子《しげこ》（清盛の妻時子の妹で、のちの建春門院《けんしゅんもんいん》）との間に、憲仁《のりひと》（のちの高倉《たかくら》天皇）が生まれたことが関係しているのではないか、という。龍粛《りょうすすむ》氏以来指摘されている、憲仁誕生を契機に、後白河上皇が政治決定から排除され、二条親政が開始されたという見解とぴったり一致する。すなわち、二条天皇は、この憲仁を東宮にしようとした平清盛の弟教盛《のりもり》や、滋子の兄時忠《ときただ》、さらに藤原信隆《のぶたか》や成親など六名の院近臣も解官した。

翌応保二年になると、流されていた二条側近の藤原経宗が召還される。ちなみに、経宗は長《ちょう》寛《かん》二年（一一六四）正月にもとの権大納言に復帰し、その閏十月には右大臣にのぼっている。また、応保二年には、上皇の近臣源資賢《すけかた》・通家《みちいえ》父子が天皇を呪詛したとして、流罪となる事件もおきている。『愚管抄』には「サテ主上、世ノ事ヲバ一向ニ行ハセマイラセテ、押小路《おしこうじ》東洞院ニ皇居造リテオハシマシテ、清盛ガ一家ノ者サナガラ其辺ニトノ居所《いどころ》ドモ造リテ、朝夕ニ候ハセケリ」とあって、清盛が応保二年に新造された二条東洞院殿（押小路東洞院殿）の天皇のもとに朝夕祗候していたという。この記事によると、清盛は教盛や時忠などとは、異なった立場をとっていたことになる。

二条天皇がこののち、おおむねこの二条東洞院殿を居所としていたのに対し、後白河上皇は法住寺殿《ほうじゅうじどの》という院御所を造営する。永暦元年（一一六〇）に日吉《ひえ》・熊野《くまの》両社が勧請《かんじょう》（神仏の分霊を他の地に移して祀《まつ》ること）され、翌応保元年（一一六一）に法住寺南殿が完成するのである。この法住寺殿は、のちに後白河院と建春門院の墓所が営まれることになるように、この夫妻との関係が深い。しかも、南殿完成が四月、憲仁誕生が九月という時間の関係も微妙である。

しかも、このときできた法住寺南殿は、平治の乱で焼失した信西邸の跡に、その敵方、藤原信頼の中御門西洞院邸を移築したものだという。かつての近臣、乳母夫《めのと》（乳母の夫）邸の跡地に、同じく近臣でありながら、最後は謀反人として処刑された者の邸宅を移築するというのは、常人では理解しにくいところがある。しかし、互いに敵対した者でありながら、ともに自分にとっては、きわめて親しい人物。しかも、信頼は二条天皇とその側近、そして二条天皇に近仕する清盛によって、殺されたのだという意識もあったかもしれない。二人を偲《しの》ぶということは、すなわちわが子である二条天皇との決別を意味する。

また『山槐記』には「件殿《くだんのとの》四郭に十余町を籠《こ》めらる。其内《そのうち》堂舎大小八十余宇《う》を壊《こぼ》ち棄《す》てらる。衆人怨《うら》みあり」とあるように、信西邸跡を中心にして、十余町の敷地を囲い込み、そこにあった堂舎を立ち退《の》かせたため、人々の怨みをかったというのである。法住寺殿が営まれたのは鴨川を越えた七条末、すなわち鳥部野《とりべの》の葬地につながる地域である。そこは平安京外で、墓地を造ることが許されていたから、貴族たちの墓寺が多く造られていたと考えられる。それらを立ち退かせてまで造るというのだから、その目的は当初からそこに自分の墓を造るつもりであったのだろう。

すでに白河・鳥羽院政期に、王家の墓として白河・鳥羽両天皇陵は、洛南の鳥羽殿に造られていた。美福門院の墓としての御塔も鳥羽殿に造られていたのだが、本人は夫の鳥羽法皇が亡くなったあと、高野山《こうやさん》への納骨を望み、永暦元年（一一六〇）に死ぬと、その希望がはたされた。美福門院のための御塔には、すでに久寿二年（一一五五）に両親、つまり鳥羽法皇と美福門院に先立った近衛天皇の遺骨が、知足院《ちそくいん》本堂から改葬される。その改葬は二条天皇と後白河上皇との対立が決定的となっていた長寛元年（一一六三）のことなのである。

このように、鳥羽殿は白河院から鳥羽院と美福門院、そしてその間に生まれた近衛天皇、美福門院の養子二条天皇につながる王統の権門都市という特徴を顕著にしていきつつあった。二条天皇と袂《たもと》を分かつことになった後白河上皇は、それとは違う王統を作ろうとし、鳥羽殿とは異なった根拠地を求めたということができるのではないか。

法住寺殿。そこは、まさに後白河上皇と平滋子の二人の空間であった。法住寺殿は東山七条の地に造られた。その少し北には、平氏の六波羅がその規模を拡大しつつあった。実は、六波羅も墳墓を中心とした場所であった。「何《いず》れか清水へ参る道、京極くだりに五条まで、石橋よ、東の橋詰四つ棟六波羅堂」（『梁塵秘抄《りょうじんひしょう》』）と今様に唱われた六波羅堂とは、清盛の祖父にあたる平正盛の墳墓堂であった。

現在もある珍皇寺《ちんこうじ》が「六道《ろくどう》の辻《つじ》」といわれる場所にあるように、この地域は冥界《めいかい》への入り口、この世とあの世の境界とみなされており、葬地として貴族などの墳墓堂も並ぶ場所であった。正盛の六波羅堂もそのような墳墓堂の一つであり、その堂舎の下に正盛の遺骸が葬られていたのである。

「元方町《ほうちょう》ナリシヲ、此相国《しょうこく》（清盛）ノ時四丁ニ造作アリ、是モ屋数百二十余宇ニ及ベリ、是ノミナラズ、北ノ倉町ヨリ初《はじめ》テ、専《もっぱ》ラ大道ヲ隔テ、辰巳《たつみ》ノ角ノ小松殿《こまつどの》ニ至《いたる》マデ、廿余町ニ及《およぶ》マデ、造営シタリシ一族親類ノ殿原《とのばら》、及ビ郎従眷属《けんぞく》ノ住所ニ至ルマデ、細《こまか》ニ是ヲ算《かぞう》レバ屋数三千二百余宇」（『延慶本平家物語』）とあるのを読めば、六波羅が大拡張されたのは清盛のときなのである。おそらく、北の六波羅、南の法住寺殿は、ほぼ同時期に都市域として整備されていったのではないか。しかも、近くにはあるが、隣接していたわけではない。その距離こそが、当時の平清盛と後白河上皇の政治的な距離をものがたっていた。

5　後白河院政の確立

一時は、父の後白河上皇による院政を排除し、自らの親政を確立するかに見えた二条天皇であったが、永万元年（一一六五）六月、生まれてわずか七ヶ月あまりの順仁《のぶひと》（六条天皇）に譲位する。順仁は譲位された当日に親王宣下をうけたのであって、「本朝《ほんちょう》例無し」（『六条院御即位記』）といわれたように、二歳の即位は異例なことであった。

二条天皇はこの年の四月末頃に発病し、伊勢神宮以下への奉幣、病の治癒が祈られたが、その甲斐もなく病は重くなる一方で、六月に入ると重態となっていた。そして、そのまま七月に帰らぬ人となった。わずか二十三歳である。

六条《ろくじょう》天皇は幼少であるばかりでなく、母は伊《い》岐致遠《きのむねとお》の娘ということで、身分が低い。ということは、母の一族が新天皇を後援することができないのである。もちろん、六条天皇の支持者が皆無であったわけではない。二条の中宮藤原育子《いくし》（父は藤原公実の子、徳大寺実能《さねよし》）は、准母《じゅんぼ》（天皇の母代わり）として六条天皇を養育していた。そうした関係から、育子の甥にあたる閑院流の徳大寺実定《さねさだ》・実家《さねいえ》兄弟らが天皇を支援したのである。また、閑院流は、後白河の皇子で八条院の養子となった以仁王《もちひと》とも連携する動きを見せた。

閑院流は後白河上皇の母、待賢門院の実家である。本来であれば、後白河はその閑院流を重視するはずであったが、おそらくは死んだ二条との確執が尾を引いていたのであろう。後白河は孫の六条に見向きもしなかった。彼は、平清盛の妻時子《ときこ》の妹平滋子に生ませた憲仁に心を寄せていた。憲仁は応保元年（一一六一）生まれだから、永万元年（一一六五）には五歳。まだまだ小さかったが、すでに二歳の天皇がいるのだから、五歳の即位は異例ではない。ここにいたって、天皇の年齢などどうでもよくなったのである。

憲仁はこの年の十二月に親王宣下、翌仁安《にんあん》元年（一一六六）立太子、そして同三年二月には六条天皇の譲りをうけて即位する。高倉天皇である。八歳の天皇と五歳の上皇（元服前に上皇となった初例）の誕生は異様であるが、上皇といってもこの場合直系の子孫に皇位を譲ったのではないから、当然ながら将来院政を行うことはできない。しかも、六条上皇は安元《あんげん》二年（一一七六）、わずか十三歳で死去する。あまりにも寂しい末路であった。ともかくこれによって、二条の皇統は断絶し、皇子を即位させた後白河の院政が確立することになった。

この後白河院政が、かつての白河院政後半や鳥羽院政のように、他者から制約をうけない専制的な権力をもてたのかというと、大きな疑問がある。平氏一門の存在が非常に大きくなりつつあった。一門出身の女性である滋子への寵愛、その間に生まれた高倉天皇、という関係は平氏への遠慮を生み出すのである。

かつて、保元・平治の乱のあと、平氏政権が成立するというのが通説であった。だが、現在の学問水準からすれば、とうてい認めることはできない。かといって、院政であるならば専制的である、ともいえないのであって、確立した後白河院政であっても、平氏あっての院政という側面はぬぐえないのである。しかし、元木氏が指摘するように、従来後白河上皇とは冷淡な関係にあり、むしろ二条親政派といってよかった清盛が、後白河との政治的な提携に踏み切ったことは大きな動きであるといってよい。

実はこの提携は後白河方からも、そのはたらきかけがあったのではないかと思う。前に、後白河の初代法住寺南殿について、平治の乱で焼失した信西邸の跡地に、その敵方藤原信頼の中御門西洞院邸を移築したものであることを述べた。その造営は、応保元年（一一六一）のことであるから、信頼処刑の二年後にあたる。信頼を殺したのは清盛である。ところが仁安二年（一一六七）、この南殿は取り壊されて新築される。従来の南殿が手狭になったことが理由になっているし、もちろん当時の建造物の耐用年数という問題もあるだろう。だが、あえて二条天皇没後のこの時期に新築したことには、政治的な意味もあったのではないか。寵臣信頼からの後白河の決別を、かたちで清盛に示すことである。

両者の提携をもっともよく示すのは、日宋《にっそう》貿易の振興である。保元の乱までの貿易は大宰府を中心に展開され、その外港である博多《はかた》には多くの中国人が居留する唐人町《とうじんまち》まで形成されていた。清盛は保元の乱後の保元三年（一一五八）に大宰大弐に就任し、その異母弟の頼盛《よりもり》も仁安元年（一一六六）に大弐になって現地に下向した。さらに有力な大宰府の府官であった原田《はらだ》氏を家臣として、大宰府を掌握していった。その上で、清盛は有名な摂津の大輪田泊《おおわだのとまり》を整備して、貿易船を瀬戸内に乗り入れさせることに成功したのである。

そのクライマックスは、嘉応《かおう》二年（一一七〇）九月二十日、後白河が清盛の福原《ふくはら》別荘を訪れ、宋人に謁見したことであろう。この画期的な対面には前提となる問題がある。保守的な貴族である九条兼実《くじょうかねざね》（藤原忠通の子。基実の弟で、慈円の兄）が「我が朝、延喜《えんぎ》以来未曾有《みぞう》の事なり。天魔の所為か」（『玉葉』）と述べるように、そうした事態は本来あってはならないことであった。異国をケガレの充満する世界とみなし、京や畿内をそのケガレから隔離して清浄に保とうとする貴族たちの感覚からすれば、日宋貿易はおろか後白河や清盛が外国人と対面することなど許しがたいことであった。

さらに、承安《じょうあん》二年（一一七二）九月、宋から「日本国王」と太政大臣入道へ宛てた供物《くもつ》が届けられる。後白河を「日本国王」とするなど、添えられた送り状が無礼であると貴族たちは反発するが、けっきょく翌年三月に返書と答進物が遣わされ、宋との間に外交関係が結ばれた。十世紀はじめに唐が滅亡して以来、日本は貿易を展開しても、外交関係という側面では事実上の鎖国状態を続けてきた。これが破られたことは大きい。しかし、貴族社会の反発は激しかった。

だが、それに対する逃げの論理が用意されている。まず後白河は天皇ではない。それどころか、宋人と対面する前の年にあたる嘉応元年（一一六九）四月、まず寵愛する国母であり、皇太后の平滋子に、建春門院の院号を宣下した。そして自分は六月に出家して、法皇となったのである。出家遁世《とんせい》は俗世からの離脱を主張したことになる。清盛も、仁安二年（一一六七）五月、太政大臣の地位をわずか三ヶ月で退いた。その際に、一通の宣旨をうけている。

その宣旨こそ、国家の軍事警察権（東山・東海・山陽・南海道等賊徒追討権）を、清盛が嫡子の権大納言平重盛に譲ることを、朝廷に認めてもらった文書なのである。このような宣旨を清盛自身があたえられていた形跡はないから、清盛が事実上もっていた権限を、家督を重盛に譲るにあたって、明文化してもらったものと考えるべきであろう。こうして、清盛も「自由」な立場となっていた。そして、清盛もまた翌仁安三年、妻時子とともに出家した。入道相国（相国は太政大臣の唐風名称）の誕生である。

外交や貿易とともに、二人の提携を象徴するものが、もう一つある。それは嘉応元年（一一六九）から、後白河院と建春門院が参加するようになった、福原における千僧供養《せんそうくよう》という法会であった。この毎年三月と十月の二回行われる仏教儀式は、海上交通の安全と貿易の発展を祈るという、まさに日宋貿易振興と不可分な性格をもっていたらしい。

しかも、この権門寺院の高僧を動員した大法会は、後白河と清盛が宗教界に君臨する姿を、目に見えるかたちで示すことになった。また、後白河がこの千僧供養で僧官を授与していたことから、僧侶《そうりよ》に対する人事権を通して僧侶の統制をも行っていた。清盛の本拠となった福原でのこの法会のもつ意味は、非常に大きいといえよう。そして、承安元年（一一七一）に清盛と時子の娘である徳子《とくこ》が、高倉天皇のもとに入内した。後白河と清盛の協調体制は盤石のものに思われたのである。

第六章　後白河院政と武家政権

1　後白河院政の停止

久安三年（一一四七）というから、清盛《きよもり》三十歳のときのことである。六月十五日の祇園《ぎおん》臨時祭、つまり祇園会《ぎおんえ》（現在の祇園祭《ぎおんまつり》）の翌日に開催される天皇御願の祭礼に、田楽《でんがく》の楽人たちを清盛が送りこんだ。ところが、その護衛のための清盛の郎等たちに、祇園社側が武装解除を求めたことから、闘乱がおこった。郎等が放った矢が神殿に命中し、神官にも負傷者が出たのである。これに激怒した祇園社とその本寺延暦寺は、同月二十八日、清盛とその父忠《ただ》盛《もり》の配流を要求する強訴をおこした。

強訴に対し、鳥羽《とば》法皇は防御の武士を派遣する一方、三十日に院御所に公卿を集めて会議を開いた。その上で院は忠盛・清盛の擁護を決定する。法皇の命令で、河内源氏の源為義《ためよし》、美濃源氏の源光保《みつやす》、伊勢平氏傍流の平盛兼《もりかね》らの武士、そして諸国の国衙に組織された「諸国兵士」らが動員され、防御がかためられた。しかも、法皇は連日、武士たちを閲兵する力の入れようであった。その結果、二人は贖銅《しょくどう》三十斤《きん》という財産刑に処されただけで、延暦寺の要求する配流をまぬがれたのである。

鳥羽院政期の忠盛・清盛は院近臣の中心的人物であり、院の家産機構の中に包摂された存在であった。忠盛は院庁において重要な位置を占め、院の庇護のもとに公卿直前まで出世した。清盛も有力院近臣の子弟として、順調な昇進をとげつつあった。また、この祇園闘乱事件において、当事者の忠盛・清盛を除いても、他に多くの武士を動員できる体制が存在していた。そのことが、大規模な延暦寺強訴に対して、鳥羽法皇が近臣の忠盛・清盛を守ることができた理由である。

ところが、その二十二年後の嘉応元年（一一六九）十二月からの延暦寺強訴では、鳥羽院政期とは大きく異なっていた。この事件は、院近臣藤原成親《なりちか》の知行国尾張の目代藤原政友《まさとも》なる者が、山門《さんもん》（延暦寺の異名）領美濃国平野荘《ひらのしょう》の神人を暴行したことに端を発した。強訴の要求は、知行国主成親の配流と目代政友の禁獄であったが、後白河《ごしらかわ》の措置は二転三転する。

最終的に成親の配流が決定するのは、翌年の二月にいたってのことである。ただし、成親はわずか二ヶ月後の四月には権中納言に復帰する。

この過程を詳しく分析した田中文英氏は、その政治的な背景として、支配層内部の足並みの乱れと亀裂を指摘する。その中でももっとも顕著なのは、平氏のきわめて消極的な態度であった。

十二月の強訴の夜、平重盛《しげもり》（清盛の嫡男）が法皇の衆徒追放命令に従わず三度目にやっと翌朝発向すると返答したこと。翌年正月、衆徒の再強訴の噂に京都中が騒動になり、法皇が検非違使《けびいし》（京の警察・裁判をつかさどる職）に坂本《さかもと》をかためさせたその日に平頼盛《よりもり》（清盛の異母弟）が、そして翌日重盛が清盛と連絡をとるために福原に下向していることなどに端的にみられる。院権力の武力的支柱である平氏が、事件の山場で延暦寺強訴との衝突を回避する動きを示したことが、法皇の対策の変化につながったらしい。しかも、法皇が最終的に衆徒の要求をの

桓武平氏略系図

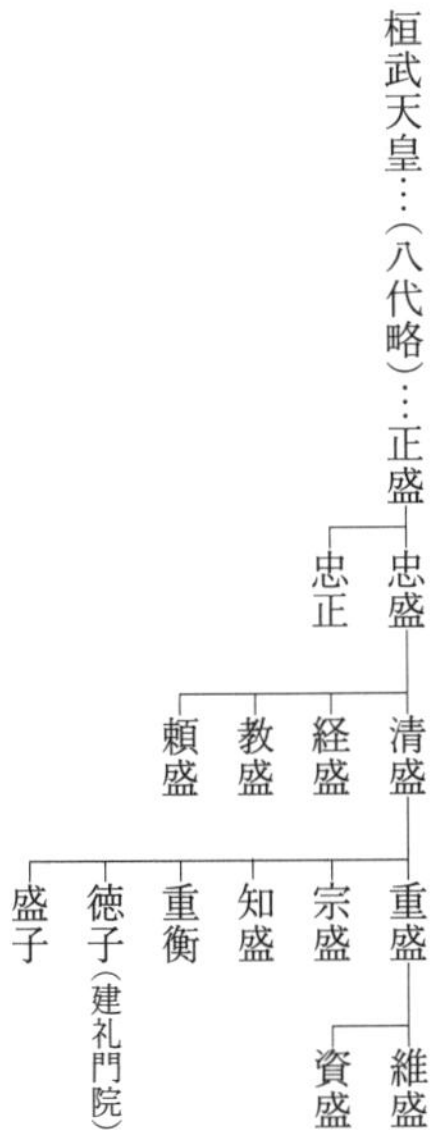

んだ背景には、その後上洛した清盛の意向が大きいと考えられる。

安元二年（一一七六）のいわゆる白山《はくさん》事件では、問題はさらに深刻さを増していた。この事件も、院近臣の西光《さいこう》（もと信西《しんぜい》の家人《けにん》藤原師光《もろみつ》）の子である加賀守《かがのかみ》藤原師高《もろたか》とその弟の目代師経《もろつね》が、所領争いから白山神社の末寺涌泉寺《ゆうせんじ》を焼いたことが原因であった。そして、翌治承《じしょう》元年（一一七七）春になって、白山神社の本寺にあたる延暦寺の衆徒が師高・師経の配流を要求して、強訴を行ったのである。だがここでも、平氏は消極的であった。法皇に賢所の警備を命じられた平経盛《つねもり》（清盛の異母弟）は、ついに法皇の命令に従わなかった。事態は四月にいたって、師高の解官と尾張国への配流などで決着するかにみられた。

ところが、法皇は五月、延暦寺を総管する天台座主明雲《みょううん》を解任して逮捕・監禁し、その所領三十九ヶ所を没収する。さらには明雲を還俗《げんぞく》させて伊豆に配流することを決定した。罪名に関する決定は、公卿会議での大方の意向を排除し、明雲に対する謀反の罪をふりかざしたものであって、その裏には院近臣の西光の讒言があるとされていた。前代未聞の天台座主逮捕・監禁の報に、比叡山山上は騒然となり、配流途中の明雲を延暦寺衆徒らが奪還するのである。

法皇はこの明雲奪還に激怒し、延暦寺に武力攻撃をかける方針を打ち出して、平重盛・宗《むね》盛《もり》（清盛の三男）に出動を命じた。しかるに、彼らは清盛の指示に従うとして、いっこうに動かない。それではというので、法皇は使者を福原に派遣し、清盛の上洛を促した。入洛した清盛は法皇と会談し、比叡山の東西の坂をかためて、攻撃することを承諾したのである。法皇の命令をうけた平氏の延暦寺攻撃が、間近にせまっていた。

ところが、その夜中、多田《ただ》蔵人行綱《ゆきつな》（多田源氏明国《あきくに》の曾孫）が、院近臣による平氏打倒の謀議を清盛に密告、事態は一変した。払暁、清盛は西光と藤原成親を捕らえ、西光を拷問。結果、法皇とその近臣らの謀議の事実を確認し、そのメンバーの名前をつかんだ。清盛は、西光の首をはね、成親を備前《びぜん》に流して現地で謀殺。この西光らの処断によって、延暦寺衆徒との衝突を回避し、その支持を獲得した清盛は、さらに法皇近臣への攻撃と延暦寺との連携策を講じていく。

清盛は法勝寺執行《しぎょう》の俊寛《しゅんかん》ら六名を逮捕、明雲召還の宣旨を出させ、さらに藤原師経を六条河原、師高を配所の尾張で殺害する。これが有名な鹿ヶ谷事件である。それは白山事件の処断をめぐる法皇と清盛との対立の帰結であり、成親殺害という点からみれば、さらに嘉応元年（一一六九）の成親配流要求という延暦寺強訴以来の問題と関係している。

かつて鳥羽院政期には、平氏は院の家産機構内部にあり、その有力近臣として、院の強力な庇護をえた。延暦寺の強訴に対し、鳥羽法皇は平氏以外の武士を動員して、平氏を守ったのである。しかし、保元・平治の乱以後、平氏は独立した軍事権門となった。しかも、源頼《より》政《まさ》（摂津源氏）などの武力を除けば、ほとんど唯一の京の武力となったのである。後白河院政確立後の平氏、あるいは清盛は、後白河法皇の家産機構に包摂された存在ではなく、独立して提携する存在であった。複数の武力を家産制のもとに含みこむ白河《しらかわ》・鳥羽院政とは大きく異なっていたのである。

両者の関係悪化のきっかけは、安元二年（一一七六）の建春門院の死。清盛の妻の妹である建春門院に対する後白河の寵愛は並々ならぬものがあったから、彼女を失ったことが後白河と清盛の関係をいっきに冷やしてしまった。それとともに、元木泰雄氏の指摘のように、両者の構造的な矛盾の拡大も無視できない。女院没後に、蔵人頭と右大将《うだいしょう》の地位をめぐって、院近臣と平氏が競合するのである。蔵人頭には清盛最愛の子の知盛《とももり》（四男）をおさえて、院近臣の藤原光能《みつよし》が任命されたが、右大将には近臣藤原成親が退けられ、清盛の三男宗盛が任じられた。

後白河はもともと王家の傍流で、伝統的な院近臣はむしろ美福門院を母とした八条院に近かった。後白河院政は、成親のような伝統的な院近臣家の傍流とか、光能や高階泰経《やすつね》、在庁官人出身の西光など、新興勢力を基盤にしていた。そのため、院近臣の昇進が急務であり、人事面でかなり強引であった。それが、平氏一門との亀裂を深めていく大きな要因である。

鹿ヶ谷事件において、清盛は法皇の近臣に過酷な制裁を加えた。当時の清盛は国家権力を掌握していたわけではないので、それらは私刑、つまりリンチであり、公的な刑罰ではなかった。それは、武士の社会の慣習にならったもので、貴族社会にはない残酷さであった。しかし、清盛は陰謀の中核にあった法皇自身には手を出さなかった。あるいは出せなかったのである。従来、保元の乱での崇徳《すとく》のように、上皇といっても院政を行っていない上皇が配流されたことはあるが、院政を行っている上皇が配流などの処断をうけた例はない。そのことを知っていたのであろうか、近臣という手足をもぎとられたかたちの後白河は、さらに清盛への挑発を繰り返す。

治承二年（一一七八）、入内七年目の清盛の娘徳子（のちの建礼門院《けんれいもんいん》）が、ようやく皇子言仁《ときひと》親王を生む。のちの安徳《あんとく》天皇である。この後白河、清盛双方にとって孫である皇子の誕生も、対立の極にあった両者を再び提携関係に復帰させるにはいたらない。

治承三年、清盛の二人の子があいついでこの世を去る。一人は関白藤原基実《もとざね》（忠通《ただみち》の長男）の未亡人盛子《もりこ》。もう一人は清盛の後継者と目されていた重盛である。二つの傷に塩を塗り込めるような仕儀におよんだのが、後白河法皇なのであった。

盛子が二十四歳で死んだのは、六月のことである。わずか九歳で嫁ぎ、二年後に二十四歳の夫に死なれ、その十三年後に夫と同年齢で死ぬとはなんとも薄幸な人生といえよう。それはともかく、問題は、彼女が基実の幼い子基通《もとみち》の後見人として管理していた摂関家領の行方であった。この荘園群は平氏の経済基盤として非常に重要なものであった。仁安三年（一一六八）の高倉《たかくら》即位後の平氏の自立性、それはこのような十全な経済基盤が背景にあったともいえる。

盛子の死の当日、高倉天皇への荘園献上の噂が飛び交った。元木氏は、清盛がこれを名目上天皇の後院領とすることで、実質的な支配を継続し、平氏にとっての最大の経済基盤を防衛しようとしていたもので、この噂は事実を伝えるものとする。ところが、法皇が白河殿倉《くら》預《あずかり》に院近臣の前大舎人頭《さきのおおどねりのかみ》藤原兼盛《かねもり》を任じて、その荘園群の管理権を実質的に奪い取ったのである。これによって清盛の目論見はおさえられてしまった。

翌七月の重盛の死は、安元二年（一一七六）の建春門院の死と同様に、清盛と法皇とのパイプ役の消滅を意味していた。重盛は一貫して、法皇に従属する立場にあったからである。しかし、自らの病と、清盛・法皇の対立の中で、すでにその政治的な立場を大きく後退させてもいた。自分に忠実な重盛の死に際し、法皇はその知行国であった越前国を奪い、近臣の藤原光能にあたえたのである。この行動も、あきらかに清盛への挑発であった。

こうした法皇の態度に、清盛はついに堪忍袋の緒が切れた。治承三年（一一七九）十一月、数千騎の武士を率いた清盛が上洛し、翌日関白藤原基房《もとふさ》（基実の弟）を罷免して、その子の権中納言師家《もろいえ》を解官し、さらに基房を配流した。太政大臣藤原師長《もろなが》（頼長《よりなが》の二男）、権大納言源資賢《すけかた》、東宮大夫《とうぐうのだいぶ》藤原兼雅《かねまさ》、右衛門督《うえもんのかみ》平頼盛、参議藤原光能、大蔵卿《おおくらきょう》高階泰経から検非違使藤原信盛《のぶもり》まで三十九人を解官し、師長や資賢などの有力者は京から追放する。

とくに目を引くのは、清盛の異母弟である頼盛、娘婿兼雅、あるいは義弟（妻時子の弟）親宗《ちかむね》、その子時家《ときいえ》なども解官されていることである。この間、後白河に目の敵《かたき》にされて解任・配流された明雲を天台座主の地位に復帰させている。後白河院政を支持する勢力は、平氏一門も含めて、徹底的に弾圧されたのである。

最大の問題は後白河法皇自身の処遇である。清盛入京の翌日、法皇は、今後政務に介入しないことを申し入れ、信西の子で清盛とも親しい法印静賢《じょうけん》を使者として送り弁明につとめた。法皇は、鹿ヶ谷事件の経験から、近臣への弾圧がいくら厳しくとも、自分の身に累がおよぶとは考えなかったらしい。一時、和解の噂も流れたが、甘かった。そもそも挑発を繰り返したのは、法皇の方だったからである。

法皇は鳥羽殿に幽閉されることになった。御所は武士によって堅く守られ、信西の子の藤原成範《しげのり》・脩範《ながのり》・静賢らと女房以外の出入りは禁止されたのである。もはや自発的な政務不介入などを信じなかった清盛は、物理的に法皇と政治との関係を絶ったのである。院政の停止が武力を背景にしてなされたことは、画期的なことであった。少なくとも平安時代に入って、臣下がこのような行動に出たことはない。

鳥羽殿は、白河法皇が譲位したとき造られた離宮であるが、その後王家の中心的な拠点として成長した。それを私は王家の権門都市とも呼んでいる。そこにあるのは、白河・鳥羽・近衛《このえ》天皇陵。近衛天皇は鳥羽と美福門院の間に生まれた夭折の帝である。とくに鳥羽法皇は、その追号からもわかるように、晩年はほとんど鳥羽殿で過ごした。しかし、鳥羽法皇を父にもつ後白河の母は待賢門院。美福門院から疎んじられた女性である。だから、後白河にとって、鳥羽殿は居心地のよい場所ではなく、あまり利用したことがなかった。後白河がおもに利用していたのは、鴨川の東の一郭、法住寺殿であった。そこにはすでに後白河が愛した建春門院の墓があり、自分もその隣に眠る予定であった。

なぜ、清盛が法皇を他の場所ではなく、あえて鳥羽殿に幽閉したかという問題がある。それについては鳥羽殿と平氏との特別な関係がうかがわれる。そもそも、平氏は白河・鳥羽院政下において、有力な院近臣として成長したのである。とくに、鳥羽法皇と清盛の父の忠盛との関係は、特別なものがあった。鳥羽院政期に「鳥羽殿預」（鳥羽殿の管理者）としてはっきりしているのは、王家領荘園立荘の中心的存在であった近臣藤原家成《いえなり》である。そして、後白河院政期の永暦年間（一一六〇〜六一）になると、子の家明《いえあき》がその地位を継承していたことがわかる。ただし、承安二年（一一七二）死去ののちの「鳥羽殿預」を誰がになっていたかを示す史料はない。

これについて、大村拓生氏の推定は興味深い。鎌倉後期には、幕府と朝廷の窓口である関《かん》東申次《とうもうしつぎ》という地位につく西園寺家（閑院流藤原氏の流れをくむ公家）が、鳥羽殿と院御厩《いんのみうまや》、そして左馬寮《さまりょう》をまとめて管理していた。それ以前に、平氏が院御厩と左馬寮を管理していたことも確認される。そこから西園寺家の立場を平氏にさかのぼらせることができるのではないか。つまり、家明のあとは平氏が「鳥羽殿預」になったのではないか、というのである。その時点が、清盛と法皇の提携時期なのか、クーデター後なのかで、その歴史的評価も変わるとは思われるが、私は法皇が鳥羽殿に幽閉されたのは、平氏がその管理者だったからではないかという大村氏の推定に魅力を感じるのである。

2　平氏政権と高倉院政

後白河を鳥羽殿に幽閉した清盛は、その日の午後には京都から福原にもどる。清盛は後白河院政を停止させたが、ただちに武士による軍事独裁政権を樹立したというわけではない。清盛は京都での政務を高倉天皇と関白藤原基通に任せ、軍事警察の面では後継者である平宗盛に行わせることになったのである。

さて、清盛については古くから「落胤説《らくいんせつ》」というものがある。つまり、清盛は忠盛の子ではなく、実は白河法皇の子だという。その話はすでに『平家物語』に出てくるのであって、祇園女御《ぎおんのにょうご》は白河法皇の寵愛をうけていたが、法皇はすでに懐妊中の女御を忠盛に賜り、生まれたのが清盛というのである。

この『平家物語』の話を、明治初年の史学者田口卯吉氏は、当時忠盛が十九歳であったのに対し、祇園女御はおそらく四十を越えていたということから否定した。しかし、明治二十六年(一八九三)、星野恒氏は新たに発見された滋賀県の胡宮《このみや》神社の文書によって、清盛の母は祇園女御の妹で保安元年(一一二〇)に死んだが、当時清盛は三歳であったので、姉の祇園女御が養育したのだという説を唱えた。

胡宮神社の文書とは、白河院が中国の育王山《いくおうざん》・雁塔山《がんとうざん》(長安《ちょうあん》の大慈恩寺《だいじおんじ》か)から渡来した仏舎利《ぶつしゃり》(釈迦の遺骨)二千粒を祇園女御に伝え、それが平清盛に伝えられたことを示す系図のことである。その系図の祇園女御の妹のところに「院に召されて懐妊の後、刑部卿《ぎょうぶきょう》忠盛に之を賜ひ、忠盛の子息となし清盛と言ふ、仍《より》て宮と号せず」とあり、清盛の項には「女御殿清盛を以《もっ》て猶子となし、併《しか》しながら此の舎利を渡し奉る」と書かれている。

清盛が本当に白河法皇の落胤であるのかどうかよりも、かなり早い段階から、この「落胤説」が流布されていたらしいというところが興味深い。例の崇徳院が実は白河法皇の子であるという噂は、崇徳院にとってたいへん不利な噂であった。それに対して、こちらの落胤説は清盛にとって政治的に有利なもので、まったく対照的である。

清盛が、武士にとって大きな壁であった三位をらくらくと越えて公卿になり、太政大臣の地位までのぼったのには、この「落胤説」が影響していた。ことの真偽はともかくとしても、その噂が清盛自身によって意図的に流された可能性さえもある。軍事クーデターによる後白河院政停止という大胆な清盛の行動の裏には、この「落胤説」があると思う。

さて、清盛は自分の娘徳子が生んだ安徳天皇を即位させ、天皇の外祖父となる。クーデターの翌年の治承四年（一一八〇）二月のことである。昔から、清盛については天皇の外祖父ということが非常に強調されている。武士なのに、外戚となって、摂関政治のような時代遅れの政治を行おうとした貴族化した平氏。だから滅亡したのだという文脈でとらえられることさえある。しかし、源頼朝《よりとも》であっても、娘の大姫《おおひめ》（母は北条政子《ほうじょうまさこ》）を後鳥羽《ごとば》に入内させて外戚になろうとした。摂関政治の時代にくらべて外戚の重要性は低くなっていたが、それでも外戚である方が有利に決まっている。外戚だから時代遅れ、とか古代的、というのは一面的な見方だといえる。

安徳が即位して、高倉上皇による院政がはじまった。このことは高倉院政という平氏傀儡《かいらい》の院政をつくることになった。高倉院政の開始によって、後白河院政はもう二度と復活しな

天皇家略系図⑥（数字は皇位継承の順序）

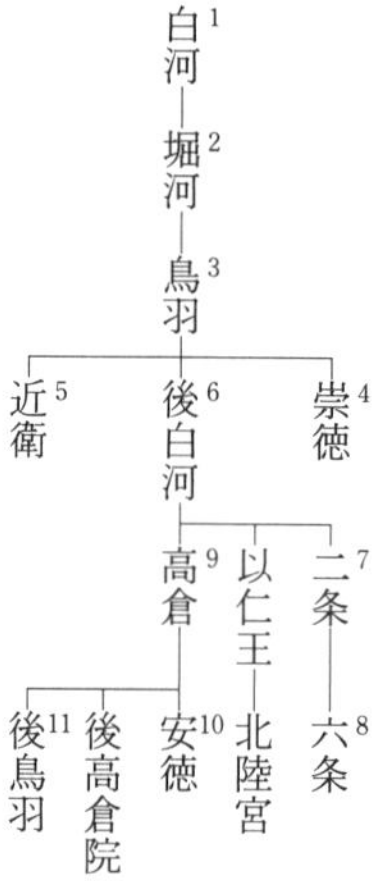

いのだ、という清盛の意志を示した。だから、清盛が安徳の外祖父として摂関政治を行おうとしたなどと、とらえることはできない。軍事権門として確立した平氏が、国政を動かす方策として選んだのは、すでに定着している院政という政治形態を利用して、それを外側からあやつることだったのである。このやり方は、のちの文治《ぶんじ》元年（一一八五）に源頼朝が試みた方式につながるものであり、また承久《じょうきゅう》の乱後の幕府による院政のコントロールにも継承されたと考える。その意味で、一概に歴史的に古くさいものなどと断じることはできない。

　しかし、ここで清盛にまっこうから武力で対抗した人物がいる。高倉上皇の異母兄、以仁《もちひと》王である。以仁王は高倉上皇よりも十歳も年長でありながら、親王宣下さえうけられなかった。鳥羽法皇と美福門院の間に生まれた皇女八条院の養子となっていたのだから、本来ならば二条天皇のあと即位する可能性もあったが、後白河と清盛の提携の中で弟の高倉に先を越されてしまった。高倉の母が清盛の妻時子《ときこ》の妹建春門院だったため、平氏に疎んじられたのが原因である。

そんな以仁王であったから、清盛のクーデター後はさらに立場が悪化した。清盛からすれば、娘の徳子の配偶者である高倉上皇、その間に生まれた外孫安徳という王統にとって、以仁王は邪魔な存在であった。そのため、父後白河が幽閉されると、所領まで没収されていた。

以仁王の背後にいたのは、彼を経済的に庇護していた八条院である。彼女は鳥羽法皇と美福門院の娘として、王家領荘園の大半を相続していた。しかし、その富裕にもかかわらず、血のつながる直系の後継者をもつことはできなかった。そこで、後継者と目していたのが、この才能にめぐまれた養子の以仁王ということになる。王権の主流を自負する八条院にとっては、高倉・安徳こそ不当に武力で王権を簒奪《さんだつ》した相手なのである。

そのために、挙兵には、この八条院に関係のある武士たちが、多く関係していた。美福門院から八条院に仕えてきた源頼政一族、八条院蔵人の源行家《ゆきいえ》（義朝《よしとも》の末弟）、仲家《なかいえ》（木曾《きそ》義仲《よしなか》の兄）、そして八条院領荘園の武士たち、源義清《よしきよ》（源義康《よしやす》の子）、下河辺《しもこうべ》行平《ゆきひら》（藤原秀郷《ひでさと》の末《まつ》裔《えい》）といった人々であった。さらに、以仁王には勝算があった。権門寺院の動きである。院政期になると権門寺院の強訴が頻発していたが、それらは荘園の利権や、末寺・法会の僧侶人事に関わるもので、政権打倒といった政治的意図を有するものではなかった。ところが、今回は違う。まず、園城寺は後白河法皇が出家した寺院であり、後白河と深い結びつきがあった。興福寺の場合には、後白河院政期における興福寺強訴に対する苛烈《かれつ》な弾圧、末寺・所領の没収という問題から、園城寺とは立場が異なっていた。しかし、藤原基実死後の平氏による摂関家領押領、クーデターにおける氏長者藤原基房の配流などは、それにもまして平氏への反発を強めることになっていた。

ここで決定的な意味をもったのが、高倉譲位後初の神社参詣に、厳島《いつくしま》神社が選ばれたことである。従来の上皇は、石清水八幡・春日・賀茂・日吉という京都周辺の神社に参詣しており、これは先例を破るものであった。「平家納経」奉納にみられるように、平氏と厳島との関係は深い。そもそも安芸《あき》国一宮《いちのみや》（地域で最上位に格付けされた神社）というこの地方神社は、鳥羽院政末期に清盛が安芸守になって以来、平氏の深い信仰の対象となった。そのような神社への上皇初参は、他の神社と深い関係にあり、京都の宗教秩序をになってきた延暦寺、園城寺、興福寺という権門寺院にとって、その既得権を根底から脅かしかねない重大事であった。

そうしたことから、まず従来から平氏と仲が悪かった園城寺と興福寺が、以仁王に味方する。そして、親平氏であった延暦寺内にも、反平氏の動きが顕著になってくる。多くの悪僧を擁し、強力な武力を誇る権門寺社の連携が実現するとなると、過去に例がなく、平氏にとって大きな脅威となるものであった。

だから、以仁王の挙兵は一か八《ばち》かの無謀な行為とはいいきれないところがあった。だが、機が熟していなかった。以仁王らと権門寺社との連携も、あるいは権門寺社間の連携も、まだその萌芽《ほうが》が見える程度であった。治承四年（一一八〇）五月、以仁王が園城寺に逃れて、一時膠着《こうちゃく》状態となったが、園城寺内の親平氏悪僧の妨害、延暦寺が平氏方に立ったことなどから、以仁王は園城寺を脱出して興福寺へ向かう。そして、奈良をめざした以仁王一行は、途中の宇治で平氏家人の軍勢に追いつかれ、そこで全滅する。

以仁王や源頼政らは滅亡したが、その挙兵は平氏に大きな衝撃をあたえた。とくに問題は、園城寺と興福寺が以仁王に味方し、親平氏と思われた延暦寺の中にも、一部に反平氏の動きが生まれたことであった。それらは、平氏が著しく厳島を重視することによって、従来の都の宗教秩序というものを根底から揺るがしたとみられたからであった。当時の権門寺社というと強訴が有名であるが、強訴の場合は宗教的な権威を前面に出すため武力発動の面はあまりみられない。しかし、権門寺社勢力の武力は侮りがたいものがあり、日頃権門寺社間、あるいは寺内で合戦におよぶことも多く、それらが束になって反平氏の行動をとることになると、平氏にとって京都は安住の地ではなくなる。そして、その危機は現実のものになりつつあった。

こうして、清盛は福原遷都《せんと》を決定する。反平氏の急先鋒《きゅうせんぽう》である興福寺攻撃で当面の脅威を取り除こうという高倉上皇や宗盛の考えを押さえ込んでの行動であるというのが、元木氏の見方である。この福原遷都によって、平氏政権は新たな段階、つまり清盛による軍事独裁政権という性格をもつことになった。それまでの平氏政権は、京都の高倉上皇と宗盛に政治を任せ、清盛は福原にあって必要があれば指示をあたえ、あるいは緊急時には上洛するという体制であった。いわば高倉院政を外からあやつるというやり方をとっていた。福原遷都は、上皇・天皇、後継者の宗盛などを福原に集め、土地が狭いのを理由に、最小限の貴族を呼んで行う前例のない政治形態である。福原遷都とは、京都周辺の権門寺社からの脅威を逃れ、清盛がすべてをしきる政権の構築を意味した。

遷都は六月、あわただしく行われる。先頭は清盛、それに続いて女車や女房の輿《こし》、そして安徳天皇。内侍所（神鏡）もともなっていたことは、この行幸が一時的なものではないことを示していた。そのあとに、高倉上皇も続き、後白河法皇も連行された。行列は数千騎の武士によって、堅固に護衛されていた。

突然の遷都であったため、福原の宿所は十分な準備ができていなかった。頼盛の邸宅が内裏にあてられ、清盛の別荘が高倉上皇の御所、教盛邸が後白河法皇の御所とされた。随行の人々の中には、宿所がなく、路上に座すものも多かった。遷都先にはいくつかの案があり、紆余曲折《うよきょくせつ》をへて、けっきょく平氏一門の邸宅のあった福原に落ち着いた。そこは現在の神戸市内である。

福原は背後は急峻《きゅうしゅん》な山、前は海、そして東は生田《いくた》の森あたり、西は「一《いち》の谷《たに》」で有名な須《す》磨《ま》あたりで狭まり、難攻不落の地形となっていた。この点はのちに幕府の置かれる鎌倉に似ており、軍事政権にとっては恰好の場所であった。当初は平安京のような条坊制の都城という案もあったようだが、けっきょく現実の地形に規定された新都が建設されることになった。平安後期のこの時期になると、京都自体もかつての平安京とは大きく異なっていたから、中国起源の都城にこだわる必要もなかったのであろう。

清盛は新しい都を、高倉・安徳新王朝の樹立を象徴するものとして、大いに繁栄させようとした。ところが、九条兼実《かねざね》の日記『玉葉《ぎょくよう》』には、高倉上皇の夢の中に生母建春門院があらわれて、墓所のある京を離れたことに激怒したという噂が伝えられている。高倉上皇は福原遷都に反対であり、そのことを夢というかたちで表明したのである。還都《かんと》論が、上皇の周辺にあった院執事《いんしつじ》別当藤原隆季《たかすえ》（末茂《すえしげ》流）や中宮徳子、あるいは平時忠らからもおこってきた。しかし、清盛はこの動きを封殺してしまう。このことは、高倉院政というものが、清盛の傀儡にすぎないことをよく示している。

遷都への権門寺社の反発は織り込み済みのことであった。平安京を鎮護し朝廷と結びついていてはじめて、権門寺社は特権を維持できるのである。以前から反平氏の立場にあった興福寺や園城寺に加え、延暦寺が還都を求める立場に立つであろうことは、当然予測できることなのであった。この点で、清盛が九月以降の延暦寺の還都論に大きく動揺した形跡はない。そもそも、清盛が京都を離れたのは、それらの権門寺社との関係を絶つためだったからである。

ところが、平氏を中心とする追討使が、富士川《ふじがわ》合戦で敗れたという報が、十月福原に届く。そのことが平氏にはかりしれない動揺をあたえ、十一月のはじめに宗盛が父清盛に向かって公然と還都を要求し、激論におよぶことになった。ここにいたって、清盛が孤立する状況になったのである。こうして、還都は行われるのだが、その最大の理由は東国での反乱の激化であり、直接的には富士川合戦での敗北である。

還都は清盛にとって挫折ではあったが、内乱鎮圧への新たな戦いへの第一歩でもあった。十二月、平氏の重代相伝の郎従平田《ひらた》家次《いえつぐ》が、清盛の命をうけて近江に攻めこんだ。翌日には、平知盛・資盛《すけもり》（重盛の二男）以下を大将軍とする追討使が、近江・伊賀・伊勢から進撃した。今回は富士川合戦の轍《てつ》はふまずに、順調に追討軍は進んでいく。

その後、公卿・受領・荘園領主に対して、内裏警固のために兵士進上が命じられ、諸国に兵粮米《ひょうろうまい》の徴収が課されることになった。ここには、荘園領主たちを内乱鎮圧のために組織し、その物的・人的な資源を徴発する意図がある。そのためには、荘園領主の本拠があり、流通と交通の中枢でもあった京都にもどる必要があった。そしてこのような内乱に対する軍事的な対応こそ、武力をもった清盛の権威と権力を強大化させる。ここにいたって、高倉院政は、ほとんど何の意味もなさないものとなっていた。

3　清盛独裁と院政の危機

還京時、安徳天皇は清盛と親しい藤原邦綱《くにつな》（娘たちが六条・高倉・安徳の三天皇、および建礼門院徳子の乳母となっていた）の邸宅に入った。高倉上皇は平頼盛の池殿《いけどの》、後白河法皇は泉殿《いずみどの》と、二人は平氏一門の本拠である六波羅に入ったらしい。その後、後白河は高倉の院御所池殿に移り、同宿する。さらに後白河院近臣の藤原親信《ちかのぶ》らが参入を許され、信西の子の藤原成範が、院庁を統括する執事院司に任命された。こうして、後白河の幽閉が解かれ、後白河の院庁が再開を許された。

高倉上皇が福原滞在中にすっかり衰弱してしまい、万一のことがあるならば、後白河をその代わりとして院政を復活させるしかないと清盛は考えはじめていたらしい。この十二世紀末という時点で、それほど院政という政治形態は定着し、清盛のような独裁者でも容易にそれを廃することはできなかったのである。

といっても、清盛の政治的意欲が減退したわけではなかった。還京後の清盛は、反平氏の反乱を鎮圧することに、きわめて積極的である。そのことは、すでにみた兵士や兵粮米の徴発方法にあきらかであるが、さらに追討軍を園城寺に派遣し、金堂以外の堂舎を焼き払った。園城寺が近江源氏と連携して、反乱の拠点となっていたことが直接的な攻撃の理由であったが、一方でこの権門寺院が後白河の支持基盤であったことも大きかった。また、治承五年（一一八一）正月には、後白河の近習平知康《ともやす》、大江公朝《きみとも》らを解官・禁固した。これらの措置は、きたるべき後白河院政復活の日に向けて、前もってその傀儡化をはかっておくという清盛の意図があったと思われる。

そして、運命の治承四年十二月二十八日、重衡《しげひら》（清盛の五男）率いる平氏軍は南都興福寺を攻撃、その堂舎を焼き払った。興福寺のみならず、聖武《しょうむ》天皇の建立以来の東大寺大仏殿以下も焼け落ちてしまった。

そのきっかけは興福寺の悪僧蜂起《ほうき》であったようだが、そもそも清盛と平氏にとって興福寺は宿敵であった。そのため焼き討ちのあとも、興福寺や東大寺への弾圧は続いた。明けて治承五年正月、清盛は興福寺・東大寺僧の公請《くじょう》停止。つまり国家の仏事への招聘《しょうへい》を禁止した。また、それらの僧の役職をやめさせ、所領も没収した。かつての福原遷都は、興福寺との衝突を避けるというのが大きな目的であったが、還京後の清盛ははるかに強硬となっていた。

反抗する者は、もはや何人《なんぴと》たりとも容赦はしない。南都は軍事・政治・経済の各側面から徹底的につぶされた。これが争乱に直面したときの軍事権力の恐ろしさであり、九条兼実のような貴族は、ぶつぶつと不満を述べるだけでまったく無力であった。

正月十四日、かねてより重態におちいっていた高倉上皇が、六波羅の池殿でわずか二十一年の生涯を終える。清盛にとって娘婿の上皇の死は痛手であったが、すでに外孫安徳が即位しており、内乱の中での軍事独裁体制を構築しつつある清盛にとって動揺の気配はない。こうして、高倉院政に代わって後白河院政の復活ということになるが、その傀儡化には秘策があった。自らが巫女の厳島内侍《いつくしまないし》に生ませた冷泉局《れいぜいのつぼね》という女性を後白河のもとにもぐりこませたのである。また『保暦間記《ほうりゃくかんき》』に、この冷泉局に「上臈《じょうろう》女房はなはだ多く侍りて、公卿・殿上人供奉」とあるように、この女性とともに後白河のもとに平氏側の人物を多く出入りさせたようである。これによって、院の情報を収集するとともに、その行動を制約しようとしたのではないかというのが元木氏の見解である。ともかく、治承三年（一一七九）十一月のクーデター以来一年あまり停止されていた後白河院政が、形式的にせよ復活した。

清盛による平氏政権は、院政にはかりしれない影響をあたえた。後白河法皇の幽閉による院政停止は、傀儡としての高倉院政を生み出したし、高倉逝去後の後白河院政復活といっても、それは傀儡高倉院政の延長線上に構想された。いや構想だけではなく、清盛は実際上の手をつぎつぎと打っていた。

それとともに、清盛の都市政策もみのがせない。後三条《ごさんじょう》親政が大内裏再建のかたちで平安京の復興をめざしたのに対し、白河院政以来の歴史は、京都の多極化、都市の多極化の歴史でもあった。白河在位中の平安京南部六条地区の再開発、鴨川左岸白河地区の開発にはじまり、譲位後の鳥羽殿建設、鳥羽院政によるその拡大。後白河院政になると、鳥羽法皇と美福門院から王家領の大部分を継承した八条院による平安京南部の八条地区、それに対抗するように平氏と提携した後白河による鴨川左岸七条末を中軸とする法住寺殿、といった具合である。

その動きは王家だけの問題ではなかった。まず、白河院政期に摂関家による宇治の都市開発が進み、後白河院政期には法住寺殿の北に平氏の六波羅が拡大をとげた。また、平氏は八条地区の西にも西八条という拠点をもつことになった。まさに荘園領主のうち、権門といわれる存在は、いずれも都市領主として独自の都市を構想し、そしてそれを実現する。

清盛のクーデターは実質上、院政の否定を意図したものだが、同時にそのような多元的な京都のあり方をも改変することになった。まず、福原遷都は法皇も上皇も天皇も、あるいは主要な貴族も平安京から連れ出し、平安京の否定につながった。平安京と分かちがたく結びついた荘園領主たちにとって、それは平氏への従属以外の何ものでもなかった。そして延暦寺をはじめとする権門寺社にとっても同様であった。

東国の反乱激化による還京後も、清盛の都市政策に本質的な変化はなかった。治承五年（一一八一）正月、清盛・宗盛が九条大路から鴨川を越えたあたりに居をかまえ、その周辺の九条家領の一部を強制的に収用した。さらに二月になると六波羅にいた後白河法皇が法住寺殿南の最勝光院《さいしょうこういん》御所に移り、安徳天皇も八条地区に隣接する頼盛邸に行幸した。こうして、平氏は八条・九条あたりに天皇と院を連れて、移住したのである。これは、鴨川をはさんだ八条・九条に新たな首都機能を集中する政策と考えられている。

高倉上皇の死直後、五畿内と近江・伊賀・伊勢・丹波の国司とは別に諸国を統括する総官《そうかん》（惣官とも）を設置することになり、清盛の子宗盛が就任した。さらに、丹波国諸荘園総下《そうげ》司《し》に、平氏家人の平盛俊《もりとし》（妻は厳島内侍）が任命された。畿内とその東側最前線を中心としたこの軍制は、東国の反乱に対処するための軍事的基盤を確保するものであった。

これほど意欲的であった清盛が、二月の終わり、にわかに重病にかかり、わずか一週間後の閏二月四日に死ぬ。その日の朝、清盛は後白河のもとに使者を送り、自分の死後は万事を宗盛に仰せつけ、両者で協力して国政を行うように申し入れた。ところが、これに対して後白河が明確な返答をよこさなかったことに腹を立てた清盛は「天下の事、ひとへに前幕下《さきのばつか》の最《さい》なり。異論あるべからず」（『玉葉』）と言いはなったという。国政はことごとく前幕下（幕下は近衛大将の唐風名称）つまり宗盛が行うのだというのである。これこそ、清盛の本音というべきであろう。そして八日、清盛の葬礼が挙行されたとき、後白河のいる最勝光院の御所に今様乱舞の声が響いていた。独裁者の葬礼は、後白河とその側近たちにとっては祝宴であった。

宗盛は父とは異なり、優柔不断であった。父の死の二日後、「故入道の所行など、愚意に叶はざることなどありといへども、諫争《かんそう》することあたはず。ただ彼の命を守り罷《まか》り過ぐる所なり。今においては、万事ひとへに院宣の趣を以て、存じ行ふべく候」（『玉葉』）と述べた。全面的な政権返上である。ここに清盛が推進してきた平氏政権は終わり、後白河院政が名実ともに復活する。

4　義仲・義経と後白河院政

後白河院政のもとで、平氏が宗盛を中心として反乱鎮圧の軍事行動を行うというのが、清盛死後の体制であった。ただ、宗盛も軍事面に関しては法皇の命令には従わなかった。『平家物語』によると、源頼朝の挙兵自体が僧文覚《もんがく》（もと北面の武士）によって伊豆にもたらされた後白河の秘密の院宣によるものであったという。この逸話は、その後の展開からすると、事実であった可能性が高い。後白河と頼朝は裏で密かにつながっていたのであり、その意味では後白河にとって頼朝勢力は最初から反乱軍ではなかった。後白河は一刻も早い頼朝の上洛、平氏への攻撃を待ち望んでいたことになる。

清盛の死後も、総官・総下司という畿内近国の軍事体制は機能しており、そのおかげで三月、美濃・尾張国境の墨俣川《すのまたがわ》で、平氏は源行家軍を破る。その後しばらくは頼朝の東国経営専念や全国的な飢饉《ききん》の影響で、戦線は膠着状況となった。新たな展開を示すのが、寿永《じゅえい》二年（一一八三）になってからである。

頼朝の挙兵に続いて蜂起した勢力の一つに、信濃の木曾義仲（頼朝の従弟）がいる。義仲はその後養和《ようわ》元年（一一八一）六月の横田河原《よこたがわら》の合戦で越後城《じょう》氏を破り、越後から北陸道に進出した。これに刺激されて北陸道の反平氏の勢力が勢いを増していた。寿永二年夏、平氏は畿内・西国の武士を多数徴発して、いっきにこの北陸道の回復にかけることになる。京都にとって、瀬戸内とともに、北陸は生命線ともいうべき食糧供給ルートであったからだ。ところが平維盛《これもり》（重盛の嫡男）が率いる十万ともいわれる大軍は、越中礪波山《えっちゅうとなみやま》ついで加賀篠原《しのはら》で大敗を喫するのである。

敗れた官軍からみるみる武士が脱落していくのに対して、義仲軍は雪だるま式にふくれあがり、ひたすら京都をめざした。路次の反平氏勢力が、義仲軍につぎつぎと加わったのである。抗しきれないことをさとった平氏は、同年七月九州へ下ることを決める。ところが、平氏はそこで後白河法皇を比叡山へ逃すという大失態を演じた。そのため、安徳天皇と弟の守《もり》貞《さだ》親王（のちの後《ご》高倉《たかくら》上皇）だけをともなって、都落ちをしなければならなくなったのである。

後白河の逃亡は大きかった。八月、京都の朝廷では、安徳の弟尊成《たかひら》親王を後鳥羽天皇として践祚させることになる。三種の神器は安徳とともに都を離れたが、後白河の存在によって新天皇の立場はいちおう正統化された。院政という政治形態が定着しているので、天皇は院政を行っている上皇が指名するようになっていたのである。もしも、後白河が京都にいなかったならば、新天皇を指名する人物が存在しないという異常事態になるところであった。

さて、後鳥羽の即位には入京した義仲が介入した。後白河は亡き高倉上皇の皇子から、次の天皇を選ぼうとしていたが、父である後白河のために挙兵して戦死した以仁王の遺児、北《ほく》陸宮《りくのみや》こそ、皇位にふさわしいと義仲は主張したのである。高倉上皇は清盛と組んで、父を幽閉する側にあったのだから、それも一理ある。しかし、無位無官の身から従五位下左馬頭《さまのかみ》越後守、ついで伊予守になったばかりの田舎武士が、皇位の継承に介入するなど前代未聞の事態である。

後白河は以前から頼朝とつながりをもっていたが、義仲は以仁王や八条院との関係が深かった。義仲の兄仲家は八条院蔵人として、以仁王に殉じており、ともに上洛した行家も八条院蔵人として、かつて「以仁王の令旨《りょうじ》」を各地に流布させた人物である。こうしたことから、後白河にとって義仲は当初から気に食わない存在であった。けっきょく皇位の問題は後白河の思いどおりになったが、その権限に傷をつけたことによって、両者の対立は拡大の一途をたどった。

次の問題は、有名な寿永二年（一一八三）十月宣旨に関するものである。この宣旨は、鎌倉幕府成立史にとって重要なものであり、さまざまな論争の素材とされてきた。そこに立ち入る余裕はないが、その正確な原文は伝えられておらず、『百練抄《ひゃくれんしょう》』『延慶本《えんぎょうほん》平家物語』などから、東海・東山両道諸国の荘園について、もとのように荘園領主の支配を回復し、もしも妨害する者があったならば頼朝がそれを取り締まるという内容である。

この宣旨を要求したのは、鎌倉の頼朝であった。もともとの頼朝の要求にはこの東海・東山の二道に加えて北陸道も入っていた。ところが、平氏追討のため西国に下っていた義仲が帰洛し猛反発したため、北陸に関しては宣旨の文面からはずされたのである。だが、たとえ北陸道を除いたとしても、その他の二道全域すべてを頼朝が実効支配していたわけではない。

そもそも、この年の二月には常陸《ひたち》の志田義広《しだよしひろ》（源為義の子で、義朝の弟）が蜂起し、下野の藤原姓足利氏（藤原秀郷の子孫）も頼朝を攻撃した。頼朝はこれらを鎮定したが、義広は上京して義仲を頼ることになる。しかも、東山道に含まれる上野・信濃両国は義仲の根拠地であり、北関東に対する頼朝の支配はきわめて不安定であった。また、頼朝と同盟関係にあった遠江の安田《やすだ》義定《よしさだ》（甲斐源氏の祖義清の子）でさえ、義仲に従っていた。

このように頼朝が十月宣旨で軍事・警察権をえた地域は、実際の支配地域よりもはるかに広い。また、荘園領主の支配権が回復された地域もそれと同一なのだから、それは義仲の支配地域に大きく重なるのである。ということは、この十月宣旨の政治的意味は、頼朝の実力支配の朝廷による承認というより、後白河と頼朝による義仲排除という面が強い。

十一月、いわゆる法住寺合戦が行われた。これは、義仲らの武士と後白河法皇との軍事的対決であり、後者の全面的な敗北に終わる。京都での本格的な合戦は保元・平治の乱以来であった。が、それらは王権の分裂や院近臣間の対立という貴族社会内部の分裂が要因で、貴族や武士同士が戦ったのであった。今回は、一介の武士が法皇自体を直接の攻撃対象とし、貴族や側近の僧侶にまで死傷者が出た合戦であり、法皇自身の生命にも関わる可能性もあった。

しかも一般にこの合戦は、義仲による院御所攻撃、世間知らずの田舎武士による法皇攻撃、といった具合に考えられている。しかし、九条兼実の『玉葉』によると、法皇のもとには源光長《みつなが》（美濃源氏光信《みつのぶ》の子）や多田行綱らの武士、そして天台座主明雲、園城寺長吏《ちょうり》（統括者）円恵《えんけい》法親王（後白河の第五皇子）率いる両寺の悪僧集団があった。むしろ、法皇の方が院御所法住寺殿に積極的に兵を集め、前日までの義仲方は「其勢《そのせい》幾ばくならず」といった状況で「疑ふらくは明暁、義仲を攻めらるべきかと云々」（『玉葉』）と、法皇方からの早朝の先制攻撃が予想されていた。

ということになると、十月宣旨にみられる法皇と頼朝による義仲いじめの果て、法皇による挑発に、義仲が乗ったというふうにもみられる。あるいは、後鳥羽上皇側の挙兵によって開始され、その完敗に終わった三十八年後の承久の乱にもつながる性格をもってもいる。

合戦そのものには勝った義仲は、かつての清盛のように、後白河を幽閉した。しかし、その後の没落は平氏よりもはるかに早く、彼のまわりの武士はあれよあれよというまに離反した。そして、離反した武士の多くが頼朝が派遣した上洛軍に加わったのである。この間、義仲は西国の平氏との連携を模索したらしいが、けっきょくはうまくいかなかった。弱体化した義仲は、翌寿永三年（一一八四）正月に頼朝が派遣した弟の範頼《のりより》と義経《よしつね》によって京都を追われ、近江の粟津《あわづ》で討たれる。あまりにあっけない最期であった。

義仲と行家の消えた京都には、範頼と義経が率いる頼朝軍が入ってきた。しかし、西国の平氏も勢力を盛り返して、かつての拠点福原を奪回し、京都への侵攻の機をねらっていた。

頼朝軍は義仲軍との戦いに疲れており、京都では平氏の入京は確実であるという見方も広がる。貴族の中にも、三種の神器返還を重視して、平氏との和睦《わぼく》を進める意見も強かった。だが、断固として平氏追討を主張したのが、後白河である。かつて自分を幽閉した平氏は許せなかったし、平氏への同行を拒否したことへの報復を恐れる気持ちもあったかもしれない。とにかく、法皇の命令で、範頼と義経は平氏追討のために、休むまもなく西へ進軍することになった。

二月の一の谷合戦での範頼・義経軍の勝利に後白河法皇のはたした役割にも注目される。そもそも、朝廷内部に和戦両様の意見があることは広まっていたとみられ、平氏もその動きに油断した面がある。しかも、後白河から合戦前日に、宗盛のもとに使者を送るからそれまで合戦をしないように、そして、そのことは関東の武士たちにも伝えてあるという内容の書状が届いているのである。そのような前提があって、有名な一の谷の奇襲が功を奏することになったのであろう。平氏は一の谷城郭でその使者をじっと待っていたのかもしれない。だが、この後白河の策略にはまったような敗戦の結果、平氏は二度と勢力を盛り返すことができず、翌年三月の壇《だん》ノ浦《うら》合戦で滅亡するのである。

一の谷のあと、頼朝は義経に京都の警備を命じた。また、梶原景時《かじわらかげとき》と土肥実平《とひさねひら》には、播磨・美作・備前・備中《びっちゅう》・備後の山陽道五カ国を守護するように命じた。この五カ国は一の谷合戦以前は平氏の占領地域であったが、敗戦によって鎌倉方の勢力圏に入ったのである。このように、頼朝はあくまでも関東の経営を優先し、畿内・西国は義経以下の代官に委ねる計画であったが、後白河をはじめとする貴族たちは、一刻も早い頼朝の上洛を望んでいた。後白河は、頼朝の上洛がないならば、自分が東国に赴くとまで言いはなつのである。

このような弱腰の後白河をはじめとする朝廷に対し、頼朝は二月末、四ヶ条におよぶ要求を行う。①諸国の受領に徳政（善政）を求め、とくに戦乱で荒廃した東国・北国では住民の帰住を進め、秋からは国務が再開できるようにすること、②畿内近国の武士たちに、義経の命令にもとづいて平氏追討に赴かせること、ただしその恩賞はすべて頼朝の推薦によること、③神社の復興を進め、神事を怠らずにつとめること、④寺院の武力を禁止し、僧侶の武具は追討軍にあたえること、というものであった。

西国では頼朝代官義経のもとに平氏追討を継続するが、戦乱の終結したと認める東国や北陸では社会基盤の復旧につとめる。そして、畿内近国の武士は義経のもとに官軍として組織するが、それらの武士と院との結びつきを断ち切り、また寺院勢力も武装解除する。こうして、頼朝は日本国の武力を独占し、全国の軍事・警察権をにぎる方針を打ち出したのである。また、北陸あるいは東国では、戦乱から平和への復帰という論理で、行政権への強い発言力を主張することになった。

では、後白河はなぜそこまで頼朝を信頼し、けっきょくその主張を入れてしまうのであろうか。実は平治の乱での父義朝の敗北によって、伊豆に流される以前、頼朝は後白河にとってかなり親しい存在であったと考えられる。頼朝は保元三年（一一五八）、その官歴を皇后宮権少進からはじめたが、その皇后宮とは後白河の同母姉統子《とうし》内親王のことである。統子が翌平治元年（一一五九）に院号を下されて上西門院となると、頼朝は上西門院蔵人となっている。

しかも、上横手雅敬氏の分析によると、母の家である熱田大宮司家には、後白河院北面、待賢門院女房、上西門院女房などがおり、頼朝が上西門院関係の職から出発したのも、その母の家の事情によるものという。このように、後白河はきわめて親密な姉であった上西門院の関係者に、強い親近感をいだいていたと考えられる。だから、義仲の上洛でひどい目にあったばかりの後白河は、同じ源氏であるとはいえ、氏素性のしっかりした頼朝に当時ぞっこんだったのである。

無位無官の義経については、上洛前、後白河はよく知らなかった。義仲の行動にこりごりしていた後白河とすれば、またも田舎武者の厄介者がやってきたというような認識だったかもしれない。しかし、義仲とは違い、義経は後白河に忠実であった。義仲軍は京中で略奪の限りをつくしたといわれているが、義経軍は統制がとれていたのである。

こうしたことから、後白河は八月になって、義経を検非違使左衛門少尉《さえもんのしょうじょう》に任じた。いわば、首都の警視総監といった役職である。そのことを知らなかった頼朝は報告をうけると「頗《すこぶ》る御気色《みけしき》に違い」（『吾妻鏡《あずまかがみ》』）と、ひどい怒りの表情を見せたという。頼朝は一族や御家人が自由に朝廷の官職につくことに厳しかった。そのことはすでに、さきにみた四ヶ条の奏上に、平氏追討の恩賞は後日頼朝が推挙するとあったことに端的である。このような自由な任官を認めると、頼朝の配下の武士たちが朝廷にとりこまれ、頼朝のいうことを聞かなくなることを恐れていた。

だが、義経の場合、他の武士とはいささか異なった問題もあった。頼朝は、義経の軍事指揮官としての能力を高く評価しており、平氏追討使として西国に派遣する予定だったのである。ところが、検非違使左衛門少尉という官職に任じられたことによって、京都を離れにくくなったと考える。後白河やその周囲の貴族たちは、頼朝がそんな堅苦しいことを考えているなどと、予想もしなかったと思う。貴族社会、とくに平安末期の宮廷には、官職に関してある種のいいかげんさがある。しかし、頼朝は官職というものを、非常に厳密に考えていた。

義経が再び追討使に派遣されたことから、実際には頼朝の怒りが「激怒」までのものではなかったという近藤好和氏の意見もある。検非違使就任後も、義経は頼朝によって朝廷との交渉役として重視されていた。しかし、頼朝と義経との間の溝が、このあたりから徐々に広がりはじめたことはたしかであろう。後白河にとっても、義経は忠実なよい武士であった。義仲とは大違いである。しかも、頼朝よりもずっとあつかいやすい。後白河にとって、義経は最良の京都治安維持担当者であり、同時に平氏追討のためにも欠くことのできない武士であった。

義経は検非違使任官のあと、十月には内昇殿や院昇殿をはたしていく。内昇殿をはたすと殿上人と呼ばれ、内裏清涼殿殿上の間に入れる権利を有する。つまり、天皇の私的な空間に入れるということで、まさに「貴族」になったことを意味する。また院昇殿というのは、格からいうと内裏の殿上人になるよりは低いのだが、院御所の殿舎にのぼれること、すなわち院近臣という地位についたことになる。内裏でも院御所でも殿上人でなければ、「地下《じげ》」と呼ばれて殿舎の板の間にのぼれず、地面にいなければならない。だから、身分的にいって「殿上人」か「地下」であるかは、雲泥の差なのである。この後白河と義経の蜜月《みつげつ》関係こそが、平氏滅亡後の義経問題を生み出していく。

義経の代わりに、範頼が八月に鎌倉を発って上洛、九月に入ると追討使の官符を賜って西海へ下っていった。平氏は東は讃岐の屋島《やしま》、西は下関《しものせき》沖の彦島《ひこしま》を根拠地として、いぜんとして瀬戸内海の広い地域をおさえていた。頼朝はこれを九州と四国から挟み撃ちにする計略だったらしく、範頼はその命令で山陽道を下ったのである。範頼軍は兵粮米の不足に苦しみながらも、豊後の臼杵《うすき》・緒方《おがた》両氏の助けによって、なんとか九州にたどりついた。

年が明けて元暦《げんりやく》二年（一一八五）正月、義経は京都をあとにして、摂津渡辺《わたなべ》あたりに赴いた。ここで、渡辺党を中心に兵船を集めるのである。そして、二月なかばに、ここを出航して四国に向かう。その直前に、京都から後白河院の近臣、高階泰経がわざわざやってきて、義経の出航を思いとどまらせようと説得している。泰経は後白河の側近中の側近だから、これは後白河の意志と考えてよい。九条兼実の『玉葉』によると、京都の治安維持を心配してのことという。しかし、この少し前に中原久経《ひさつね》と近藤国平《こんどうくにひら》が、畿内近国の武士による兵粮米徴収にこと寄せた狼藉《ろうぜき》を停止するために、鎌倉から上洛している。彼らは「鎌倉殿御使《かまくらどのし》」と呼ばれているのだが、いうまでもなく義経に代わる京都の治安維持担当者なのである。後白河は馴染《なじ》んだ義経が手の内から離れ、また訳のわからない代官が上洛してきたことにとまどっていたのであろう。平氏追討を強く主張しながら、一方で義経の出航に反対するという後白河の身勝手さがよくあらわれた場面である。

こうして、この時点では義経は頼朝の計画に忠実に行動し、みごと屋島からの平氏追い落としに成功する。屋島を放棄した平氏は、そのまま壇ノ浦周辺に追いつめられてしまう。ほぼ勝敗が決したとみた頼朝は、安徳天皇や三種の神器を平氏から奪回するため、ここでじっくりとかまえるつもりだったようだ。ところが俊敏で行動的な義経は、三月になるとそのままいっきに壇ノ浦で平氏を滅ぼしてしまう。このために安徳はわずか八歳で崩じ、三種の神器のうちの宝剣が波間に失われた。

5　対決する頼朝と後白河

平氏滅亡の報を耳にした頼朝は、ちょうど勝長寿院《しょうちょうじゅいん》の棟上《むねあげ》の儀に参加していたが、まったく言葉を発しなかったという。亡き父の敵であった平氏が倒れたことは、何よりもうれしいはずなのだが、もはやそういった自然な感情が吐露される余地はなかった。元暦二年（一一八五）五月、義経は平宗盛らの捕虜を連行して帰還するが、鎌倉入りを許されず、その手前の腰越《こしごえ》の宿《しゅく》で止められてしまう。有名な「腰越状」による嘆願もむなしく、頼朝から面会を拒絶された義経は、やむなく帰京する。さらに十月、頼朝は在京中の義経を暗殺しようと刺客土佐房昌俊《とさのぼうしょうしゅん》を放ち、義経の所領も没収する。義経を挑発したのである。

ついに義経は頼朝への反逆を決意し、後白河に頼朝追討宣旨を要求する。後白河がそれを認めなければ、天皇・法皇・貴族らをともなって九州に下向することをほのめかした。こうして、義経と行家に対し、頼朝追討宣旨が下される。法皇からの諮問に対し、左大臣藤原経《つね》宗《むね》が、今京都には治安をあずかる武士が義経しかおらず、義経に背かれたら代わる者がいないという意見を述べた。これに徳大寺実定《さねさだ》（実能《さねよし》の孫）が賛意をあらわしたため、宣旨が下されることになったのだという。これに対し、右大臣九条兼実は、頼朝から義経や行家を討とうとしている事情を聞いて、もしも頼朝の方に罪科があるときに限り、追討使を派遣すべきという意見を具申していた。兼実の意見は法皇に無視されたのである。

だが、この宣旨の効果は皆無に近かった。義経らに従う畿内近国の武士はいなかったのである。このことのもつ意味は大きい。宣旨というのは天皇の命令であるから、天皇の権威、ひいては朝廷の威光がそこまで低下してしまっていたのである。しかも、武士たちは、この宣旨が法皇の意志から出たものではなく、義経らに無理強いされた結果なのだと、広く噂しあっていたという。

少なくとも保元・平治の乱までの時代には、このようなことはまったくなかった。保元の乱では、後白河天皇の命令で兵を集めた側が勝ったし、平治の乱でも二条天皇を擁することができた方が勝者となった。だが清盛のクーデターによって平氏政権が成立し、平氏の武力に支えられて正統性に問題のある高倉―安徳王権が生まれたことが、一つの契機になった。あまりに武力に依存しすぎた王権は危ない。案の定、寿永二年（一一八三）に北陸に派遣された追討使が義仲軍に敗れると、安徳は平氏とともに西走、没落したのである。追討使も追討宣旨も万能ではないことがあきらかとなった。法住寺合戦では後白河法皇が自ら直接武士を集めて義仲に戦いを挑むが、完敗しているのである。

このような状況の極端なものが、今回の頼朝追討宣旨であろう。あわてた後白河は追討宣旨を出した事情に関して、頼朝への弁明を出すべきかどうか迷っている。近臣の高階泰経などは、保元の乱以後世の中が乱れたのは法皇が政治を主導しているためなのだから、ここは法皇に引退していただいて、臣下が政治を行えば、頼朝もそれ以上手出しをしないだろう、などといっている。後白河はあきらかに頼朝を甘く見ており、政治の状況変化を見くびっていたのである。

京都を去った義経・行家のあと、入京した鎌倉からの派遣軍は、頼朝の激怒をわざわざ追討宣旨の上卿（責任者）をつとめた左大臣藤原経宗に伝えた。武士の中には、追討宣旨の発給を奉行した者は殺されるとまで述べる者もいたという。そして、高階泰経に宛てた頼朝の書状には「日本国第一の大天狗《おおてんぐ》は、更に他者にあらず候か」（『玉葉』）という激烈な法皇批判の一言が含まれていた。

最近、この「大天狗」は法皇を指すのではなく、高階泰経のことをいっているのだという説が出て、それに賛同する研究者もいるが、あたらないと思う。おもに法皇と鎌倉の頼朝との連絡係をつとめている院近臣ごときを、頼朝が「大天狗」などと呼ぶはずがないのである。

泰経宛書状といっても、それは当然後白河に奏上されることを前提とされている書状である。泰経宛だから「大天狗」と非難している相手は泰経などということになるはずがない。

さて、頼朝の政治介入は、予想されたほど苛烈なものではなかった。頼朝奏状は折紙形式であったから、内々の要求という意味合いをもっていたが、高階泰経らの近臣十二名の解官が記されている。また、摂政藤原基通の罷免という要求もなく、氏長者を続けることも認められた。ただ、新たに兼実に内覧宣旨を蒙ることが書かれている。頼朝は摂政の交代を意図しているのだが、そのことをあからさまには示さなかったのである。

重要なのは議奏公卿《ぎそうくぎょう》制の創設である。議奏公卿に指名されたのは、内覧で右大臣の兼実を筆頭に、内大臣徳大寺実定、権大納言藤原実房《さねふさ》（藤原公教《きみのり》の子）、同宗家《むねいえ》、同忠親《ただちか》、権中納言藤原実家《さねいえ》（徳大寺実定の弟）、源通親《みちちか》、藤原経房《つねふさ》（藤原為房《ためふさ》の曾孫）、参議藤原雅長《まさなが》、同兼光《かねみつ》の十人であった。これらの公卿が神祇から仏道までの朝務を議奏せよ、というのである。議奏というのは、朝務の諮問に答えて臣下が意見を述べることである。後白河法皇の諮問に答えよ、つまり法皇の政治顧問ということになる。

そもそも朝廷で伝統的に行われてきた議政官会議、その展開形態である陣定などの公卿会議においては、執政者を掣肘《せいちゅう》するとか、その権力をおさえるという発想はなかった。むしろ、天皇なり摂関なりの決定を権威づけ、その政治的主導権を補完する場合もあった。

院政がはじめられると、院御所で会議が開かれることが多くなったが、それもこうした公卿会議の伝統をふまえたもので、院権力をおさえるなどという機能はもたなかった。むしろ、会議への参加者を選別したり、特別に前官公卿を指名して参加させたり、場合によっては出家者を加えることさえあった。

後白河院政期になると、在宅諮問、つまり会議への出席を求めないまま、使者をその公卿の邸宅へ派遣して意見を聞く、現代でいえば持ち回り閣議のようなものまであらわれた。こうなると、ますます主権者の力をおさえるなどということは期待できなくなる。また、重要な問題で、院がまったく誰にも相談せず、あるいは相談したとしても気に入ったごく少数者にしか諮問せず、ことを強行するといった事例も散見される。

たとえば大治四年（一一二九）、院政を開始したばかりの鳥羽上皇は、自分と関係の深い仏師長円《ちょうえん》に興福寺僧徒が暴行を加えたことに怒り、検非違使別当藤原実行《さねゆき》に検非違使派遣を命じ、興福寺内の追捕を強行した。この措置は公卿会議はおろか、摂政藤原忠通にも相談なく、まったく独断で行ったのである。

久寿二年（一一五五）に近衛天皇が亡くなったときも、鳥羽法皇は御前に入道前右大臣源雅定《まささだ》（源顕房《あきふさ》の孫）と権大納言藤原公教（藤原実行の長男）を召し、関白忠通には二、三度使者を出して、それらの意見によって雅仁《まさひと》親王つまり後白河天皇の即位を決定している。

承安三年（一一七三）には、興福寺と多武峯寺《とうのみねでら》との抗争が発展して、興福寺と延暦寺との対立、興福寺の強訴と延暦寺への攻撃という事態が目前にせまった。後白河法皇はこの行動を「違勅」「謀叛」と断じ、興福寺・東大寺以下南都十五大寺と諸国末寺の荘園没官《もっかん》などの前例のない厳しい措置をとるが、これもまったく院の独断で決められたものであった。

まさしく、朝廷の重大な政治決定ほど、院の単独か少数者への諮問のみによる裁断がなされる傾向があり、その延長線上に頼朝追討宣旨の発給があった。だから、重要な問題に関しては、院が公卿の意見を聞いて、慎重にことを決める必要があると考えたのである。

その際、今までのように、院が恣意的に諮問する公卿を選択することがないよう、あらかじめ頼朝が公卿を選んだのが議奏公卿である。当時の議政官である現任公卿は、摂政基通を含めると二十八名もいるが、現任公卿すべてが召集される建前の陣定でも、実際にはその全員が出席することはない。そのことから、十人に絞ったのであろう。

しかし、後白河院政期になると、前官や出家者にも意見奏上が求められることも多いので、議奏公卿が現任公卿に限られていることは重要である。議奏公卿制は現任公卿を重視しているのである。このことは、前に義経が検非違使の官職をもちながら京都を離れることに難色を示した頼朝の考えと共通するところがある。頼朝は、朝廷の貴族たちよりも、官職の重み、その実際の機能というものを、厳密に考えている。

頼朝が推薦した議奏公卿のうち六人と蔵人頭二人に知行国が付与されていることは、彼らに一定の経済的な収益を保証し、院に対する独立性を期待したことを意味している。頼朝の要請によって知行国があたえられることで、朝廷内に親幕派を形成しようという政治的意図があったと考えることもできる。また、蔵人頭に関しても、頭弁藤原光雅《みつまさ》に代えて、兼実の家司藤原光長《みつなが》が推薦されたことは、兼実を支える人事として意味があるだろう。

議奏公卿の一人藤原（吉田《よしだ》）経房については『愚管抄』に「経房大納言ハジメヨリ京ノ申次ニセント定申《さだめもうし》テアリケレバ」とあり、『延慶本平家物語』には「源二位（頼朝）奏聞セラレケルハ、自今《じこん》以後藤中納言ヲ以《もって》、天下ノ大小事ヲ申入ル可《べ》キノ由申《もうし》タリケルトカヤ」とあるように、京都と鎌倉の連絡役、関東申次に任命された。以前は院伝奏《いんのてんそう》として後白河法皇の近くで取次をつとめていた近臣高階泰経が、その役割も兼ねていたのであるが、泰経解官とともに、院伝奏とは別に関東申次が創設されたのである。

近臣がつとめる院伝奏は法皇のいいなりになることが多いので、それとは別に頼朝の意志を伝える関東申次を置き、経房をその地位につけた。経房はもともと院近臣ではあるが、実務官僚系の勧修寺流（二〇七頁の系図参照）の出身であり、宮廷内の実務に通じていた。頼朝は彼を親幕公卿として手なずけて、議奏公卿にもして法皇へのおさえの一人としようとしたのである。

議奏公卿の指名にも、頼朝追討宣旨に関わった公卿への懲罰という意図が含まれている。その最たるものが、議政官のトップである左大臣藤原経宗が議奏公卿から排除されていることである。経宗は追討宣旨に賛意をあらわし、宣旨発給の上卿をつとめたので、かなりの処分が予想されたが、実際には解官などの措置がとられることはなかった。その代わり議奏公卿からははずされたのである。

翌文治二年（一一八六）三月、甥の基通に代わって摂政に就任し、頼朝に朝廷政治の主導権をにぎることを期待された兼実は、大きな障害にぶつかった。頼朝の圧力によって摂政の地位を兼実に奪われた基通、議奏公卿によってその権力を制約されようとしている後白河法皇の連携である。基通と法皇は寿永二年（一一八三）の平氏西走の頃から男色関係を噂されていた。父基実に始まる近衛家を継いだ基通はまた、摂関家の所領分割問題で、九条家を立てた叔父兼実（基実の異母弟）とは敵対関係にもあった。だから、頼朝・兼実と法皇・基通との対立関係は、想像以上に厳しかったのである。

九条兼実という人は有職故実に通じ、また正論の士であるが、名門摂関家をになっているという自負によって、傍流の王である後白河とは反りがあわなかった。そうしたことから、長く右大臣の地位にありながら、あれやこれやと理由をつけて出仕しないことが多く、兼実に対しわざわざ在宅諮問が行われることが多かった。そのような以前の態度が、他の貴族たちによく思われるはずもなかったから、なかなか朝廷は兼実の思うようには動いてくれなかったのである。

そういう中で、兼実は諮問する公卿の選び方について法皇に一任するなど、議奏公卿を無視するような発言を行いはじめる。頼朝がその活躍を期待して内覧に推薦し、摂政となった兼実は、議奏公卿に関しては頼朝のやり方にあまり協力的ではない。

その背景には、せっかく知行国をあたえられた議奏公卿が、その国内で田地を知行し兵粮米を徴収することを認められた国地頭《くにじとう》配下の武士との緊張状態に置かれ、幕府に反感をもつという事態があった。その利害関係から、頼朝と通じた兼実よりも、法皇に近い立場に立った。いや、兼実自身も、そのような鎌倉武士勢力の乱行に苦しんでいたかもしれない。こうしたところから、知行国をあたえたからといって、それがそのまま親幕派醸成にはつながらなかったのである。

文治二年（一一八六）四月末、頼朝は議奏公卿たちに、「たとひ勅宣、院宣を下さるること候といへども、朝がため世がために違乱の端に及ぶべきのことたらば、再三覆奏《ふくそう》せしめたまふべく候なり。思て申さしめたまはざれば、定めて忠臣の礼にあらず候か」という書状を送った。しかし、いかにも単に文治元年暮れの設置のときの訓令を繰り返して、議奏公卿を激励しただけに見える書状の文面には、一方で「頼朝たまたま武器之家に稟《うま》れ、軍旅之功を運ぶといへども、久しく遠国に住み、いまだ公務之子細を知らず候。又たとひ子細を知るといへども、全く其の仁にあらず候。旁《かたがた》申沙汰《もうしさた》能《あた》はず候なり」ともあって、頼朝がもう朝廷の公務に介入しないと宣言しているのである。

また、礼紙の部分に「此《かく》の如きの次第、摂政家より触れ申さしめたまふか」ともあり、子細がさらに兼実から直接議奏公卿に示されることになった。山本博也氏が推定したところでは、この書状は密かに兼実側から頼朝に要求された可能性が高いのである。ということは、以後は頼朝の意向を気にせずに、兼実に従うべきであるという宣言らしい。一見議奏公卿制確立の内容に見えて、実はその廃止宣言に近い。実際に、これ以後、議奏公卿制は兼実によってほとんど顧みられておらず、藤原経宗や前官の源雅頼《まさより》（源顕房の孫）などにも諮問が行われるのである。

現任にこだわりながら、左大臣経宗の責任を問う内容の頼朝の議奏公卿は、在宅諮問が流行しつつあるような朝廷の政治改革の方法としては、矛盾が大きいものであった。むしろ、経宗を解官した方がよかったかもしれない。議奏公卿制が貴族層、とくに議奏公卿の内部分裂をひきおこし、反兼実派を生み出してしまっては、法皇の権力を制約することなどできるはずもない。議奏公卿制を事実上廃止することが、兼実の朝廷内での孤立回避、あるいは主導権掌握への一歩と考えられたのである。

文治三年（一一八七）二月、記録所が、閑院内裏の中門の南にあった内侍所の南廊に設置された。この時期、もともと里内裏《さとだいり》（一時仮に設けた皇居）の一つであった閑院が、高倉・安徳・後鳥羽と三代の御所となって、事実上正規の内裏となりつつあった。従来の延久、天永、保元の記録所が、それぞれ荘園整理と関係が深く、臨時の組織として数年で活動を停止していたのに対し、今回の文治の記録所ははじめて継続性をもった文書調査機関である。以後、親政・院政を問わず、鎌倉時代を通じて存続し、訴訟文書、朝廷の財政など、さまざまな問題の調査・審理にあたった。

この記録所設置に積極的だったのは、兼実である。もともと兼実が提案し、それを頼朝が支持して朝廷に提案し、後白河法皇が承認して、兼実を中心に案が練られたらしい。長官にあたる執権には、当初頼朝の推薦で弁官に任じられた藤原親経《ちかつね》の就任が予定されていたが、触穢《しょくえ》（ケガレ）で出仕できないというので院近臣の藤原定長《さだなが》（藤原経房の弟）に代えられた。定長はこの時期院伝奏をつとめており、このことは事実上記録所が法皇直属となったことを意味している。兼実は法皇と対決しては、政治を運営することはできなかった。兼実の主導権は、法皇の死を待たねばならなかった。

頼朝の追及から逃げ回っていた義経は、文治三年（一一八七）には奥州藤原氏のもとにあって、藤原秀衡《ひでひら》に庇護されるにいたった。しかし、まもなく秀衡が死ぬと、その子泰衡《やすひら》のもと、奥州の支配は動揺していた。そこで、頼朝は朝廷に要求して、義経逮捕を求める内容の宣旨と院庁下文を、泰衡に対して下させた。これに応じた泰衡が、文治五年閏四月、義経を討ったのである。

この間、院をはじめとする朝廷、あるいは各国衙でも、「天下落居《らっきょ》」すなわち治承四年（一一八〇）以来の内乱がおさまって平和が到来したという認識が強くなっていた。ところが、頼朝はいまだ内乱が続いているという認識を示し、謀反人の所領に荘郷《しょうごう》地頭職（荘園や国衙領ごとに置かれた）を設置しつづけていた。文治五年（一一八九）の義経の死によって、「天下落居」認識は朝廷でも幕府でも共通のものになるはずであった。

実際には、義経が没落して、その余波もほぼおさまった文治二年末頃、内乱はほぼ収束していた。しかし、頼朝がそれを認めずに、戦時体制を維持したままだったため、その行動はまったく朝廷の干渉をうけなかった。そのことが端的にみられるのが、文治五年七月、頼朝が朝廷の追討宣旨発給を待たずに、全国から武士を集めて奥州藤原氏追討に、自ら出兵したことである。有名な頼朝と大庭景能《おおばかげよし》とのやりとりの中での「軍中には将軍の令を聞き、天子の詔《みことのり》を聞かず」（『吾妻鏡』）という文言は、そのことをよく示している。川合康氏がいうように、いざとなれば天皇・上皇さえも「謀反人」としてあつかい、王家領をも没収してしまう根拠は、このような幕府の性格に起因する。

奥州藤原氏は頼朝の大軍の前に、ひとたまりもなく滅んだ。頼朝自身の出陣と全国的な武士の大動員体制によって、奥州の地において前九年の合戦を再現し、先祖源頼義《よりよし》の武功を強烈に印象づけ認識させた頼朝は、それによって現実の鎌倉殿（鎌倉幕府の長）の正統性を強く主張した。それは内乱終息後の平時において、鎌倉幕府という軍事権力を存続させるために生み出された「源頼朝の政治」であったとするのが、川合氏の見解である。

翌建久《けんきゅう》元年（一一九〇）十一月、ついに頼朝が上洛した。長年にわたって朝廷が上洛を要請しつづけ、あるいはたびたびその噂も流れた上洛が、この時点でなしとげられたことは、公武ともに「天下落居」、すなわち内乱の終結と平和への移行という認識に達したことを意味する。上洛中に、頼朝は権大納言・右近衛大将《うこのえのだいしょう》に任じられ、ここに公家政権のもとでの「侍大将」の地位についたのである。

入京した頼朝の宿所は、かつて平氏の邸宅がひしめいていた六波羅であった。そして、頼朝が在京した四十日に近い間に、法皇との会談は八回にもおよんだ。このことは、頼朝と法皇との和解がなしとげられたことを意味する。また、頼朝は法皇が寵愛する丹後局《たんごのつぼね》（高階栄子《えいし》）に桑糸や紺絹などを贈り、彼女も扇などを返している。このような丹後局への接近は、頼朝が娘大姫を後鳥羽天皇の后として入内させるための下工作とみられている。

よく、平氏は天皇の外戚になったから、時代遅れの貴族的な武士で、源氏はそうではないなどという議論を聞くことがある。しかし、頼朝も外戚になろうとしているのであるから、そのような理屈が成り立つはずがない。ここで重要なのは、すでにこの年の正月に娘の任子《にんし》を入内させ、四月に中宮に立てた兼実との関係である。頼朝が大姫入内を進めれば、この中宮任子との関係から、兼実との亀裂が生まれる。文治元年（一一八五）以来、親幕公卿として、法皇の権力の牽制《けんせい》に利用してきた兼実が、まさにお払い箱になろうとしていた。

法皇はこの時期おもに六条殿に住んでいたが、かつて建春門院と暮らした法住寺殿にもどりたがっていた。しかし、寿永二年（一一八三）の法住寺合戦で焼け、文治元年の地震で被害をうけて、すっかり荒廃してしまっていた。頼朝は、この法住寺殿の再建を建久二年（一一九一）二月から開始し、法皇は同年十二月には新造御所に移ることができた。かつて平清盛が法皇のために法住寺殿の蓮華王院《れんげおういん》を造営したのと同じように、後白河と頼朝は法住寺殿の新造御所造営を通じて提携関係に入ったのである。

新造御所完成前後から、法皇は体調の不良を訴えていた。わずか十日ほどの滞在で、六条殿にもどった法皇は、その後は外出もできず、翌建久三年三月、六十六歳で波乱の生涯を終えた。

第七章　後鳥羽院政と承久の乱

1　後鳥羽院政の成立

後白河《ごしらかわ》と頼朝《よりとも》との連携によって、その政治生命に赤信号が点《とも》っていた九条兼実《かねざね》であったが、法皇の死で息を吹き返す。法皇が危篤になると、その側近たちは競って荘園を立てた。とくに、法皇が知行していた播磨と備前では、丹後局《たんごのつぼね》や承仁《しようにん》法親王（後白河の皇子）が、巨大な荘園を新たに立てたという。しかし、兼実はこれらの荘園を停止してしまった。こうしたことは、法皇の死後全盛を迎えた兼実の権力に、暗い影を落とすことになった。

建久六年（一一九五）、頼朝は二度目の上洛をはたす。今度の最大の目的は、法皇没後に中心となって進めていた東大寺大仏殿などの再建完成式典に参列するためであった。

前々回の東大寺での儀式は、後白河と重源《ちょうげん》が中心となった大仏の開眼《かいげん》供養であり、文治元年（一一八五）八月に行われた。それは、大群衆が参加する中、天平《てんぴょう》の開眼（七五二）に用いられた筆を手にした法皇が、まだ仮造りの大仏殿の柱をよじ登って自ら筆を入れるという、まことに印象深い儀式であった。民衆の勧進《かんじん》によって行われた大仏造営を象徴するものであったともいえよう。

前回の建久元年（一一九〇）の供養は、大仏殿の棟上であったが、上洛途上の頼朝の到着を待たずに十月に行われた。後白河は棟木《むなぎ》につけられた綱を、自らの手で引いている。綱は棟木から十二丈二尺（約三六・六メートル）で、中門までの長さがあり、一本を法皇以下東大寺別当や僧綱《そうごう》（幹部の僧）、もう一本を摂政兼実以下の公卿がもったという。

今回の東大寺供養は、それまでの熱狂とは雰囲気が一変していた。供養の当日は、一般の民衆などまったく近寄ることもできず、武士が各所を厳重に警固する中、儀式は粛々と進められたという。それは兼実が意図し、頼朝に「雑人禁止」（『玉葉』）を命じて演出した厳格な秩序の世界であった。貴族が命じ、武士がつくる秩序である。そして、頼朝自身は、供養が行われる大仏殿の中には入らず、そこから離れた南大門《なんだいもん》内の西脇の丘の上に設《しつら》えられた桟敷、あるいは宿所の東南院に控えていたのだという。

この上洛で頼朝がとった行動は、実に複雑である。東大寺という古代以来の鎮護国家寺院において、国家を守護する武士という姿を見せつけながら、自身は一方でやや次元の異なった行動を示す。東大寺供養を終えて、京都で最初に訪れたのは宣陽門院《せんようもんいん》の住む六条殿であった。そこは、反兼実派の牙城《がじょう》。宣陽門院（覲子《きんし》内親王）は亡き後白河法皇の娘で、母は丹後局である。ちなみに、宣陽門院は法皇から六条殿と長講堂《ちょうこうどう》領を譲られていた。

頼朝は丹後局を六波羅に招き、鎌倉から同道させた妻の政子《まさこ》や、娘の大姫《おおひめ》に引き合わせた。大姫入内工作である。もちろん、頼朝は兼実とも頻繁に会談をしていた。しかし、兼実への贈り物が馬二匹にすぎず、兼実自身がはなはだ乏少であると嘆いているのに対し、丹後局へのそれは「銀を以て蒔筥《まきばこ》を作り、砂金三百両を納め、白綾《しらあや》三十端《たん》を以て地盤を飾る」（『吾妻鏡』）という豪華さであった。さらに、後白河法皇の遺言にもとづいて、長講堂領として七ヶ所の荘園を立てるべきだと述べた。これには前に述べたように、兼実が法皇危篤のとき近臣が立てた荘園を停廃したことが念頭にあり、あきらかに兼実の意志と反する発言であった。

兼実の娘である中宮任子《にんし》は、建久六年（一一九五）八月に出産するが、生まれたのは皇女であった。ところが、宮仕えをしていた源通親《みちちか》の養女在子《ざいし》が、十一月に後鳥羽《ごとば》天皇の皇子を生んだ。頼朝はすでに六月に京都をあとにしていた。通親は宣陽門院別当であり、丹後局とともに反兼実派の中心人物であって、在子出産直後に中納言から権大納言に昇進している。

通親は頼朝の娘の入内などよりも、中宮任子に皇子が生まれる前に、在子が生んだ皇子を皇位につける秘策を練りはじめたはずである。

こうして、建久七年十一月、突然中宮任子が内裏から退出させられ、兼実の関白罷免、前摂政近衛（藤原）基通《もとみち》の関白復帰が決定された。建久七年の政変と呼ばれている事件の首謀者は、もちろん通親であった。頼朝はこのクーデターに反対しなかった、というよりこれで大姫入内が進むと考えて、暗黙の承認をあたえていたらしい。

大姫は、この政変の翌年七月、二十年の短い生涯を終えた。かつて木曾義仲の人質として鎌倉に送られてきたその子義高《よしたか》の許嫁《いいなずけ》となるが、その後義仲を討った頼朝はその義高も殺してしまった。その罪滅ぼしということもあったのか、頼朝は大姫入内にことさら精力を費やしたが、ほとんど何もえるところなく終わったのである。通親や丹後局ら、亡き後白河の近臣たちにその入内を進める気があったのだろうか。そして、何よりも若い鎌倉殿の姫君こそ、もっとも不幸であった。もちろん、頼朝の親族に幸運な人間など、一人もいやしなかったのだが。

建久九年（一一九八）、後鳥羽天皇は十九歳になり、自らの意志で、在子が生んだ皇子為《ため》仁《ひと》に譲位した。新帝土御門《つちみかど》はわずか四歳で、通親はその外祖父である。通親には摂関になる資格はなかったが、「源博陸《げんはくりく》」つまり源氏の関白などと呼ばれた。摂政には近衛基通、新帝に供奉する左近衛大将には、九条兼実の息子の良経《よしつね》に代わって近衛基通の息子の家実《いえざね》が就任した。政変後、籠居していた内大臣良経は、遠からず辞任をさせられるだろうと思われていた。

ところが翌正治《しょうじ》元年（一一九九）、花山院《かざんいん》（藤原）兼雅《かねまさ》に代わって、良経が左大臣に昇進することになった。それによって、通親も内大臣に進んだが、九条家の復活によって、通親や旧後白河近臣らによる政治主導の一角がくずれた。後鳥羽院政が本格的に開始されたのである。そして、奇しくもこの年の正月、頼朝が五十三歳で急死した。

2　後鳥羽院政の政治と文化

後鳥羽が建久九年（一一九八）上皇になったとき、最初にしたかったことは何か。それは政治ではなく、和歌に代表される遊興であった。譲位して上皇になるということは、天皇という窮屈な立場を離れて、自由を手に入れることを意味する。百年あまり前、院政を開始した白河《しらかわ》上皇は、鳥羽に巨大な離宮を造営して、そこで詩歌や管絃《かんげん》などさまざまな遊興にひたりたかった。

天皇家略系図⑦（数字は皇位継承の順序）

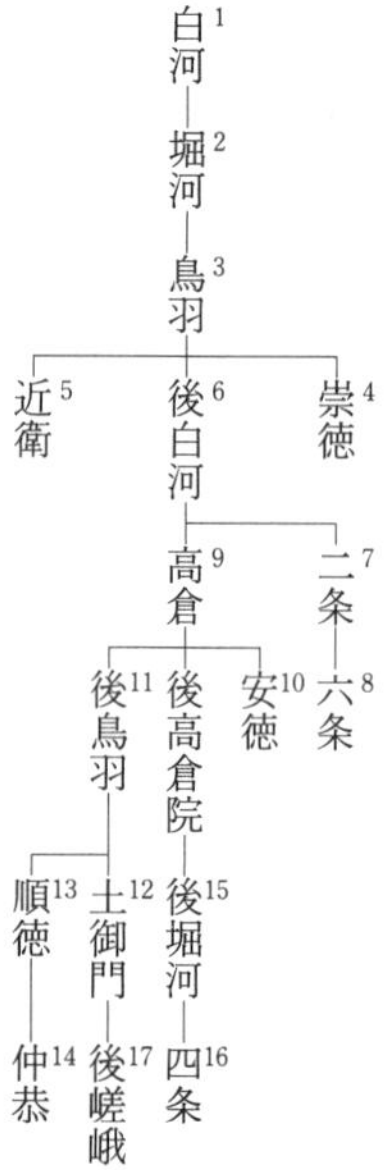

白河が譲位した堀河《ほりかわ》は在位中に夭折した。その子鳥羽《とば》も譲位したが、自らの意志ではなく、祖父の白河の意向によるものであり、祖父存命中は院政を行うことはできなかった。そして、後白河は中継ぎの天皇であり、わが子二条への譲位は、これまた院政を行うこととイコールではなかった。平氏政権下の高倉の譲位も、悠々の遊興とは無縁であった。

もちろん、遊興がすべてであったわけではない。白河がわが子堀河に譲位したのは、異母弟の輔仁《すけひと》に皇位を継がせないためであった。孫の鳥羽、曾孫の崇徳《すとく》を即位させたのも、白河であった。皇位継承を自らの思うがままになすこと。それによって、白河上皇は院政というものを確立していった。わずか十九歳の後鳥羽上皇は、通親の養女が生んだ四歳の土御門に譲位し、十二年後の承元《じょうげん》四年（一二一〇）には土御門の異母弟順徳《じゅんとく》に位を譲らせる。白河のときとは異なり、院政という政治制度が定着して、後鳥羽が指名した皇子以外に、皇位の有力候補はいなかった。

ただ、この土御門と順徳という二人の皇子をめぐっては、ある政治的スキャンダルが存在したという話もある。慈円《じえん》の『愚管抄』には次のように書かれている。

建仁《けんにん》二年（一二〇二）十月に源通親が急死した。不思議なことだと人は思っている。通親は、妻範子《はんし》が亡くなったあと、その娘承明門院《しょうめいもんいん》在子と密通した。そのために、院は高倉《たかくら》（藤原）範季《のりすえ》の娘の修明門院《しゅめいもんいん》重子《じゅうし》に心変わりし三位にして、その間に皇子も多く生まれた。それは美福門院の例に似ている、というのである。

天皇家・高倉家・源通親関係系図（数字は皇位継承の順序）

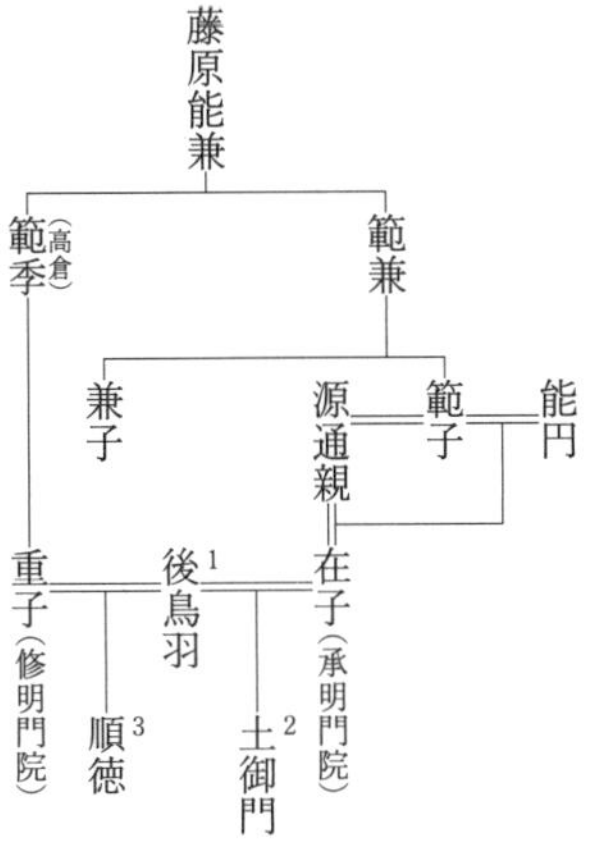

承明門院在子は、法勝寺執行能円《のうえん》と藤原範子の間に生まれた女性であった。しかし、能円は平時子（清盛の妻）・時忠の異父兄であり、平氏の西走に同行したため、範子は源通親と再婚したのである。範子は後鳥羽天皇の乳母《めのと》の一人として、天皇の養育にあたっていた。安徳天皇の西走による後鳥羽の即位によって、範子の一族の社会的地位は一挙に高まり、通親は天皇の後見人である乳母夫《めのと》（乳母の夫）の地位をえたのである。

範子の連れ子である承明門院在子は、通親の養女としてその後鳥羽に入内し、建久六年（一一九五）に生まれたのが土御門天皇である。この翌年に建久七年の政変があって、九条兼実の娘である中宮任子が内裏を追われ、兼実も関白を罷免、この『愚管抄』を書いた慈円も天台座主辞任を余儀なくされる。

修明門院重子が順徳天皇を生んだのは、建久八年（一一九七）のことである。在子の母範子が亡くなったのは正治二年（一二〇〇）なので、範子が死んだから通親が娘の在子と密通したというのは、時間的にあわない。承明門院在子から修明門院重子への後鳥羽の心変わりを、通親と在子の密通のせいにするのは、九条家出身の慈円の曲筆であろう。

「美福門院の例」というのは、いうまでもなく白河法皇の養女待賢門院璋子《しょうし》が孫の鳥羽天皇に入内し、そこに生まれた崇徳が実は法皇との密通の結果できた子であり、それを知った鳥羽は待賢門院から美福門院に心変わりした、という話である。これについては前に、真偽は不明であるが、噂は藤原忠通《ただみち》から流されたと推定した。

慈円はその忠通の子である。この通親と養女承明門院との密通の話も、真偽のほどはわからない。だが、この記事は、土御門天皇の父が後鳥羽ではなく、通親であるとも読めるのである。それを匂《にお》わすということは、何らかの政治的な意図を感じさせる。のちに承久の乱直前、九条良経の娘立子《りゅうし》が生んだ皇子（仲恭《ちゅうきょう》天皇）に順徳が譲位するが、その問題と関係している可能性があると思う。というのも、土御門の皇子邦仁《くにひと》は、のちに北条氏の後押しで後嵯峨《ごさが》天皇となる人物だが、母が通親の孫にあたる通子《つうし》だからである。

ともかく、この通親の死によって、旧後白河側近の力は弱体化した。通親がいなくなってみると、土御門天皇の母である承明門院在子は後鳥羽と乳兄弟《ちきょうだい》（乳母の実子と、乳母に育てられた子の間柄）でもあり、その母の故範子の実妹には、権勢をふるっていく卿二位《きょうにい》兼子《けんし》がいる。また、範子や兼子は、範季の娘であり守成《もりなり》親王（順徳）を生んだ修明門院重子とも従姉妹《いとこ》であり、父範兼《のりかね》の死後、叔父の範季に養育されたためほとんど姉妹に近い関係であった。この一族は、後鳥羽・土御門・順徳をめぐって、きわめて親しい側近というべきであろう。

そして、通親の死の直後、摂政近衛基通とその子の右大臣家実が閉門を命じられ、翌月には閉門を解かれるが、基通は摂政を罷免され、左大臣九条良経に代わった。これによって、基通は政界を引退し、摂関家の九条家では良経、近衛家では家実が、後鳥羽上皇の下に並び立つことになった。後白河院政においては、九条兼実は野党的な立場にあることが多く、文治元年（一一八五）の頼朝の後援で与党となったとはいえ、法皇との関係は険悪であった。それに対して、近衛基通は寿永二年（一一八三）以降男色関係もあり、つねに院と深く親しい立場にあった。そうした状況が、後鳥羽院政においてはがらっと変わるのである。後鳥羽にはすべてを自分の与党にしてしまう天賦の才があった。そして、この時期、前代の主役たちが、つぎつぎと歴史の表舞台から去っていった。

後鳥羽の譲位直後の話に、少しもどる。建久九年（一一九八）正月十二日、譲位の翌日、仮御所とした式子《しきし》内親王（後白河の皇女で、歌人としても有名）の大炊殿《おおいどの》の中庭で、上皇は蹴《け》鞠《まり》にふけった。その後「北面始」つまり上皇側近たちとの顔合わせの儀式もあったが、そのときも蹴鞠を楽しんだ。また、母七条院《しちじょういん》の御所へ「御幸始」もあったが、その後連日のように洛中洛外の寺社へとでかけた。日が悪いのにもおかまいなしに、祖父後白河法皇の眠る法住寺殿、祖母建春門院発願《ほつがん》の最勝光院にも密かに行った。

二月なかばには、白河上皇が初度の御幸先に選んだ石清水八幡宮に参詣する。しかも、通親に束帯《そくたい》の裾《すそ》をもたせて、男山《おとこやま》の急坂を歩いてのぼったのである。神前での御経供養のあと、夜の巫女や舞人、白拍子《しらびょうし》などの芸能を楽しんだ上皇は、翌日近臣五、六人だけを連れて、桂川をはさんで鳥羽殿の対岸にある通親の久我《こが》山荘に行った。そこで夜のにぎやかな遊興が通親らのお膳立てで行われた。翌日は一度京都にもどるが、二日後には略装の近臣たちを連れて鳥羽殿へ。鳥羽殿内にある城南寺《じょうなんじ》の馬場で競馬《くらべうま》をみたあと、近辺の鶏を集めて闘鶏を行った。そのあと、さらに久我山荘で無礼講の饗宴《きょうえん》、といった具合である。

よく院政は、窮屈な天皇の地位を離れた上皇が、より自由な立場となって政治を行うのだ、などといわれる。まさに、この時期の後鳥羽ほど「自由」な上皇はいないのである。しかも、白河が譲位するときに造られて、鳥羽院政期にかけて整備されていった鳥羽殿が、思う存分利用されている。前代の後白河院政期には、平氏のクーデターで後白河法皇が幽閉された場所でもあり、あまり利用されていなかった。若い上皇は、その意味でも、白河・鳥羽院政を継承する正統的な院であることを意識していた。

さて、後鳥羽上皇といえば、歌壇の中興、とくに『新古今和歌集《しんこきんわかしゅう》』を編纂したことは有名である。「延喜聖代」を象徴する文化事業である勅撰集『古今和歌集』を、保元・平治の乱以後の「末世」に再現する国家的大事業。それこそ、若き上皇が、そのもてる情熱を最大限そそぎこんだものであった。

後鳥羽上皇が和歌を作り始めたのは、比較的遅かった。譲位後の正治元年（一一九九）春あるいは翌二年春頃ともいわれている。その後の数年間は和歌の世界に没頭し、元久《げんきゅう》二年（一二〇五）の撰進によって『新古今和歌集』がいちおうの形をなす。そもそも、上皇自身が歌人としても、超一流であった。

正治二年（一二〇〇）に『正治初度百首《しょどひゃくしゅ》』が行われた。歌人たちに、一人百首ずつの和歌を詠進させる行事で、このときは二十三人の歌人が参加した。当時の歌壇では、九条家と結びついた御子左《みこひだり》家（藤原道長《みちなが》の子長家《ながいえ》を祖とする）と、通親と結んだ六条《ろくじょう》家（白河院近臣の藤原顕季《あきすえ》を祖とする）が激しく対立していたが、建久七年の政変の影響で、俊成《としなり》・定家《さだいえ》らの御子左家は劣勢であった。当初、『初度百首』にも通親と六条家の歌人だけが参加する予定であった。

ところが、歌壇長老の俊成が若い後鳥羽上皇に直訴し、その結果定家ら三名が追加されることになったのである。こうして、歌壇においても、後鳥羽が通親から、その歌人人選の主導権を奪い取った。建久七年体制に風穴を開けたのである。正治二年冬の『二度百首』、建仁元年（一二〇一）にはじまり同三年に歌合《うたあわせ》のかたちとなった歌合史上最大の『三度百首』（『千五百番歌合』）というように、『新古今和歌集』撰進の準備は着々となされた。

建仁元年七月、『新古今和歌集』撰進に向けて、院御所二条殿の弘御所《ひろごしょ》北面に和歌所《わかどころ》（和歌の講義、勅撰和歌集の編纂をつかさどる役所）が置かれた。上横手雅敬氏によると、この和歌所、あるいは撰進事業の画期性は、和歌所寄人《よりうど》が殿上人中心であったことで、鴨長明《かものちょうめい》のような地下人《じげにん》はその座を別にされたことであった。従来、和歌の社会的な地位はそれほど高いものではなく、最初の勅撰集『古今和歌集』の撰編者も地下の卑官ばかり。勅撰集はけっして国家的事業でも、治世の記念碑でもなかったのである。

後鳥羽の『新古今和歌集』は違った。寄人の筆頭は左大臣九条良経、それについで内大臣源通親である。天台座主で九条家長老の慈円、御子左家長老の俊成らも加えられた。建仁元年十一月、良経以下の重鎮を除いた藤原定家、同家隆《いえたか》ら六名に撰進が命じられた。そして元久二年（一二〇五）に撰進されるのである。
『新古今和歌集』には仮名《かな》と真名《まな》（漢字のこと）の二つの序文があり、そこで強く意識されているのは、「延喜・天暦」「古今・後撰《ごせん》」への復帰である。『古今集』は撰者四人、『後撰集』も撰者五人であったが、『拾遺集』『後拾遺集』以降は撰者が一人となって、勅撰集というより私撰に近かった。『新古今』撰者は六人であり、『拾遺』以降の私撰化した勅撰集のあり方を批判しているのである。

前近代では、真の「新儀」は「復古」というかたちで主張されることが多い。『新古今』がけっして『古今』『後撰』への単なる復古ではないことは、寄人のあり方でよくわかる。また、上皇自身が、最終的に撰集をしたこと、元久二年以降も自ら「切継《きりつぎ》」（改訂）につとめ、隠岐に配流されてからも続けているということは、かつてないことであった。『新古今』は、事実上の国王が撰《えら》んだ、正真正銘の勅撰集なのである。それこそ文化の政治性というものを如実に示す国家的事業であった。

そして『新古今和歌集』完成を祝う元久二年三月の「竟宴《きょうえん》」も異例であった。まだ、定家らによる連日の「切継」が続いており、良経担当の仮名序の清書もできていなかった。この時点で完成祝いの宴会が開かれたのは、『古今和歌集』が撰進された延喜五年（九〇五）から三百年という記念すべき年だったからである。「竟宴」の先例はなかったが、平安時代の宮廷で『日本書紀』の連続講義が終わったとき、一同が神名・人名を題にして和歌を詠み宴《うたげ》を催すことをヒントにしたらしい。二十六歳の若き上皇にとって、これは上皇としての最初の政治的成功なのである。

和歌のほかにも、上皇の文化的な活動はとどまるところを知らない。その一つとして楽器の演奏、すなわち「管絃」がある。上皇は子供の頃からの笛の演奏で、その楽才を示していたが、成人となってから熱中したのが琵琶《びわ》であった。琵琶は正倉院《しょうそういん》にも宝物が伝えられるほど古い楽器だが、どういうわけか雅楽寮《ががくりょう》の公式の舞楽などではあまり用いられず、もっぱら貴族のたしなみとか盲目の琵琶法師の調べ、といった方面で知られる。上皇は『新古今』の竟宴を間近にした正月、中納言藤原定輔《さだすけ》から「石上流泉《せきじょうりゅうせん》」という秘曲の伝授をうけた。

三日後の土御門天皇の朝覲行幸《ちょうきんぎょうこう》では、宮中伝来の名器「玄上《げんじょう》」によってこの難曲を弾きこなす。その後は、九条良経に命じて、平等院の宝蔵から摂関家伝来の名器「元興寺《がんごうじ》」を取り出させ、それを用いて定輔から秘曲「啄木《たくぼく》」の伝授をうけた。ちなみに定輔は、太政大臣藤原師長《もろなが》の高弟であった。師長は保元の乱で敗死した、あの頼長《よりなが》の子で、琵琶の名手としてその名をとどろかせた人物である。

上皇の琵琶傾倒は、承久の乱直前まで続いた。承久二年（一二二〇）春、宮中や摂関家に伝来した古来の名器と新造の逸物とを合わせて、その勝負を決する「琵琶合《びわあわせ》」という異例の趣向が営まれた。上皇は師の定輔や近衛府楽所預《このえふがくしょあずかり》の藤原孝道《たかみち》らとともに、いちいち演奏してその形や音色、音量などを総合的に判断し、自ら詳細な判詞《はんし》（優劣の判定を述べた言葉）まで書いた。そこで最高の評価をえたのはさきの「玄上」、それに「牧馬《ぼくば》」という琵琶であった。いずれも、かつて延喜の聖帝醍醐《だいご》が親しんだと伝えられる「天下の至宝」であり、それに次ぐのが平等院宝蔵にあった「元興寺」とされたのである。これも、単なる琵琶の世界の遊興ではなく、王家と摂関家の序列を、琵琶になぞらえて披露する政治的意図が顕著であろう。

上皇は、こうした和歌や琵琶などの芸能・文化を通じて、貴族たちを組織していった。たとえば、『方丈記《ほうじょうき》』の著者として有名な鴨長明もその一人であった。長明は下賀茂《しもがも》神社の神官の家に生まれたが、早くに父を失って不遇であった。だがその歌の才によって『千載和歌《せんざいわか》集《しゅう》』に一首採られていたことから、上皇に見いだされて『正治二度百首』への詠進を命じられ、さらに和歌所発足直後に院北面に召し出された。つまり院近臣となったのである。そして和歌所寄人にも任じられ、その琵琶の腕ともあいまって、上皇の恩寵をうけることになった。上皇は、長明を賀茂社の末社である河合《かわい》社の神官に推薦するが、その人事がもめてけっきょく嫌気がさした長明は遁世する。上皇はその才能を惜しみ、「手習《てならい》」という長明自作の琵琶を所望して、それを手元に置いたという。

一方、官僚としての実務能力にはすぐれているが、ほとんど文化的才能には縁のない近臣たちもいる。彼らを上皇はいかに遇したか。そのことに関しておもしろいのが、狂連歌《きょうれんが》の世界である。連歌は南北朝以降の文芸として有名であるが、実は鎌倉時代にすでにたいへん盛んであった。後世の連歌につながるのは長連歌の「百韻《ひゃくいん》」というもので、後鳥羽の時代に確立するのだが、もう一方で高らかな哄笑《こうしょう》とともに詠みすてられる狂連歌というのは、後鳥羽の没落によって消えてしまった。

建永《けんえい》元年（一二〇六）八月、鳥羽殿において上皇は「有心衆《うしんしゅう》」と「無心衆《むしんしゅう》」の対抗による狂連歌の会を催した。「有心衆」というのは定家・飛鳥井雅経《あすかいまさつね》（和歌・蹴鞠の飛鳥井家の祖）・藤原有家《ありいえ》・源具親《ともちか》（村上源氏）といった『新古今』の歌人たちであった。「無心衆」は歌道とは縁がない院近臣たちのことで、「長者」は参議藤原長房《ながふさ》、「権長者」は左中弁葉室《はむろ》（藤原）光親《みつちか》であった。和歌所勤務の能筆藤原清範《きよのり》が記録係の「執筆」をつとめた会は、大はしゃぎの上皇臨席の下、にぎやかに開催された。けっきょくは、歌人たちは狂連歌にも強く、無心衆たちはあえなく敗退したらしい。

このような狂連歌の会は、その後もたびたび開かれたが、ほかに建保《けんぽう》三年（一二一五）五月のものが知られる。それによると、上皇は有心衆に「柿下《かきのもと》」、無心衆に「栗下《くりのもと》」というあだ名をつけていた。「柿下」というのは歌聖柿本《かきのもとの》人麻呂《ひとまろ》にちなんだものだが、「栗下」というのは和歌にはほとんど詠まれない「栗」をつけているわけで、なんともとぼけている。また、このときは賞金である「懸物《かけもの》」も用意され、普通の句には百文、秀句には二百文といった具合で、上皇は二貫七百文もせしめている。人々も五百文、一貫と受け取って、この賭《か》け事も大いに盛り上がったという。

さて、狂連歌の無心衆の主将や副将をつとめていた長房や光親というのは、いずれも勧修寺流の藤原氏であった。勧修寺流というのは、醍醐天皇の時代の藤原高藤《たかふじ》（北家の冬嗣《ふゆつぐ》の孫）の子孫で、高藤が山科《やましな》に建立した勧修寺という寺を代々守ってきた一族である。摂関政治のもとではうだつがあがらなかったが、院政期になって為房《ためふさ》とその子為隆《ためたか》・顕隆《あきたか》などが、その実務能力をかわれて朝廷の弁官・蔵人、院庁の別当などとして活躍するようになった。院政による中流貴族の人材抜擢のよい例である。

勧修寺流藤原氏略系図

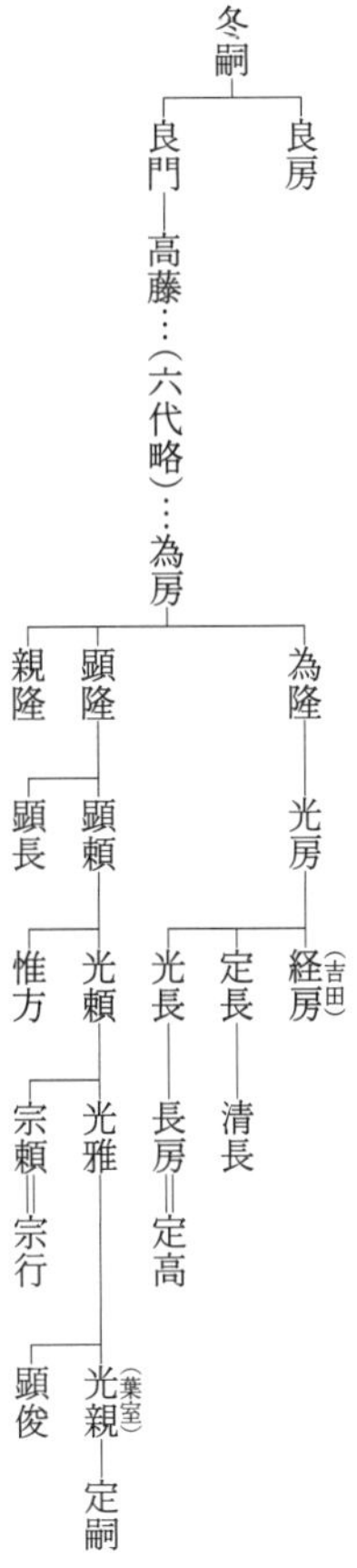

長房は、後鳥羽院庁別当となり、源通親の死後、院近臣の中心的人物として活躍していた。その実務能力をかわれて早くから九条家の家司をつとめ、後鳥羽の在位中の蔵人、土御門天皇の蔵人頭、あるいは弁官を歴任した。後鳥羽院政前半において、後鳥羽上皇と土御門天皇、あるいは九条家との意思伝達に大きな役割をはたしたのである。

その後、平治の乱で死んだ信西《しんぜい》の孫にあたる名僧貞慶《じょうけい》が、隠遁していた笠置寺《かさぎでら》から承元二年（一二〇八）に下山し、南山城《やましろ》の海住山寺《かいじゅうせんじ》を再興したとき、長房はその地を訪ねて弟子となった。翌三年、実弟で養子の定高《さだたか》を左少弁に任じてもらう代わりに参議を辞任、翌年には出家して民部卿《みんぶきょう》入道といわれ、法名を覚真《かくしん》とした。そして、貞慶の死後は、その遺志をついで海住山寺の経営・維持に手腕を発揮する。

長房出家後は、葉室光親が実務官人系近臣の中心となった。長房と同様に院庁別当であったが、院庁の実務の中心をになって「執権」と呼ばれたらしい。権中納言までのぼり、幕府から「無双の寵臣」といわれたが、承久の乱のとき義時《よしとき》追討の院宣を奉行したことから、乱の「張本《ちょうほん》」（首謀者）とみなされて斬罪に処された悲劇の人物である。実際は、上皇の挙兵を諫《いさ》めたことが死後判明し、子の定嗣《さだつぐ》は後嵯峨院政において執権、院伝奏、院評定衆をつとめることになる。

その他、無心衆の中には、光親の叔父にあたる近臣葉室宗頼《むねより》の養子となった宗行《むねゆき》、長房の従兄の藤原清長《きよなが》、長房の養子の定高、光親の弟権中納言藤原顕俊《あきとし》などがおり、それらも勧修寺流につながる人々であった。なお、宗行も挙兵に積極的であった順徳天皇の蔵人頭をつとめていたため、光親と同様に斬罪に処された。

さて、後鳥羽院政期の有名な女房に、卿二位と呼ばれた藤原兼子がいる。上皇の乳母であった藤原範子（源通親の妻）の妹でありやはり上皇の乳母をつとめていた女性である。『愚管抄』には、幕府の尼将軍北条政子と比して「京ニハ卿二位ヒシト世ヲ取《とり》タリ。女人入眼《にょにんじゅげん》ノ日本国イヨイヨマコト也《なり》ケリト云《いう》ベキニヤ」という印象的な評がなされている。

とにかくその政治力は相当なものだったらしく、摂関家の九条道家《みちいえ》（兼実の孫で、父は良経）などでも、人事についてはいつもこの卿二位に後鳥羽への取次をしてもらっていると日記に記している。兼子の夫は前太政大臣藤原頼実《よりざね》であったが、建暦《けんりゃく》元年（一二一一）八月には、関白近衛家実の母についての何らかの密議が、上皇と兼子、そして頼実の三者によって行われている。院の乳母の関係者から多くの院近臣が生まれたように、院にとって乳母というのは側近中の側近であった。しかし、乳母が人事問題にまで介入することは以前にはみられない事態である。そこには、後鳥羽上皇への奏事伝奏、すなわち取次がもっぱら側近の女房によってになわれてしまっていたという背景がある。弁官や蔵人などの実務官人系の貴族でさえも、院への取次を側近女房に牛耳られ、それなくしては政務をつとめることができないような状態なのである。そのような環境の中でこそ、兼子のような存在も生まれた。

後鳥羽の院政の場合、院御所の数は非常に多い。譲位から承久の乱までの二十三年間に、その造営は十八回におよんでいるという。京中の院御所としては、最初は二条南、東洞院東の二条殿、建仁三年（一二〇三）に焼失すると、春日南、京極東の京極殿が用いられた。その後、元久二年（一二〇五）に西園寺公経《きんつね》が造営した中御門南、西洞院西の高陽院がおもに使われた。

また「鳥羽殿、白川殿なども修理せさせ給て、つねに渡り住ませ給へど、猶《なお》又水無瀬《みなせ》といふ所に、えもいはずおもしろき院づくりして、しばしば通ひおはしましつゝ」（『増鏡《ますかがみ》』）とあるように、後鳥羽は京外の鳥羽や白河の御所を修理してよく使うとともに、新たに水無瀬殿を造った。

水無瀬殿は淀川《よどがわ》河畔にあった、もと源通親の別荘であり、上皇は正治二年（一二〇〇）はじめて御幸した。しかし、建保四年（一二一六）に洪水で流失したので、通親の子の通光《みちみつ》がその山西の山地に新御所を造営した。上皇の御幸は三十回前後にもおよび、この地での遊興はきわめて多かった。

また、白河に建てられた最勝四天王院《さいしょうしてんのういん》御所というのも個性的であった。場所は鴨川左岸にそい、三条末というから、二条末をはさんで造られた六勝寺よりは南にあったらしい。後鳥羽はそれら六勝寺などの荒廃をみて、白河の再興を意図して小規模な御堂を建てた。

その最勝四天王院という御堂には、松殿基房《まつどのもとふさ》（関白藤原忠通の二男。近衛基実《もとざね》の弟で、九条兼実の兄）の額がかかげられ、障子には上皇、慈円、定家らの名所和歌が詠まれ、尊智《そんち》・兼康《かねやす》らによる名所絵が描かれた。供養願文は権中納言藤原親経《ちかつね》が起草し、左大将九条道家が清書した。供養導師は興福寺別当信円《しんえん》。規模は小さいとはいえ、とてもぜいたくな御堂なのであった。

3　後鳥羽と実朝

かつての論文や著作では、後鳥羽上皇が院政開始当初から討幕の意図をもっていたと書いているものが多かった。それは古い古代国家を新しい封建的な武士の政権が圧倒していく、という考え方が一般的で、旧体制による反革命の失敗例として承久の乱が最適であったからである。だが、公家と武家を対立的に見ずに、その相互補完的な中世国家像を提示した黒田俊雄氏の権門体制論、あるいは荘園制を古代的な制度ではなく中世的なものとする見方、そして朝幕関係の実証的研究などが進展し、そのようなとらえ方をすることはできなくなった。

鎌倉将軍家の姻戚関係（数字は将軍就任の順序）

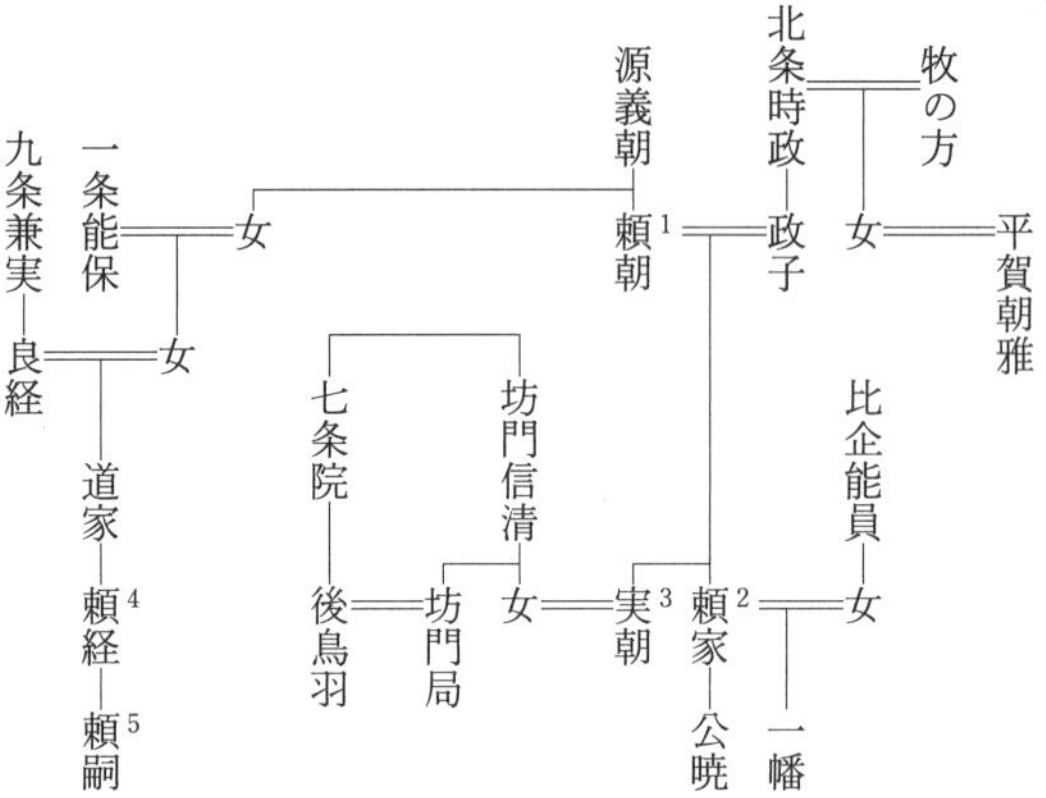

後鳥羽院政が開始されたのは建久九年（一一九八）正月のことであるが、その翌年に頼朝が死に、さらに建久七年の政変後、京都の政権を牛耳っていた源通親が建仁二年（一二〇二）に急死すると、朝幕関係も新たな段階を迎えた。鎌倉では頼朝の跡を継いだ長男頼家《よりいえ》が、建仁三年に北条氏によって退けられ、その外戚の比企《ひき》氏が滅ぼされた。そして、頼家の弟の実朝《さねとも》が擁立されて、北条時政《ときまさ》が政所別当（執権）に就任したのである。

北条氏が京都守護として上洛させたのは、時政が後妻の牧《まき》の方《かた》との間にもうけた娘の婿である平賀朝雅《ひらがともまさ》であった。京都守護は文治元年（一一八五）以来、北条時政や一条能保《いちじょうよしやす》などがつとめてきた。時政はいうまでもなく頼朝の岳父であるし、能保は頼朝の妹婿であるから、いずれも頼朝の縁者であった。京都守護としては、平賀朝雅がはじめての北条氏縁者ということになる。

朝雅が上洛した京都では、文治元年の政変以来対立してきた近衛家と九条家をともに従え、後鳥羽上皇の独裁が確立しつつあった。朝雅に対する上皇の信任は厚く、上皇が熱中していた笠懸《かさがけ》（馬上の射芸の一種）の師範をつとめたりした。元久元年（一二〇四）正月の水無瀬御幸の際に供奉し、その様子は上北面のようであったが、さらに勧められて殿上人の座についたという。建仁三年（一二〇三）以来の延暦寺堂衆攻撃に際しては、幕府の命令を介することなく、上皇から直接命令をうけており、そのため院近臣の坊門信清《ぼうもんのぶきよ》とともに比叡山（叡山とも）から呪詛された。朝雅も上皇の近臣あつかいなのである。

このように上皇の恩顧をうけていた朝雅であったが、末路はまことにあっけなかった。元久二年（一二〇五）閏七月、北条時政の後妻牧の方が中心になって、将軍実朝を殺して朝雅をその地位につける陰謀が発覚したのである。時政は子の義時や政子によって、伊豆に追放され、朝雅も在京武士によって自殺に追い込まれた。

しかし、不思議なことに、事件の首謀者である牧の方自身は、さすがに鎌倉は追われたらしいが、とくに罪に問われたようでもない。というのも、杉橋隆夫氏によると、牧の方は白河院政以来の院近臣にかなり近い系譜と考えられるという。実はこの事件の前年、実朝の妻として坊門信清の娘が鎌倉に下っている。信清の姉の七条院は後鳥羽の母なので、この坊門家というのは上皇の外戚なのである。また、実朝夫人の姉の坊門局《ぼうもんのつぼね》も後鳥羽に仕える女房であった。この結婚によって、後鳥羽と実朝は義理の兄弟にもなったのである。

この婚姻をおもに進めたのは、例の卿二位、つまり藤原兼子である。というのも、兼子は坊門局を養女として、坊門局が生んだ後鳥羽の皇子頼仁《よりひと》を養育していた。一方、時政と牧の方との間の娘は、実朝夫人の兄弟にあたる坊門忠清《ただきよ》の妻となっており、牧の方と院近臣との関係もあって婚姻が首尾よく進んだのである。実朝の母である北条政子は、下野の足利氏から妻を迎えようとしていたが、その企てはうまくいかなかった。

この結婚によって、後鳥羽と実朝は親密となり、時政の失脚や平賀朝雅の死も、朝幕関係にそれほど大きな変化を生じさせなかった。後鳥羽院政期の関東申次には、西園寺公経とこの実朝夫人の父坊門信清が就任した。公経は頼朝の妹婿一条能保の婿というつながりでその地位についたと考えられるが、信清はこの実朝との関係からであることは確実である。幕府創設当初から親幕的な一条家に近い公経に加え、新たに上皇の外戚である近臣の坊門家というルートが生まれたことになり、より強固な連携関係が構築されたといえる。

そして、これに上皇お得意の「文化」が関係してくる。まず和歌である。実朝が和歌に染まったのは、京下りの御家人内藤知親《ないとうともちか》という人物が関係しているらしい。知親の父は御子左家の家人であり、その縁で知親も早くから和歌を学び、定家にも一目置かれる存在であった。

知親の指南をうけた実朝は承元三年（一二〇九）、自作を定家のもとに送って教えを乞《こ》い、定家はのちに『近代秀歌《きんだいしゅうか》』の名で流布する歌論書『詠歌口伝《えいかくでん》』を贈った。これ以降、実朝は定家の門人となり、さまざまなやりとりがある。「山は裂け海はあせなん世なりともきみに二心《ふたごころ》わがあらめやも」（『金槐和歌集《きんかいわかしゅう》』）という歌はあまりにも有名であるが、いかなる天変地異がおころうとも、上皇への忠誠心は変わらないという意味のこの歌こそ、実朝と後鳥羽の親密度をよくあらわしている。

後鳥羽とその側近たちは、実朝の歌と蹴鞠への精進に深い関心をもっていた。とくにその両方に通じていた飛鳥井雅経は、建保元年（一二一三）に定家が『万葉集』を送るときは実朝の依頼を仲介したり、東国への旅を企てた鴨長明を実朝に紹介したりした。元久二年（一二〇五）の『新古今』撰進以後、上皇の和歌に対する熱がややさめてきていた時期には、蹴鞠の方が重要であった。実朝夫人の兄である坊門忠信《ただのぶ》は、雅経とともに鞠の名手であったから、上皇と実朝と坊門家は、姻戚関係だけではなく、和歌と蹴鞠によっても深く心を通わせたのである。

だが、後鳥羽と実朝、そして幕府との関係はそう簡単でもなかった。承元元年（一二〇七）、紀伊《きい》の土民が高野山に乱入して寺領を押妨《おうぼう》（他人の所領を侵害すること）するが、その張本は和泉《いずみ》・紀伊の守護代であるとして、仁和寺道法《どうほう》法親王（後白河の皇子）が幕府に狼藉停止を申し入れた。幕府は大きく譲歩し、両国守護職を停止して、後鳥羽上皇のはからいとした。

また建暦二年（一二一二）、鴨川の堤の修理を朝廷から命じられた幕府は、九カ国の御家人に命じて、権門勢家・神社・仏寺領を問わず、費用を徴収することになった。ところが、賀茂社や石清水八幡宮などがこれに抗議、また近江・丹波も大嘗会《だいじょうえ》の新穀奉納の国だからと支払いをしぶったため、ともに課税免除が朝廷から命じられた。

こうした朝廷からの要求をすべて受け入れることは、御家人たちの不満を生み出す。そのため、たとえば建保元年（一二一三）に西国の関東御領に対する臨時公事が課されたとき、頼朝以来の重臣大江広元《ひろもと》（後三条《ごさんじょう》・白河に仕えた学者、大江匡房《まさふさ》の曾孫）はこれに反対した。御家人の意見を代弁したのである。ところが、実朝は公事そのものはつとめることを前提に、今後は突然賦課してくるようなことはやめてほしいとだけ、朝廷に回答した。

もちろん、実朝が上皇の要求を拒否したこともある。建永元年（一二〇六）、高野山領の備後国太田《おおた》荘が国司によって廃止されるという噂があり、実際に上皇が太田荘の地頭停廃を求めてきたが、実朝は頼朝の時代に謀反人所領の跡に補任した地頭を理由もなくやめさせることはできないといって、上皇の要求を拒んだ。このように実朝は上皇と親しいだけに、幕府と朝廷との板挟みになって、心労が重なった。実朝は父頼朝とは異なって、幕府内では独裁者ではなく、つねに母政子や叔父の執権義時から制約をうける立場にあったのである。
建保六年（一二一八）、政子は熊野詣を口実に上洛し、密かに卿二位兼子と実朝の後継者についての交渉をはじめた。そして、実朝夫人の姉にあたる坊門局が生んだ上皇の皇子頼仁親王に、内々合意したのである。頼仁は兼子が養育していて、その即位も考えていたらしいが、それはあきらめて将軍にと考えたのである。政子にしても、実朝にいまだ子ができない以上、その縁者にあたり、しかも上皇の皇子ということであれば、文句のつけようがなかった。

実は、この密談が行われていた時期というと、関東申次であった西園寺公経と坊門信清のうち、まず建保四年（一二一六）に信清が亡くなっていた。また、頼朝と姻戚関係にあり、長年後鳥羽の側近であった公経も建保五年、ある誤解から上皇との関係が悪くなる。それは、大将就任の約束を上皇が違《たが》えたと思って、それなら出家でもして実朝を頼ってもよい、と放言したため、上皇の怒りをかって謹慎を命じられたのである。

ところが、公経が、兼子の夫である大炊御門《おおいみかど》（藤原）頼実の養子師経《もろつね》と争っていたことから、実朝は兼子のたくらみと考えて、兼子に強く抗議する。それによって、公経の出仕は許されるのだが、この事件によって、後鳥羽と公経の関係は冷え切ってしまった。こうして、関東申次が事実上機能しなくなり、朝廷と幕府との連絡に円滑さを欠く結果になった。

こうなると、朝幕関係にとって、ますます実朝の存在が重要となってくる。建保四年（一二一六）六月、上皇は近臣の葉室光親を辞任させて、二十五歳の実朝を権中納言に任じた。実朝はさらに近衛大将を望んだので、それを「過分」と考えた義時は、大江広元に諫言を依頼した。それに対して実朝は「諫争の趣、もっとも甘心すと雖《いえど》も、源氏の正統この時に縮まり畢《おわ》んぬ。子孫敢《あ》えてこれを相継ぐべからず。然《しか》らば飽くまで官職を帯し、家名を挙げんと欲す」（『吾妻鏡』）と答えたという。文字どおり、実朝は自分が子を生ませることができない体であること、母の政子が自分の死後の将軍人選を進めていることなどに思い悩み、源氏将軍家の家格上昇を自らの最大の責務と思いつめるにいたっていたのではないか。

死の前年の建保六年（一二一八）には、正月権大納言、三月念願の左大将兼任、十月内大臣、そして十二月運命の右大臣、と、京中に「官打《かんうち》」（『承久記《じょうきゅうき》』）という噂が立つのもやむをえないと思われるほどの昇進ぶりであった。「官打」とは身分不相応な官位昇進をさせることによって、本人を不運な目にあわせる一種の呪詛である。翌年の実朝の暗殺が朝幕関係をいっきに悪化させたことから考えて、上皇による「官打」が行われたとは考えにくく、おそらく上皇は実朝を徹底して懐柔し、その実朝を通じて幕府を制御しようと試みたのであろう。

4　承久の乱

承久元年（一二一九）正月、将軍実朝が殺された。鶴岡《つるがおか》八幡宮での右大臣拝賀の礼のとき、兄頼家の遺児公暁《くぎょう》に斬られたのである。事件の背景については、さまざまな説があるが、幕府有力御家人で北条氏のライバル三浦《みうら》氏の陰謀とした作家永井路子氏の説（『炎環《えんかん》』）がもっとも有力であり、私もそれにほとんど疑問を感じるところがない。

幕府は、政所執事の二階堂行光《にかいどうゆきみつ》を上洛させ、後鳥羽上皇の皇子雅成《まさなり》親王か頼仁親王を鎌倉に迎えたいと奏上した。前年の政子と卿二位兼子との密談によって、兼子の養育していた頼仁の将軍就任が有力と思えたが、上皇は親王を下向させると、日本国を二分することになるとして反対した。

上皇は実朝の弔問使として、側近で院北面の藤原忠綱《ただつな》を下向させたが、同時に寵愛する白拍子亀菊《かめぎく》の所領、摂津長江《ながえ》荘の地頭をやめさせるようにと申し入れた。北条氏は、この要求を御家人保護の立場から、断固として拒否する。そして、北条時房《ときふさ》（政子・義時の弟）が千騎を率いてその回答のために上洛し、あわせて上皇の皇子の下向を促した。交渉は二ヶ月以上にわたった。そして、西園寺公経が養育していた九条道家の三男三寅《みとら》（のち頼経《よりつね》）が下向することに決まる。当時わずか二歳である。公経の奔走によって、上皇は親王以外なら摂関家からでも将軍にしてよいという態度に変わり、三寅の下向を認めたのである。

ところが、三寅が鎌倉に着く直前に、大内守護《おおうち》（大内裏の警衛を管轄する役職）の源頼茂《よりもち》が自分こそ将軍になるべきだ、と宣言したのである。頼茂はかつて以仁王《もちひと》とともに平氏に対して挙兵した源三位《げんさんみ》頼政《よりまさ》の孫にあたる。源氏将軍が絶えたなら、藤原氏の摂関家ではなく、れっきとした源氏の自分が将軍になるべきだ、というのは一理ある。

これを知った在京御家人が後鳥羽に直訴したため、頼茂召還が命じられたが、頼茂は応じなかった。すでに三寅下向を認めている後鳥羽とすると、ここで頼茂追討の院宣を出さざるをえなくなる。「官軍」となった在京御家人らは、頼茂がたてこもる大内裏を包囲して攻撃を開始した。頼茂は奮戦するが、けっきょく内裏に火をかけて自殺する。仁寿殿《じじゅうでん》・宜陽殿《ぎようでん》・校書殿《きょうしょでん》などの内裏中心部が、代々の宝物とともに灰燼《かいじん》に帰してしまうのである。

この事件は、目崎徳衛氏が指摘するように、承久の乱の小手調べとして後鳥羽が軍勢を動かしたのではなく、実朝死後の幕府の内紛、将軍後継争いと考えるべきであろう。承久元年八月になると後鳥羽は、側近の藤原忠綱を解官し所領を没収、追放するが、『愚管抄』によると「又頼茂トコトニカタライテ、アヤシキ事ニモ人モ思ケルニ」とあるように、忠綱が頼茂の事件に暗躍したことなどが原因らしい。

後鳥羽が院政をはじめてから二十年、京都はおおむね平和を保っていた。ところが鎌倉は、頼朝の死後兵乱が絶えない。梶原景時、比企能員《よしかず》（頼家の岳父）、畠山重忠《はたけやましげただ》、平賀朝雅、和田《わだ》義盛《よしもり》といった有力御家人が悲惨な最期をとげた。そして、将軍も例外ではなく、不可解な死をとげた頼朝にはじまり、頼家は伊豆に幽閉後暗殺、実朝も鶴岡八幡宮の社頭の露と消えた。その内紛の波はしばしば京都に押し寄せ、院側近をまきこみながら、今回のような頼茂の事件、そして朝廷権威にとって最重要な大内裏の焼亡に帰着したのである。

当時、京都には西国の守護が多く在京御家人として常駐していた。京都守護が鎌倉から派遣されたが、この京都守護には在京御家人の統率権がなかった。幕府の命令は直接在京御家人に対して伝えられたのである。そのため、後鳥羽上皇は、彼ら在京御家人たちに検非違使や衛府の尉《じょう》（三等官）などの官職をあたえたり、北面の武士や西面《さいめん》の武士（後鳥羽の時代に新設された）にしたりして、自らの軍事力として編成しようとした。

もちろんこの上皇による軍事編成は、当初から倒幕を目的としたものではない。いくらなんでも最初から、幕府の御家人でもある彼らを倒幕目的に編成できるはずはないだろう。目的は、京都における軍事警察であり、具体的には寺社強訴に対する対策であった。いわば、白河院政期以来の武力編成の延長線上にあるといえる。在京御家人、あるいは西国守護は、上皇と幕府に両属の関係にあった。

道家の子の三寅が東下するときに、もう後鳥羽の討幕の意志はかたまっていたかというと、疑問がある。その間、承久二年（一二二〇）という年がまるまるあり、目崎氏が強調するように従来の研究ではこの一年が空白であった。目崎氏によると、この一年は次のような意味で重要である。

大内裏が兵火にかかって失われたのは、前代未聞の事件であった。しかも、側近の藤原忠綱が暗躍していたり、後鳥羽自身が頼茂追討の院宣を出したり、ということがある以上、後鳥羽としても面目をかけて大内裏の再建を行わねばならない。そのために、造内裏役《ぞうだいりやく》を全国の荘園・公領にかけたのである。しかし、この増税に対する反発は強かった。とくに、幕府の力を背景とする地頭の対捍《たいかん》（年貢徴収の拒否）が著しかったようである。造営は思うようには進まず、これに対する怒りが、上皇の冷静な判断を失わせ、倒幕に走らせたというのが目崎氏の見解である。

さて、承久の乱での院方の武力編成をみてみよう。畿内近国の十七カ国のうち、例外が一カ国、不明が二カ国で、十四カ国の守護が院方に加わった。さらに、九州を除く西国全域でみると、三十二カ国中、若狭《わかさ》・伯耆・美作・土佐と不明十カ国を除く十八カ国の守護が、院方なのである。そもそも、西面の武士には、鎌倉御家人が多かった。

後鳥羽上皇の挙兵において、王家領や院分国などの権門の武士が動員されたことは事実である。しかし、幕府の在京御家人である西国守護の多くも、このように動員されている。ただし、西国守護を動員できたことと、その守護がその国の御家人を率いて院方に加わることとは別問題であった。幕府軍十九万に対し、院方二万数千という圧倒的な劣勢は、そのような守護－御家人の動員までは不可能であったことを示している。

そもそも、これは後鳥羽上皇の挙兵であって、朝廷すべてとか、貴族のすべてが、反幕府の行動をとったわけでもない。『増鏡』には「七条院の御ゆかりの殿原」「修明門院の御はから」があげられているように、後鳥羽上皇の母七条院関係者と順徳上皇の母である修明門院の関係者が謀議の中心であった。すなわち、七条院関係では坊門信清の子忠信が、また修明門院の弟高倉範茂《のりもち》、順徳乳母の憲子《のりこ》の夫源有雅《ありまさ》らが、挙兵に加わった。乱で処刑された貴族をみると、権大納言坊門忠信がもっとも高官であり、大臣以上で謀議に加わった者はいない。

亡き一条能保は源頼朝の妹婿であり、京都守護をつとめた親幕貴族であったが、その子孫には尊長《そんちょう》をはじめ弟信能《のぶよし》、故高能《たかよし》の子能継《よしつぐ》・能氏《よしうじ》など院方に加わった者が多かった。だが、一方で北条義時の娘と結婚して鎌倉にあった実雅《さねまさ》、乱と同時に鎌倉に逃れた能継・能氏の弟頼氏《よりうじ》のような人物もいた。また、能保の娘全子《ぜんし》の夫である西園寺公経は、後鳥羽の近臣であったが、すでに述べたように、後鳥羽の不興をかい、乱に際しては上皇側によって子の実氏《さねうじ》とともに幽閉され、命を奪われそうになった。

承久三年（一二二一）四月、順徳天皇は懐成《かねなり》親王（仲恭天皇）に譲位した。これは後鳥羽の挙兵に参加しやすくするためである。外戚の九条道家が、関白近衛家実に代わって摂政に就任した。さらに、後鳥羽の皇子尊快《そんかい》法親王が天台座主に任じられた。尊快は順徳の同母弟で、延暦寺を味方につけるためと考えられる。二人の京都守護のうち大江親広《ちかひろ》（大江広元の子で、妻は北条義時の娘）は院方に加わったが、もう一人の伊賀《いが》光季《みつすえ》は義時の義兄（実妹が義時の妻）であったため後鳥羽の召しに応じなかった。そのため五月十五日、後鳥羽によって派遣された兵によって、自殺に追い込まれた。そして、この日、ついに北条義時追討宣旨が発せられ、承久の乱が勃発《ぼっぱつ》したのである。

後鳥羽が幕府に勝算ありと、挙兵に踏み切った理由はいくつか考えられる。その一つは北条氏のライバル三浦氏の動向であろう。北条政子と義時によって擁立された実朝の横死の裏に、三浦義村《よしむら》がいたとするならば、義時追討宣旨が三浦の蜂起を誘発すると上皇がにらんだとしても不思議ではない。相模の大豪族三浦が動けば、幕府軍は上洛できないであろう。『承久記』には上洛していた義村の弟胤義《たねよし》が、院の側近藤原秀康《ひでやす》に対して、義村説得を請け負ったという話があるが、そうしたことが現実にありえたのではないか。

また、延暦寺の僧徒を味方につけられるとふんでいた。皇子の尊快法親王は天台座主であったし、美濃での院方敗北の報をうけた三上皇と天皇が、六月七日に坂本の梶井《かじい》門跡の御所に入っている。叡山を頼ったのである。

北条泰時《やすとき》（義時の嫡男）・時房を大将軍とする幕府上洛軍は、美濃での交戦以外ほとんど抵抗をうけずに、六月十二日には近江に到着する。叡山を頼った後鳥羽であったが、断られて、三上皇と天皇は十日には京中の高陽院にもどる。そして幽閉していた西園寺公経を釈放する。降伏か和平かの仲介者とするためであろう。六月十三日から十四日にかけて、宇治と勢多《せた》などで合戦が行われ、院方はもろくも潰走する。

六月十五日、幕府上洛軍が入京し、泰時と時房は六波羅に入った。挙兵一ヶ月にして、後鳥羽は義時追討宣旨を撤回し、このたびの合戦は上皇の意志ではなく家臣が勝手にやったものである、今後万事は幕府側の要求に応じる、という内容の院宣を伝えた。京方のまことにあっけない降伏であった。追討宣旨の効果はなく、三浦の蜂起もなかったし、叡山も味方してはくれなかったのである。

5　乱後の朝廷

乱後、首謀者とされた葉室光親・同宗行・源有雅・高倉範茂・坊門忠信・一条信能・僧長厳《ちょうげん》らが六波羅に捕らえられ、多くが関東に護送される途中で斬られた。ただ長厳は陸奥に配流、実朝の妻の兄にあたる坊門忠信は越後に流された。光親・宗行・有雅は前権中納言、範茂・信能は参議であり、いずれもれっきとした公卿である。これほど多くの公卿が処刑されたのはきわめて異例であった。

また、後藤基清《ごとうもときよ》・五条有範《ごじょうありのり》・佐々木広綱《ささきひろつな》ら院方についた御家人たちは、六波羅で斬られた。後鳥羽の側近武士であった藤原秀康は逃亡したが、十月になって河内で捕らえられて斬られた。尊長も逃げて長く潜伏しつづけたが、安貞《あんてい》元年（一二二七）に京中でみつかり自害させられた。

後鳥羽と順徳の両上皇は、隠岐と佐渡に流された。土御門上皇は謀議には加わらなかったが、自ら希望して土佐に流され、のち貞応《じょうおう》二年（一二二三）、都に近い阿波に移された。後鳥羽上皇は配流に先立って、七月八日鳥羽殿で出家したが、その日に後鳥羽の同母兄で、すでに出家していた守貞《もりさだ》親王が後高倉《ごたかくら》法皇として院政を行うことになった。

翌九日、天皇の廃位が決まり、後高倉法皇の皇子後堀河《ごほりかわ》天皇が践祚する。廃位させられた懐成は皇位にあることとわずか八十日、正式な即位礼や大嘗会も行っていなかったので、半帝《はんてい》・後廃帝《のちのはいてい》・九条廃帝《くじょうはいてい》などと呼ばれて、一人前の天皇としてはあつかわれなかった。仲恭天皇という諡号《しごう》が贈られたのは、はるかのちの明治三年（一八七〇）のことである。

懐成は順徳と九条道家の姉立子の間に生まれた皇子であったので、その践祚によって道家は、摂関家としては師実《もろざね》（道長の孫で、頼通《よりみち》の嫡男）以来百三十五年ぶりの外戚となった。ただし、堀河天皇の母賢子《けんし》は師実の養女（実父は村上源氏顕房《あきふさ》）であったから、実の外戚ということになると後冷泉《ごれいぜい》天皇の外伯父頼通以来、なんと百七十六年ぶりということになる。それほど画期的であったのに、たいして注目されないのは、専制君主である後鳥羽の院政においては、ほとんど外伯父が政治的意味をもたなかったためである。

しかも乱に積極的に関わった順徳の関係者であるということが、けっきょくはマイナスにはたらいてしまう。道家は乱に際しては静観していたにもかかわらず、摂政としての責任を問われ、その地位を近衛家実に譲らねばならなくなった。

乱後、即位の経験のない後高倉法皇が院政を開始したことも、きわめて異例のことであった。そのような院を置かねばならないほど、院政という政治形態が定着していたことを示す。だが、しょせん形式的な院政であるという性格は、ぬぐえなかった。ゆえに、朝廷の実権は、後鳥羽の挙兵を幕府にいち早く通報し、上皇に幽閉されて一時は生命の危機に瀕《ひん》した西園寺公経がにぎった。公経は貞応元年（一二二二）太政大臣となり、翌年には辞任、のちに出家したが、幕府の北条氏の信頼は厚く、関東申次の地位は引き続いて確保していた。

貞応二年、後高倉法皇は院政開始からわずか二年で亡くなり、後堀河天皇のもとで近衛家実が政務を執行する立場にあった。ところが安貞二年（一二二八）、家実は関白と氏長者をやめさせられ、九条道家がそれに代わった。家実の子の内大臣兼経《かねつね》も籠居させられ、家実の娘である中宮長子《ちょうし》は十二歳にして内裏から退けられた。代わりに、道家の娘である竴子《しゅんし》が入内して、寛喜《かんぎ》二年（一二三〇）に中宮となるのである。

この政変は、九条家と姻戚関係にある公経が、承久の乱で痛手をうけた九条家の勢力回復をはかったものである。そして、この竴子が翌寛喜三年に生んだ秀仁《みつひと》が、貞永《じょうえい》元年（一二三二）わずか二歳で即位する。この四条《しじょう》天皇の即位に関しては、朝廷から幕府に再三同意が求められた。しかし、幕府の反対にもかかわらず「此の如く仰せ定められ了《おわんぬ》。其の上吏に違異あるべからず」（『民経記』）といって道家らは譲位を強行したのである。上皇や天皇の選定権つまり王の人事権は、この段階ではまだ朝廷にあったといえよう。

だが、院政の大きな権限の一つであった寺社の強訴や騒乱に際しての、政治的主導権については大きな変化があった。院政において、寺社強訴などがおこれば、武士は強訴の防御に出動する。院の命令で出動した武士たちが、もしも僧侶や神人などを殺傷してしまったり、神輿《しんよ》・神木《しんぼく》を矢で射てしまったりすれば、罪を問われるのは武士たちであった。その構造は、幕府ができてからも、基本的に変わっていなかった。

嘉禎《かてい》元年（一二三五）、石清水八幡宮領薪《たきぎ》荘と興福寺領大住《おおすみ》荘の水利争いに端を発した紛争では、解決の仕方が大きく異なった。院政を行っていた後堀河上皇は、すでに前年の文暦《ぶんりゃく》元年（一二三四）に亡くなっていたので、朝廷の政治は幼帝四条の代行をつとめる摂政道家が行っていた。興福寺の衆徒が春日の神木を奉じて京都に向かうと、六波羅の武士が宇治に派遣されて、衆徒と対峙《たいじ》する。それは朝廷の命令によるものであった。

ところが、道家の諮問に対して、幕府は石清水八幡宮の因幡国知行停止、下手人の逮捕などを条件に神木帰座を求め、もし興福寺が応じない場合には、違勅であるから武士を用いて鎮定するとの態度を鮮明にした。さらに、衆徒の蜂起がおこると、それを討った武士が罪なくして咎《とが》を蒙るのが通例であったが、この後は武士に過失があっても、とくに罪に問わないようにしてもらいたいと、朝廷に申し入れた。

この幕府の意見にもとづいて、朝廷が石清水の因幡国知行停止と石清水別当解任を約束したため、事態はいったん決着の方向へ動き出すかに見えた。だが、石清水別当の解任がなされなかったため、興福寺は再び蜂起する。幕府は従来守護が置かれていなかった大和国に守護を設置、興福寺領荘園を没収してそこに地頭を置き、興福寺に通じる道路を御家人におさえさせた。この幕府の戦略に興福寺は屈服する。

朝廷の政治を主導していた九条道家が「東関《とうかん》の武略によって、南都の落居に及べり」（『九条道家告文』）と述べるように、この興福寺強訴は「東関」すなわち鎌倉幕府が主導する対策によって解決をみたのである。このことは、道家が代行していた朝廷の権限を、幕府が行使するようになったことを意味する。

寺社の強訴や騒乱に際して、武力を行使する主体は院政期に入ってからは武士であり、幕府成立後は幕府であった。しかし、あくまでも対策を主導するのは院政を行う上皇であり、命令は上皇から出された。上皇は原則、院御所議定《いんごしょぎじょう》において対策を協議し、命令を発してきたのである。ところが、承久の乱後、その権限が幕府に移った。そのことは、院政の大きな曲がり角であったといえよう。

皇位選定権、つまり誰を天皇にするかを決める権限の面でも、大きな変化があった。承久の乱での廃位と後堀河天皇の即位は、後鳥羽の軍事的敗北による直接的なものであったようで、前に述べたように、貞永元年（一二三二）の後堀河の譲位、四条の即位に関しては幕府は介入できなかった。

仁治《にんじ》三年（一二四二）、四条天皇がわずか十二歳で亡くなると、その後問題が生じた。四条天皇には、皇子はいなかった。そこで、九条道家は順徳上皇の皇子忠成《ただなり》王の擁立に動いた。対抗馬は土御門上皇の皇子邦仁王であったが、叔父の前内大臣土御門《つちみかど》定通《さだみち》が後援しているとはいえ、公経も忠成王を支持していたため、朝廷内では邦仁は不利であった。

この動きに対して、幕府の執権北条泰時は強硬であった。順徳上皇は承久の乱に積極的であったので、その皇子の即位は絶対に容認できず、もしも万一即位した場合には実力をもってしても退位させる意向を伝えてきたのである。泰時が推戴《すいたい》したのは、不利であった土御門皇子邦仁王の方であり、それを知った公経は邦仁支持に鞍替えした。こうして即位したのが、後嵯峨天皇であった。

ちなみに、天皇の死の直後、忠成王か邦仁王かを、道家が幕府に問い合わせたため、使者往復の間十一日の空位が生じた。そのことを藤原経光《つねみつ》は『民経記《みんけいき》』（民部卿経光の日記）に「帝位の事、猶東夷《とうい》の計らい也。末代の事、悲しむべき者か」と批判している。「東夷」とは鎌倉幕府のことにほかならない。平経高《つねたか》も、天皇が不慮の死をとげたときは公卿の群議《ぐんぎ》で皇位を決めるべきであり、それを幕府に通告するだけでよい。もしも幕府が認めないときは、伊勢神宮、八幡の神慮にはかるべきだと述べている。また邦仁を推す土御門定通の妻が、北条泰時・重時《しげとき》の姉妹であることから、私的な工作を疑っている（『平戸記』）。

このような貴族の批判がおこるということは、このときの北条氏による後嵯峨天皇擁立が、異例の事態と認識されていたことを示している。これ以降、皇位選定権は上皇の手を離れ、幕府、というより北条氏ににぎられるのである。こうして、院政は皇位選定権と軍事指揮権を失い、大きな曲がり角にさしかかった。

第八章　鎌倉後期の院政

1　後嵯峨院政の成立

後高倉《ごたかくら》法皇は即位の経験がなかったし、その院政もわずか二年にすぎなかった。後堀河《ごほりかわ》天皇も二十一歳で皇子の四条《しじょう》天皇に譲位して院政を開始したが、これも二年しか生きられなかった。四条天皇は在位中わずか十二歳で亡くなったので、院政を行うことができなかった。承久の乱後の二十年間、ほとんど院政は行われなかったのである。朝廷の最大の権力者は、関東申次の西園寺公経《きんつね》。そして、その娘婿で、将軍頼経《よりつね》の父でもある九条道家《みちいえ》の力がしだいに大きくなっていった。道家も、頼経の父として、将軍宣下のあった嘉禄《かろく》二年（一二二六）

前後から関東申次になっていたと考えられる。しかし、どちらも、以前の院政権力をそのまま継承することはできなかった。

こうした中で、しだいに重視されてくるのが、訴訟裁判であった。朝廷ではかつて後三条《ごさんじょう》親政前後に、太政官の裁判機構がある程度整備されたこともあり、公卿会議の一つ陣定が裁判機関として機能し、そのもとに記録所が位置づけられたことがある。しかし、一方で王家や摂関家などの権門が重要な位置を占めるようになると、それらのもとでの本所《ほんじょ》裁判（権門裁判ともいう）が一定の役割をはたすようになった。幕府の裁判機構も、そのような本所裁判の延長線上にとらえることができる。

ところが、承久の乱後の朝廷において、幕府の評定衆《ひょうじょうしゅう》設置や御成敗式目《ごせいばいしきもく》の制定などの影響もあり、再び太政官系統の裁判機構を再興しようとする動きが出てきたようである。天福《てんぷく》元年（一二三三）の道家の奏状には「後白河《ごしらかわ》院、隠岐院御時、世務《せいむ》之失多くこれあるか。然らば則《すなわ》ち官位昇進のこと、訴訟決断の間、能《よ》く謹慎せらるれば、政道之肝要たるか」とあり、裁判が任官叙位とともに「徳政之要」とされ、後白河院政期や後鳥羽《ごとば》院政期に失政が多かったのは、任官叙位や裁判に問題があったためだという。

また「理非決断は政化《せいか》の肝心なり。殊に沙汰ありて道理を求むべし。大事は記録所に下し勘決《かんけつ》せらるべし。小事は御所中に於いて評議あるべし。当時広御所《ひろごしょ》をゆるさるの人の中《うち》、自《おの》ずから顧問に預かるの輩これあるか。其の人を相計らい定置《さだめお》かるべきか。毎月三度其日を定めらるべし」とある。つまり、評定衆を置き、毎月三回の評定を開くこと、重要な訴訟は記録所で意見書を作成し、それにもとづいて評定の議題とするのだという。

　前年に、後堀河天皇が四条天皇に譲位して、院政を開始した。この奏状は、三歳の外孫である四条に奏上されたかたちをとるが、実際には後堀河上皇の御所での評定を意図したものと考えられる。しかし、のちの後嵯峨《ごさが》院政における院評定のようなかたちではなく、摂関のもとでの殿下評定《でんかひょうじょう》というかたちで寛喜三年（一二三一）から寛元《かんげん》三年（一二四五）まで行われていたことが確認される。というのも、この奏上の翌年には後堀河上皇が亡くなってしまい、以後後嵯峨院政がはじまる寛元四年まで院政は行われなかったからであろう。

　ちなみに寛喜三年は道家が子の教実《のりざね》に関白を譲った年で、教実は文暦二年（一二三五）まで摂政在任。その後、教実早世により道家が摂政に復帰、嘉禎三年（一二三七）、娘婿近衛兼経《かねつね》にその職を譲る。仁治三年（一二四二）、兼経は関白を辞任して道家の子二条良実《よしざね》（二条家の祖）がその職につく。ということで、この時期ずっと道家本人かその子、娘婿が摂関の地位にあったから、

天皇家略系図⑧（数字は皇位継承の順序）

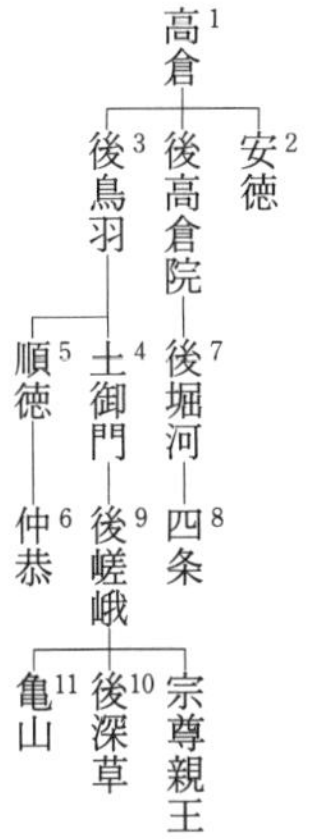

殿下評定は道家の影響下にあり続けた。
延応《えんおう》二年（一二四〇）二月にも、道家は「諸人訴訟早く職事《しきじ》に付し奏聞すべし。道理に任せて載報《さいほう》あるべし。其の中又事之成就がため、或いは神社仏寺に寄付し、或いは権門勢家に寄付するの輩、永く勅許あるべからず。剰《あま》つさえ向後《こうご》訴訟を停《と》むべきの趣」と述べたと伝えられる（『平戸記』）。職事つまり蔵人を通じて天皇に奏聞する訴訟が重視され、神社仏寺や権門勢家への寄進をともなう寄沙汰《よせざた》が戒められている。

寄沙汰というのは、強訴とともに、中世特有の裁判とされている。強訴というのは、すでに何度も出てきたように、権門寺社がその宗教的権威を背景に、無理な訴訟を強引に行うことである。それに対して、寄沙汰というのは、訴人が権門や有力者に代償を支払って表面上の当事者になってもらう、あるいは負債の取り立てに第三者の名義を利用するような行為である。訴訟や取り立てをするのは、山僧や神人、すなわち延暦寺・日吉社に属する者が多かった。だが、広義にみれば、相論《そうろん》（訴訟して争うこと）のおこった荘園などを、寄進してしまうことになることも多かったので、荘園制そのものと深く関わっている。ということは、本所裁判を一定程度抑制しつつ、太政官系統の裁判を充実させるという方向性をもっている。

『平戸記《へいこき》』の著者である平経高《つねたか》は、徳政（善政）としてもっとも重要なものは、任官と加爵という人事とともに、訴訟の決断（裁決）であり、これらがきっちりと行われれば、他のことがなされなくともよいのだ、と述べている。徳政の一つとしての裁判の重要性が、実務官人の中からこのように強く主張されることも、かつてなかったことである。こうした危機意識を背景に、九条道家の主導のもとでの殿下評定という裁判が行われはじめたということができる。

後嵯峨天皇の即位後、西園寺公経は孫の姞子《きつし》をその中宮として、新天皇との関係を密にしていた。従来、緊密な関係をとってきた西園寺家と九条家との間に、いささかの疎隔が生じてきたのである。後嵯峨推戴をめぐって変わり身の早かった西園寺家は、北条氏の信頼を失うことはなかった。ところが、九条家の道家は、順徳《じゅんとく》上皇との姻戚関係、あるいは嘉禎元年（一二三五）に行った後鳥羽・順徳両上皇の還京運動、そして順徳皇子擁立案などを通じて、

北条氏略系図（数字は執権就任の順序）

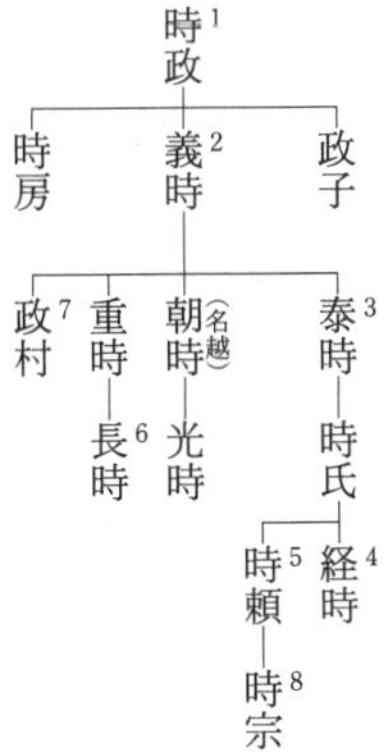

北条氏の目の敵とされつつあった。

しかも、鎌倉の将軍頼経周辺と北条氏との対立が、しだいに深刻化していた。後嵯峨が即位した年の仁治三年（一二四二）、鎌倉では執権泰時《やすとき》が死に、孫の経《つね》時《とき》が執権を継いだが、その継承をめぐって内紛があったらしく、北条氏一門の名越朝時《なごえともとき》（義時《よしとき》の二男）らが関係していたようだ。寛元二年（一二四四）、二十七

歳となった頼経は、将軍を六歳の子頼嗣《よりつぐ》に譲る。義時の法名徳宗《とくそう》から北条嫡流家の当主が得《とく》宗《そう》といわれるようになったらしいが、その得宗家に対抗しようとする他の北条一門、有力御家人たちが、自由な立場となった前将軍頼経周辺に近づくのである。

頼経が将軍を譲った年、京都では西園寺公経が死ぬ。親得宗家の長老の死は、道家・頼経父子にとって、朝幕の主導権をにぎる絶好の機会であった。道家は公経の死後、関東申次を独占し、巻きかえしに転ずるのである。

寛元四年（一二四六）正月、後嵯峨天皇は在位四年で、四歳の皇子久仁《ひさひと》親王に譲位、院政を開始した。この後深草《ごふかくさ》天皇の母は、西園寺実氏《さねうじ》の娘姞子であったから、実氏は外祖父ということになる。故公経の子である実氏は、嘉禎二年（一二三六）に右大臣を二条良実に譲って辞任したあと、十年間現官には復帰していなかった。

この良実というのは、道家の子でありながら、父に嫌われて、公経に庇護されていた人物であった。そうしたことから、後嵯峨が即位すると、公経の推薦で関白に就任していたのである。道家は後深草天皇の摂政として、この良実ではなく、その弟の一条実経《さねつね》（一条家の祖）に代えようとした。良実はこれを拒否し、道家の娘婿である近衛兼経も道家を諫め、後嵯峨も反対であったが、けっきょく道家は強引に実経を摂政にしてしまうのである。

2　院伝奏と院評定制

寛元四年（一二四六）三月になると、幕府からの連絡によって、関東申次の編成替えが行われた。従来は道家が「重事」、家司であったと思われる高階経雅《つねまさ》（高階泰経《やすつね》の孫）が「細々雑事」を取り次いでいた。これが「秘事重事《ひじ》」は道家が担当し、「僧俗官」は摂政実経、「雑務」は奉行院司《ぶぎょういんじ》の参議葉室定嗣《さだつぐ》ということになる。これは幕府からの連絡といっても、道家の子である前将軍頼経からのものであり、事実上道家が主導した編成替えと考えられる。定嗣は承久の乱で斬られた後鳥羽院近臣光親《みつちか》の子であったが、その実務官僚としての能力をかわれて、王家と九条家の双方に近仕するようになっていたのである。

道家と頼経は、執権経時が病に倒れたという状況の中で、朝幕の政治的主導権をにぎろうとしたのであろう。経時はこの月に執権を弟の時頼《ときより》に譲り、閏四月に死去したのである。五月、「宮騒動《みやそうどう》」とも呼ばれる名越光時《みつとき》の乱が、鎌倉でおこる。経時が執権になったときも、北条一門の名越朝時が関係する内紛があったが、今回はその朝時の子光時が、前将軍頼経に接近し、評定衆の後藤基綱《もとつな》や千葉秀胤《ちばひでたね》を誘って、執権職を奪おうとした事件である。

この企ては失敗し、頼経の立場は悪化した。八月、執権時頼は、乱の鎮定と関東の治安回復を朝廷に報告するが、その中で頼経を京都に帰らせて遁世させること、道家以下の関東申次更迭を通告する。そして、従来「叡慮《えいりょ》」つまり天皇あるいは上皇の意向にもとづかない叙位・除目が行われていたことを戒め、人事を適正に行い徳政を施すようにと述べている。さらに十月には時頼の使者が上洛し、関東申次として太政大臣西園寺実氏を指名し、再度徳政を行うように後嵯峨上皇に申し入れた。

ここで、幕府と朝廷の連絡役である関東申次として、九条道家を罷免し、故西園寺公経の子の実氏を指名したことは大きい。これ以後、鎌倉時代を通じて、西園寺家が関東申次を世襲し、幕府の権威を背景に、朝廷において隠然たる権力を確立することになる。

それに対して、九条道家は西山への籠居を余儀なくされた。彼が春日社《かすがしゃ》へ納めた願文には「この有為変化の身ハ、夢のごとし、まぼろしのごとし。水の上のあはに似たり。鏡の上の影像にことならず」とわが身の不運を嘆き、「かの威光の余慶あらバ、この家門の繁昌《はんじょう》もあるべし。もしその運つきむ時ハ、又我《わが》一族滅亡せしめむ歟《か》」(『春日社記録』)と述べる。道家の権力の源泉は、幕府将軍頼経の父であったことで、頼経が謀反人となったことによって、父たる道家の権勢は夢幻のごとくはかなく消え去った。

道家の失脚は、九条家の立場を悪くするだけにとどまらなかった。その影響は摂関家全体におよぶ。道家の愛子一条実経が宝治《ほうじ》元年(一二四七)、幕府の意向によって近衛兼経に摂政を譲ることになるのは予想の範囲であったが、翌二年にその兼経がその地位を弟の鷹司兼平《たかつかさかねひら》（鷹司家の祖）に譲ることも幕府は認めなかった。摂関の地位は、白河《しらかわ》院政後期、忠実の時代から、院政を行う上皇によって左右されるようになっていたが、ここにいたって幕府の意向によることになった。院政は摂関の人事権まで幕府に奪われたのである。

また、建長《けんちょう》三年（一二五一）、僧了行《りょうぎょう》らが京都の前将軍頼経とともに陰謀を企てたとして、翌年将軍頼嗣が廃されて鎌倉を追われる。幕府は九条家出身の将軍をやめ、後嵯峨上皇の皇子宗尊《むねたか》親王を将軍として迎えることになる。親王将軍の誕生によって、九条家をはじめとする摂関家が、幕府の威光を背景に、朝廷で重きを置く可能性はほぼ消滅した。九条家では良実が二条家を、実経が一条家を立て、近衛家も兼平が鷹司家を称して、五家に分裂する。摂関の地位はこの五摂家《ごせっけ》を頻繁に移りゆき、もはやその交代は政治的事件としての重要性を失う。

五摂家の成立

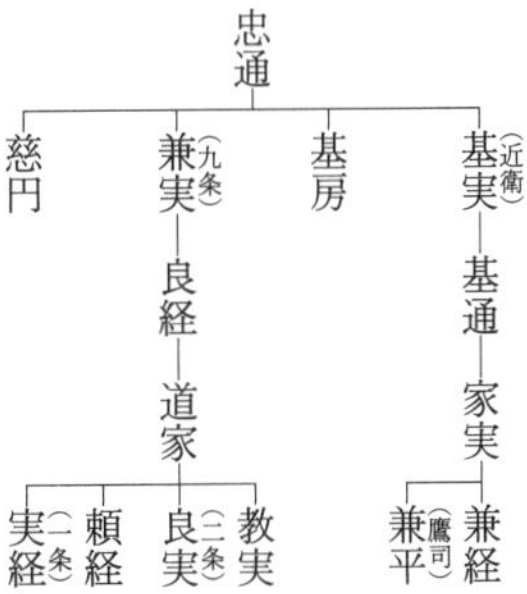

寛元四年（一二四六）十一月、幕府の執権時頼による徳政要求にもとづいて、第一回の院評定が行われた。参仕したのは、太政大臣西園寺実氏・前内大臣土御門定通・中納言吉田為経《ためつね》であり、このほか当日欠席した内大臣徳大寺実基《さねもと》・参議

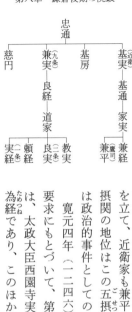

葉室定嗣の計五名が当初の評定衆であった。五人の名前はただちに幕府に報告され、その承認をえたが、これ以後評定衆任命には幕府の承認を要することになった。

橋本義彦氏の分析によると、評定衆の構成は次のようなものである。実氏・定通・実基らは大臣級の上級貴族であり、為経・定嗣は納言・参議といった中級貴族で、以後鎌倉時代を通じてこの構成に変化はない。上級貴族としては、白河院政以来摂関家に代わって天皇の外戚家となる閑院流藤原氏、とくに承久の乱以後親幕派となる西園寺家、源通親《みちちか》を出し、のちに土御門《つちみかど》・後嵯峨両天皇の外戚家となる久我《こが》源氏、あるいは藤原師実《もろざね》の子家忠《いえただ》を祖とする花山院家などが、おもに選ばれる。中級貴族としては、実務官人として院近臣となった勧修寺流藤原氏が圧倒的に多く、同様な性格をもった日野《ひの》流藤原氏や桓武《かんむ》平氏などによって占められた。

院評定は、毎月六回上皇の臨席のもとに開かれることが原則となる。評定衆の人数は、最初は五人であったが、まもなく六人に増え、その後しだいに増加する。摂関はもとは評定衆の中には入らなかったが、摂関の立場から随時評定に参加することになった。

その議題で、圧倒的に多いのが所領に関する訴訟である。所領についての裁判は、後三条親政後の十一世紀末、一時陣定で多くあつかわれていたことがある。しかし、その後は陣定自体がしだいに形骸化していき、院御所議定などでも一般の所領裁判はほとんどとりあげられない。また記録所で訴訟文書が審査されることも多いが、文治年間（一一八五〜九〇）以前の記録所は恒常的に置かれた組織ではなかった。

承久の乱後、ようやく貴族の間に所領裁判の重要性が認識され、九条道家のもと殿下評定という組織が産声をあげていたことはすでに述べた。また、道家は後堀河院政における毎月三回の院評定を構想していた。後嵯峨院政における院評定は、それらの道家のもとでの殿下評定、あるいは院評定制構想を継承したと考えるべきであろう。

当時の所領裁判についての管轄は、いちおう東国では幕府、西国では朝廷と理解されているが、実際には非常に複雑であった。公領であれば国司、荘園であれば荘園領主、その他守護や地頭の裁判などもある。相論につきものの狼藉事件は、国家の軍事警察権を有する幕府あるいは六波羅探題《ろくはらたんだい》（京都に置かれた幕府の出先機関）、西国の境相論《さかいそうろん》（境界線をめぐる争い）は朝廷、などという管轄もある。実際の事件では幕府と朝廷の枠を越えて、絡まり合うことが多い。当事者のもつ職によって、管轄が変わったりもする。

こうなると、幕府と朝廷は密に連絡をとりながら、一つの事件の裁判を行うようなケースも出てくるのである。そこで幕府と朝廷の連絡を担当する関東申次が重要になってくる。以前は所領裁判に関しては、高階経雅や葉室定嗣などの実務官僚が連絡を担当していたが、寛元四年（一二四六）十月に西園寺実氏が関東申次に指名されると、裁判に関する連絡もすべて西園寺家が担当することになる。中級貴族ではなく上級貴族が担当することで、裁判に関する朝幕連絡がより重要事項と認識されることになった。

院評定制と深く関係する制度に伝奏制度がある。裁判の場合であれば、訴訟案件の受理窓口の問題と考えればよいだろう。平安中期以降、院や天皇への申し入れ事項は、奏事というかたちで行われることが一般的となった。すなわち、国司や中央官衙（官庁）と太政官の連絡事務を行う弁官が、蔵人に連絡し、蔵人が天皇に奏上する方式である。奏事はそれまでの外記政《げきせい》などよりも、能率的な政務の処理方法であった。

ところが、それでも院や摂関などに蔵人が申し入れるには、さらに伝奏人を介する必要があった。とくに院に関していえば、後白河院政期には高階泰経・藤原定能《さだよし》・藤原定長《さだなが》などの中流貴族の院近臣が見いだされる。しかし、後鳥羽院政期となると、葉室光親が院執権として奏事の伝奏もつとめる立場にあったようだが、実際には側近女房がその役をつとめることが圧倒的に多くなった。

後嵯峨院政がはじまると、光親の子の参議葉室定嗣が「院中雑務を管領《かんりよう》すべし」（『陽龍《ようりゆう》記《き》』）ということで院庁の実務を統括し、執権の地位についた。それとともに、彼は伝奏人の地位をえたのであるが、宝治元年（一二四七）三月には中納言吉田為経とともに一日交代で院御所に出勤し、諸人の奏事を伝奏するようになった。ここに院へのすべての奏事を伝奏が担当するようになり、院伝奏という役職が制度的な確立をみたのである。

こうして伝奏が確実に院御所に参仕し、職事つまり五位蔵人の蔵人方公事と弁官の官方公事を院に奏上することになり、所領訴訟の案件も伝奏を窓口にすることとなった。奏事については「奏事目録」という文書が作成され、各条すべてに「仰《おおせ》」と書かれた上皇の指示や裁断が記される。この奏事目録に貴族社会のあらゆる問題が記録されることになった。

最初の院評定衆において、前にみた中級貴族である為経と定嗣は、この院伝奏でもあったわけである。ゆえに院伝奏には勧修寺流藤原氏、日野流藤原氏、桓武平氏などの実務官僚が圧倒的に多いことになる。

院伝奏と院評定制との関係は、評定の運営面からもよく理解できる。一般に院評定は次のように進められる。まず、院伝奏が奏事の過程で、院と相談して評定の日時と議題を前もって決定する。当日、院伝奏が関係文書を携えて評定に臨み、評定衆が参集して院が臨席すると、それらの文書を読み上げる。そして、末席の公卿から意見を述べ、順次上位者へ発言が移り、評定での結論を院伝奏が書き留める。これが「評定目録」であり、それにもとづいて後日院宣が下されるのである。

3　制度化された院政

後嵯峨院政期の道家失脚後、院伝奏、院評定制、関東申次の整備が進み、院政の姿は前代と大きく異なるものとなった。白河院政から後鳥羽院政までの院政を、おおざっぱに専制的な院政というとすると、後嵯峨院政にはじまる院政は、制度化された院政ということができる。

専制的な院政においては、院は王家の家長として「王の人事権」つまり皇位選定権を掌握した。つまり誰を天皇にするかを決める権限を手中にして、それを軸に廷臣たちの人事権も手に入れた。律令制をもとに構築された朝廷は、あくまでも天皇の下の太政官などの組織が国家的な機構であり公的機関であった。それに対して王家というのは私的な機関であり、その執行機関の院庁も家政機関であった。院は院近臣を組織し、彼らを太政官系統の組織に送りこむことによって、既存の朝廷の組織をあやつったのである。また、寺社強訴や騒乱に対処するために、軍事指揮権ももった。緊急時に公卿たちを臨時に召集する院御所議定制は、その軍事指揮権と一体化したものであった。

それでは当時の院政が独自の権力組織、つまり政治制度を構築したかというと、その側面は非常に弱い。院御所議定制でさえ、緊急時の例外的なものととらえることも可能であり、また家政機関である院庁の会議の延長という側面もぬぐいきれないのである。ということは、この時期の院政は独自の組織をつくるよりも、王家が国家の最大権門としてふくれあがり、その権力によって他の権門を圧伏するという強権的な性格をもっていたといえよう。その力は強力であるとはいえ、制度的ではないという点で脆弱《ぜいじゃく》さももっていた。それが露見したのが、承久の乱での敗北ともいえよう。

制度化された院政において、その中核となるのは院伝奏、院評定制、関東申次である。そして、文永《ぶんえい》十一年（一二七四）にはじまる亀山《かめやま》院政の頃までには、特定の対象の訴訟を専門に受け持つ担当奉行の制度が整備された。担当奉行は、上卿や院伝奏あるいは弁官、蔵人によって構成されたが、二条《にじょう》天皇親政期に成立した神宮奉行《じんぐうぶぎょう》、文治年間以来の藤原経房《つねふさ》にはじまる関東申次も、その一形態と考えられる。

また、亀山院政期に、院庁の下部機関であった文殿《ふどの》が改変されて、裁判での先例を調査することになった。院庁の文書を管理する家政機関の一つであった文殿が、国政機関に変貌《へんぼう》したのである。そして、亀山上皇は弘安《こうあん》九年（一二八六）十二月、院評定を徳政評定（徳政沙汰）と雑訴評定（雑訴沙汰）に分け、前者は毎月一日・十一日・二十一日の三回、大臣や大納言を参仕させて開き、後者は月六回、中納言・参議などの実務官僚を集め雑訴を沙汰することとなった。雑訴評定では、訴論人《そろんにん》（原告と被告）を文殿に召し出して、双方の言い分を聴き、裁決した案件には即座に院宣を発給することとした。

こうして、亀山院政期までに院政の制度化はほぼ完成の域に達し、その後も伏見《ふしみ》親政期の庭中《ていちゅう》訴訟（訴訟手続きの誤りの救済を求める特別訴訟）や後宇多《ごうだ》院政期の聴断制《ちょうだんせい》（雑訴評定とほぼ同じ）などの訴訟制度改革が行われるが、名称が異なるだけでいずれも亀山院政期の制度とそれほど大きな違いはない。

一方、文永九年（一二七二）二月に院政を行っていた後嵯峨法皇が亡くなると、二十六年ぶりに亀山天皇による親政が開始されることになるが、その際に興味深い事実がある。院評定制がそのまま内裏鬼間《おにのま》での議定制に継承され、議定の内容も議定衆の構成も、それまでの院評定と変わることがなかったのである。

このことは、正応《しょうおう》三年（一二九〇）に後深草上皇が出家して慣例を破り政務を退いたため、伏見天皇の親政となったときの事例で、さらにその性格がはっきりする。ここでも、亀山親政期と同様に院評定は内裏鬼間での議定に移るが、正応六年六月、記録所に庭中訴訟を開いて、権中納言と参議からなる上卿、左中弁以下からなる弁を各六番、外記・明法家《みょうほうか》などの寄人を八番に分けて、毎日交代参仕させることにした。また毎月六回の雑訴評定も開かれ、議定衆は三番に分かれて議定し、記録所の弁と寄人も三番に分かれて参仕した。これらは亀山院政以来の制度を継承・発展させたものと考えられる。

ということは、院政と親政が限りなく同質化したことを意味する。院政を行う者が欠けた場合、在位の天皇が親政を行うが、その場合、院政と同じように会議を行う議定衆や伝奏、奉行などの執行機関が置かれ、従来の太政官とは別の院政類似の機関となるのである。別の言い方をするならば、後嵯峨院政以降の院伝奏、院評定、担当奉行、文殿などの組織は、院の家政機関である院庁に所属する執権・執事・年預《ねんよ》とは別系統の国政機関なのである。またこうした組織の存在を前提に、従来私的な文書であった院宣が、鎌倉後期においては、公的な、あるいは国家的な文書としての性格をもつにいたる。

4　王家の分裂と治天の君

後嵯峨上皇は、後深草天皇よりは、その弟の恒仁《つねひと》を愛していたようで、正元《しょうげん》元年（一二五九）恒仁が十一歳になると、後深草にせまって皇位を譲らせた。これが亀山天皇である。文永九年（一二七二）、それまで院政を行っていた父の後嵯峨が亡くなると、亀山は親政を開始することになった。生前の後嵯峨は、自らを擁立してくれた幕府に遠慮して、自分の後継

大覚寺統と持明院統（数字は皇位継承の順序）

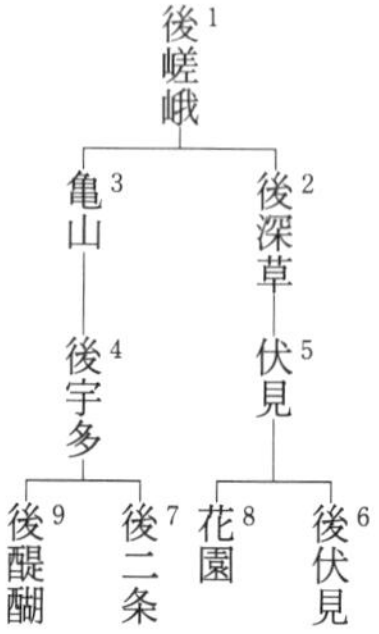

が、後深草の系統か、亀山の系統かをあきらかにしなかった。そのため、後深草・亀山を生んだ大宮院《おおみやいん》（西園寺実氏の娘姞子）が、皇位継承に関する後嵯峨院の本当の気持ちは亀山にあった、と幕府に証言したことが、亀山の親政の決め手になったのである。

だが、これこそがその後の皇位継承をめぐる大覚寺《だいかくじ》統（亀山の系統）と持明院《じみょういん》統（後深草の系統）との対立の発端にもなった。王家が二つに分裂し、事実上二つの王家が並立することになった。従来は王家の家長が院政を行ってきたが、以後は王家が二つになったのだから、それぞれの王家の家長が必ずしも院政を行えるわけではない。大覚寺統の惣領《そうりょう》と持明院統の惣領、どちらが院政を行うかの争いが生まれるのである。

そこで、院政を行っている上皇や天皇の地位を「治天《ちてん》」と呼称することが、後嵯峨院政以降生まれてくる。これを承久の乱以前の上皇・法皇と区別して、「治天の君《きみ》」というのがよいのではないかと思う。院政の制度化が確立して、院庁とは別の院政のための組織ができあがり、それらを管領するのがこの「治天の君」ということになる。

さて、亀山は、二年後の文永十一年（一二七四）、皇子の後宇多に皇位を譲って、院政をはじめる。これは、以後も亀山の系統（大覚寺統）が皇位を独占することを示したも同然であった。関東申次であった西園寺実兼《さねかね》（実氏の孫）は、持明院統の後深草上皇のために、幕府にはたらきかけ、後深草の皇子煕仁《ひろひと》を皇太子にすることに成功した。煕仁は弘安十年（一二八七）、伏見天皇として即位する。治世は大覚寺統の亀山院政から、持明院統の後深草院政に移ったのである。

このように、鎌倉後期の院政というのは、両統が皇位継承をめぐって厳しく対立、互いに幕府へのはたらきかけを繰り返し、幕府の意向を利用して皇位を奪おうとするものであった。この事態は、承久の乱による軍事的敗北のため、王家内で皇位継承を決めることが不可能となり、皇位選定権を幕府ににぎられたことによって生じたのである。

しかも、二つの王家というべき大覚寺統と持明院統は、それぞれ独立した財政基盤をもっていた。後白河院政期以降の荘園の伝領は複雑であるが、おおざっぱにいうと次のようになる。

六勝寺領・蓮華王院領・新日吉社《いまひえしゃ》領・新熊野社《いまくまのしゃ》領・最勝光院領・平家没官領などが、後白河法皇の遺領として、建久三年（一一九二）後鳥羽上皇に譲られた。また上皇は、このときから宣陽門院領・式子《しきし》内親王領・好子《よしこ》内親王領（宣陽門院・式子内親王・好子内親王はいずれも後白河の皇女。一二八頁の系図参照）・七条院領（七条院は後鳥羽の生母）なども管理するようになる。後白河が六条殿の持仏堂の所領として集めた長講堂領が有名だが、それはこの中の宣陽門院領に含まれている。

また鳥羽《とば》院政期に集められた八条院領も、建暦元年（一二一一）に女院（鳥羽院の皇女暲《しょう》子《し》）が亡くなると、その大部分が後鳥羽皇女の春華門院昇子《しゅんかもんいんしょうし》を経由して、順徳天皇に伝えられるが、実際には後鳥羽が管理した。このようにして、王家領の大部分が一度後鳥羽上皇の管理下に入ったのである。

これらの王家領は承久の乱で一度没収されるが、その後、後高倉上皇以下に返還される。そして複雑な経緯をへて、亀山上皇が八条院領を継承し、後深草上皇が長講堂領を相続して、それぞれ大覚寺統と持明院統に伝えられることになる。しかし、それ以外の部分も含んで実際の権利関係は錯綜《さくそう》しており、それがしばしば両統の紛争の種になったのである。

その後、永仁《えいにん》六年（一二九八）から正安《しょうあん》三年（一三〇一）までは持明院統の伏見院政。同年から徳治《とくじ》三年（一三〇八）までが大覚寺統の後宇多院政。同年から正和《しょうわ》二年（一三一三）までが、再び持明院統の伏見院政。同年から文保《ぶんぽう》二年（一三一八）までは、同じく持明院統の後伏見《ごふしみ》院政。そして、同年から元亨《げんこう》元年（一三二一）までが大覚寺統にもどって、後宇多院政、となる。このように、永仁六年以降、切れ目なしに院政が続き、持明院統→大覚寺統→持明院統→大覚寺統と交代に院政が行われることになる。これがいわゆる両統迭立《りょうとうてつりつ》である。

とくに、文保元年（一三一七）から翌年にかけて、幕府が間に入って、将来の皇位に関する両統間の交渉が行われた。これがのちに「文保の和談《わだん》」と呼ばれるもので、その中で幕府が提示した案が、その後問題となっていく。それは、当時持明院統の花園《はなぞの》天皇の皇太子であった大覚寺統の尊治《たかはる》親王（のちの後醍醐《ごだいご》天皇）が、将来即位したときには、同じ大覚寺統で甥の邦良《くによし》親王を皇太子とし、その次に持明院統の量仁《かずひと》親王（のちの光厳《こうごん》天皇）を立てるという案である。

その後醍醐天皇が、文保二年（一三一八）即位する。後宇多院は元亨元年（一三二一）院政を停止し、政務を天皇に委ねたため、後醍醐の親政が開始された。皇太子となった甥の邦良は一刻も早い譲位を望み、持明院統も幕府案を楯に、やはり後醍醐の譲位を求めた。後醍醐とすれば、一度譲位してしまうと、皇統がさらに四つに分裂しつつある中で、自分の子孫が登極できる可能性がほとんどなくなる。自分の皇子が即位できるとしても、少なくとも四代あとになってしまうからである。

ここで、皇位継承において障害となる幕府の打倒計画が決行される。正中《しょうちゅう》の変（一三二四）、元弘《げんこう》の変（一三三一）と呼ばれるものである。しかし、ともに失敗し、元弘元年（一三三一）後醍醐は廃位され、翌年隠岐へ流された。後醍醐が挙兵した最大の要因は皇位継承問題、すなわち自分の思うとおりの皇位継承を実現することである。幕府が打倒されれば、承久の乱以前に院がもっていた「王の人事権」と軍事指揮権をともに回復することができる。すなわち、後鳥羽までの院政の権限も獲得できることになる。このことからいえば、後醍醐は院政の否定をめざしたのではなく、本来の院政の姿を回復しようとしたといえるだろう。

その倒幕計画が発覚し、後醍醐が京都を脱出し一ヶ月後の元弘元年九月、幕府は持明院統の光厳天皇を即位させ、その父の後伏見院政が開始されていた。が、けっきょく元弘三年幕府が崩壊したため、後醍醐が還京し光厳は退位、後伏見の院政も停止された。

こうして、後醍醐の「公武《こうぶ》一統《いっとう》」の政治、いわゆる建武新政がはじまる。後醍醐の建武政権は、従来朝廷が行ってきた政治と幕府がになってきた政治の両方を、いっきに手中にすることになる。そして、何よりも幕府崩壊に際しての戦争によって、荘園などの所有秩序の混乱がおこっていた。

政権当初は、軍勢催促、滅亡した北条得宗家の所領占領、勝者への恩賞給付といった戦争状態、あるいは戦後処理と不可分の事態が先行した。後醍醐が出した綸旨《りんじ》（蔵人などが天皇の命を受けて発行する文書）の多くは、そうした武士や寺社に対する軍勢催促、勲功としての新恩給与《しんおんきゅうよ》・本領安堵《ほんりょうあんど》といった軍事的な命令であった。そこでは、申請者の奏上をそのまま認めるという方向で、綸旨の大量発給が行われたようである。

そのような戦後処理での「認定」に不満をもった者たちは、その後あいついで訴訟を行った。有名な「二条河原落書《にじようがわらのらくしよ》」にみられるような、人々が雲霞《うんか》のごとく「本領ハナル、訴訟人」として上京する事態がおこったのである。このような中で、元弘三年（一三三三）九月、雑訴決断所《ざっそけつだんしょ》などが設置される。

雑訴決断所は、かつていわれていたような建武政権が創出した裁判機関ではなく、鎌倉後期の訴訟増大に対処するために整備されてきた朝廷の訴訟制度を手直ししたものであった。すなわち、亀山院政で徳政評定と切り離された雑訴評定や後宇多院政期の聴断などを継承し拡充した裁判組織であった。

そして、翌建武元年（一三三四）八月、雑訴決断所は四番から八番へ組織を拡充し、各番の頭人《とうにん》に大臣クラスの公卿が加わる。これも、たとえば伏見親政での正応六年（一二九三）六月の雑訴評定一番頭人が関白近衛家基《いえもと》、二番頭人が前太政大臣西園寺実兼、三番頭人が従一位土御門定実《さだざね》であったように、従来の雑訴評定にも例がある。

このような、本来中流の実務官人系公卿が任命されるべき役職に、大臣級の公卿が任じられる例が、建武政権には他にもみられる。たとえば建武二年（一三三五）二月から三月頃、大臣・納言クラスが院伝奏に就任しその交代制がなされている。この家格を無視したような人事はいかなる理由で行われたのであろうか。

これに関しては、白根靖大氏が、弁官においても、本来任命されるはずのない清華家《せいがけ》（大臣を出す家柄で、摂関家に次ぐ家格)、羽林家《うりんけ》(摂関家や清華家の庶流で、清華家に次ぐ家格)に属している貴族たち、すなわち侍従《じじゅう》から近衛次将をへて昇進する人々が就任する例を示し、これらは担当奉行も兼ねていると指摘した。傍系である後醍醐が本来任命すべき名家の人々、つまり実務官人層を十分把握していなかったため、官職にくらべて上位の近臣を任命せざるをえなかったのであり、きわめて現実的な人事であるとしている。

市澤哲氏が述べるように、鎌倉後期の貴族社会では、家産、家督、氏長者の地位などをめぐる紛争が頻発していた。そのような争いの背景には、武士の押領による所領の減少という問題がある。そして、この貴族社会内部の争いは、悪党《あくとう》のような在地勢力間の分裂や対立と結びついて、貴族たちの所領支配を危機に陥れつつあった。この種の紛争がしばしば治天の君によって裁断されるにいたっていたのである。

承久の乱以前の院政では関係をもっていなかった、王家以外の職《しき》の体系、すなわち本家職《ほんけ》→領家職《りょうけ》→預所《あずかりどころ》職→下司《げし》職→公文《くもん》職といった重層的土地支配構造に、治天の君が裁許者として介入してきた。他の権門の内部問題に関わる存在としての院、あるいは天皇が生まれていたのである。そしてその裁許が所領の知行を保証する最高の由緒とされるようになっていた。こうした鎌倉後期の治天の君の立場が、後醍醐に継承されたのである。

後醍醐には、このような鎌倉後期貴族社会の治天の君を継承した側面とともに、もう一つの顔がある。いうまでもなく、後醍醐の政権には、鎌倉幕府を軍事的に打倒したことによって成立した軍事政権という性格である。御家人制を権力基盤とする幕府を倒すため、後醍醐は御家人以外の武士を数多く動員しようとした。また御家人である武士の家内部でも、惣領と対立している武士に手を伸ばした。

こうしたことから、基本的に御家人の惣領決定に介入できなかった鎌倉幕府に比して、後醍醐は武士団内部の惣領変更などにも介入するようになったのである。これは鎌倉後期の治天の君が、貴族社会内部で行ってきた支配方式を、武家社会にまでおよぼすことにつながった。しかし、そのことが建武政権への武家の反発を生み出した。

5　院政の終焉

建武新政はわずか三年もたたずに崩壊した。最大の要因は足利尊氏《たかうじ》の離反であろう。そもそも討幕においてもっとも鍵《かぎ》となったのが、この尊氏が北条氏を裏切って後醍醐についたからであるから、逆に尊氏なしには軍事的に政権を維持することが困難であった。軍事政権としての側面がネックにもなった。後醍醐は京都を離れ南朝となり、京都には北朝として持明

北朝の天皇（数字は皇位継承の順序）

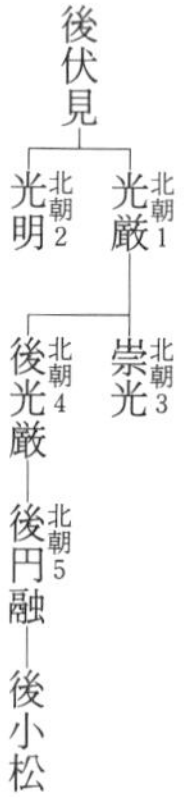

天皇家略系図⑨（数字は皇位継承の順序）

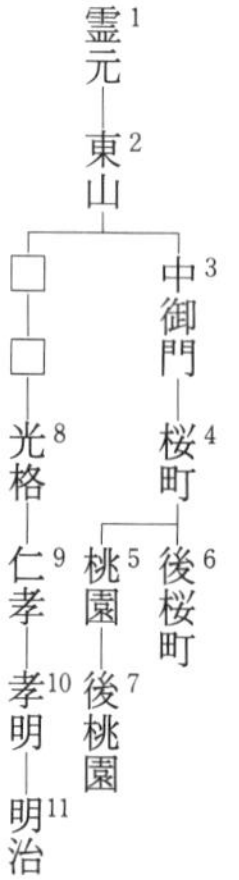

院統の光明《こうみょう》天皇が即位する。いわゆる南北朝時代のはじまりである。

北朝では光明の兄である光厳の院政が復活し、後光厳《ごこうごん》院政、後円融《ごえんゆう》院政が断続的に続く。南北朝合一以降も、室町時代に後小松《ごこまつ》、後花園《ごはなぞの》という二代の院政があった。江戸時代には、意外なことに、けっこう院政が確認されている。慶長《けいちょう》十六年（一六一一）にはじまった後陽《ごよう》成《ぜい》院政から、後水尾《ごみずのお》院政、霊元《れいげん》院政、東山《ひがしやま》院政、中御門《なかみかど》院政、桜町《さくらまち》院政などがあり、最後は光格《こうかく》院政で、天保《てんぽう》十一年（一八四〇）、光格の死によって院政は幕を閉じた。

南北朝以後の院政でも、院伝奏や院評定制が存在した。たとえば、光厳、後光厳、後円融の院政では、雑訴評定が行われていることが確認できる。ここでまず焦点となるのが、後円融と足利義満《よしみつ》の関係であろう。二人は奇しくも同じ延文《えんぶん》三年（一三五八）生まれであり、しかも母同士が姉妹でもあった。義満が父義詮《よしあきら》の死によって足利氏の家督を継いだのが貞治《じょうじ》六年（一三六七）、後円融が父後光厳の譲位によって践祚したのが応安《おうあん》四年（一三七一）である。

義満の幼少時は、管領《かんれい》細川頼之《よりゆき》が政務をにぎったが、康暦《こうりゃく》元年（一三七九）の政変で頼之が失脚すると、義満が実権を掌握した。そして、永徳《えいとく》二年（一三八二）左大臣にのぼり、翌年源氏長者《げんじちょうじゃ》と淳和《じゅんな》・奨学《しょうがく》両院別当（この両者は武家の棟梁の象徴を意味した）を兼任して、准《じゅ》三后《さんごう》（太皇太后・皇太后・皇后に準ずる待遇で、当時は名目的なステイタスとなっていた）の宣下をうけた。永徳二年に後円融も皇子の後小松に譲位して院政を開始する。

後円融は形式上は治天の君であり、その下に院伝奏と院評定衆がいたのだが、彼らはほとんど義満の命令に従って動くことが多く、後円融にまったくといってよいほど実権はなかったのである。後円融は廷臣たちからの孤立という精神的な重圧からか、後小松の母厳子《げんし》への刃傷《にんじょう》沙汰、あるいは自殺未遂などの奇行を繰り返して、その権威をさらに失墜させた。

後円融上皇が明徳《めいとく》四年（一三九三）に亡くなると、義満は治天の君の権限を吸収していく。まず明徳三年南朝の後亀山《ごかめやま》天皇（後醍醐の孫で、南朝としては第四代の天皇）が北朝の後小松天皇に神器を渡して、南北朝の合一がなされたが、応永《おうえい》元年（一三九四）二月、その後亀山院に対する上皇の尊号宣下の問題があった。北朝と幕府の立場からすると、後亀山は皇位についていたとはいえない人物であったから、先例としては承久の乱後の後高倉院しか例のない大問題といえる。これについては、天皇から公卿への諮問、あるいは「群議」もなく、義満の「内意」によって決定された。

また、叙位・除目については、義満の「折紙」による指示で決定され、天皇の関与さえないこともあった。折紙とは、白河院政以来、院政を行っている上皇・法皇が、非公式なかたちで「裏から」人事を動かすために使用してきた、人事のメモである。これを、治天の君ではなく、義満が使っているのだから、朝廷の人事について、義満が治天の君の権限を完全に奪ったことを意味する。

さらに義満が応永元年（一三九四）十二月征夷大将軍《せいいたいしょうぐん》を辞任し、翌年太政大臣を極官として出家すると、従来にはない様式の文書が発給されることになる。それは義満の意志を院伝奏が奉じた御教書である。管領から守護へという幕府の行政ルートの範囲外の案件について、こうした様式の文書が出るのである。このことはもともと院伝奏であった貴族が、完全に義満の伝奏に再編されたことを意味するだろう。

このように、従来は関東申次のあとを引き継いだ武家執奏《ぶけしっそう》を通じて関与していた朝廷の人事や政務を、直接義満が指揮する体制ができたのである。このような義満の登場によって、院政はほぼその政治生命を終えることになった。

院伝奏や院評定衆という役職自体は、江戸時代においても存在した。明和《めいわ》七年（一七七〇）六月、後桜町《ごさくらまち》天皇の譲位にあたって、院伝奏と院評定衆が任命されている（『定晴卿記《さだはるきょうき》』）。女帝後桜町は甥の後桃園《ごももぞの》天皇に譲位したのだから、後桜町院政が行われたわけではない。しかし、その後も後桜町上皇のもとには院伝奏や院評定衆が置かれていたようで、院司の一役職として認識されていたようである。院伝奏や院評定衆が、院庁の組織とは別個の制度であることなど、すでに忘れ去られていたのであろうか。

このように院政は形骸化しつつも、意外に長く制度としては続いていく。そして明治以降の近代天皇制においては、天皇の譲位ということ自体が行われなくなり、院政は歴史上消滅する。

終章　院政とは何だったのか

平安前期までの上皇

院政とは、退位した天皇である上皇（院とも呼ぶ。出家して法皇）が絶大な権力をにぎる、日本独特の政治体制である。ただし、日本における太上天皇すなわち上皇の称号は、すでに七世紀末、持統《じとう》天皇が孫の文武《もんむ》天皇に譲位したときにはじまる。この譲位の目的は、早世したわが子草壁皇子《くさかべのみこ》の子に、確実に皇位を継承させることであった。

興味深いことに、持統以後の元明《げんめい》、元正《げんしょう》という上皇は、いずれも女性であり、奈良時代の聖武《しょうむ》にいたって、はじめて男性の上皇が登場する。しかし、再び、孝謙《こうけん》という女性の上皇が生まれるのである。

このことは古代に多く出現する女帝の多くが、先帝の皇后やそれに準ずる人物であり、皇位継承が不安定となったとき、紛争がおこらないように中継ぎとして即位したことと関係がある。それらの女帝は、さらに生前の譲位によって、成長した皇太子を天皇の位につけた後も、上皇としてその天皇を支え、皇位継承に混乱がおこらないようにしたのである。

平安時代になって、天皇の政治を代行できる臣下の摂政が登場し、幼帝の即位が可能になると、女帝も女性の上皇もあらわれなくなる。そして、宇多《うだ》・円融《えんゆう》といった男性の上皇は、摂政とともに、ミウチ(限られた親類縁者)として天皇の権力を支える存在となる。一方で、本人の意志ではない譲位を余儀なくされた陽成《ようぜい》・花山《かざん》といった上皇も出現する。奈良時代以前の上皇は天皇と同格以上の存在であったが、平安時代の上皇は、宇多や円融でさえも、天皇の父としての限られた範囲の権力を行使する存在にすぎなかった。天皇のミウチではなくなった陽成や花山となると、ほとんど権力をもつことはできなかった。

中世的な政治体制

一般的に、十一世紀末の白河《しらかわ》院政にはじまり、十二世紀の鳥羽《とば》、後白河《ごしらかわ》、十三世紀の後鳥《ごと》羽《ば》までが典型的な院政とされている。しかし、十三世紀中期の後嵯峨《ごさが》上皇にはじまる鎌倉時代後期の院政が、しだいに近年の学界で重要視されるようになってきた。試しに白河院政から鎌倉末までを見ると、約二百五十年で百七十六年が院政である。この時期、院政がスタンダードな政治形態であった。それら院政を行った上皇の権力は、前代と同じように皇位継承の問題と深く関わっていた。だが、前代の上皇の権力というものが、少なくとも天皇のミウチ内の存在であったのに対し、院政期以降の院政を行った上皇は、より国政全般のあり方と深く関わった存在になっていった。

平安後期以降の王家（天皇家）は、日本全国に広大な荘園をもつ荘園領主（権門）となり、院政を行った上皇はその王家の家父長であった。かつて、石母田正氏は、封建領主の台頭に対抗するため、古代天皇制が専制的性格をもったのが院政であると考えた。しかし、荘園制を中世的な所有秩序と考える学説が有力となるにつれて、院政も中世的な政治体制と考えられるようになったのである。

十世紀から十一世紀なかばまでの摂関政治の時代には、天皇を決める「王の人事権」は、代々天皇の外戚となった藤原氏に実際上にぎられていた。そのために上皇は天皇の父として政治には関わったが、外戚の藤原氏ほどには実際の政治を動かすことはできなかった。治暦四年（一〇六八）に即位した後三条《ごさんじょう》天皇は皇族の女性を母にもつ天皇であった。藤原氏を母にもたない天皇の即位は、九世紀末の宇多天皇以来、百七十年ぶりのことである。

後三条天皇は、御堂流《みどう》（藤原道長《みちなが》の子孫）の藤原氏から「王の人事権」を奪った。そのために、摂関家をおさえて、延久の荘園整理令の発令、荘園整理のための記録所設置、大内裏再建事業などの清新な政治を実行することができた。

その皇子の白河天皇は、父の遺言に背いて、応徳三年（一〇八六）皇子の堀河《ほりかわ》天皇に譲位した。白河天皇は「王の人事権」を掌握しようとしたのである。こうして、白河院政が発足するのであるが、亡き父に背いたために、父の後継者とされていた異母弟輔仁《すけひと》およびその支持勢力との長い対立を経験しなければならなくなった。そのために白河上皇は中宮賢子《けんし》の養父であった摂関家の師実《もろざね》と妥協する。

白河上皇の専制的権力

白河上皇の専制的な権力が確立するのは、堀河天皇が早世して、嘉承二年（一一〇七）孫の鳥羽天皇を即位させ、その後輔仁を陰謀で失脚させたあとのことであった。院政を行うには、まず最高の人事権である「王の人事権」を、上皇が完全に掌握することが必要であった。

次に重要なのは、叙位《じょい》・除目《じもく》といわれる貴族の人事権を手中にすることである。叙位・除目は、原則として、天皇の前で行われた。身分秩序という朝廷の支配権の根幹が叙位・除目であり、それは天皇の至高性をあきらかにする儀式の場でもあった。上皇による人事介入は、当初は院近臣《いんのきんしん》を通しての口頭によるものであったが、しだいに「任人折紙《にんじんおりがみ》」と呼ばれたメモによって、恒常的に行われるようになった。いわば「非公式な」「裏からの」介入である。人事は当時の「国家大事」の代表的なものであった。しかし、それ以外にも、「国家大事」は朝廷の祭祀権、時間支配権、寺社支配権など、かなり広範におよんでいる。院政確立後、それらの権限のうち、上皇が全面的に掌握しようとしたのは、寺社支配権のうちの大寺社の騒乱や強訴の問題に限られた。上皇はあえて、全面的には「国家大事」を担当しなかった。

院政を行う上皇にとって、子や孫という直系の血縁者を天皇の地位につけ、その権威を保証することも重要であった。実際にはじめて院政を行った白河上皇は、子の堀河、孫の鳥羽、曽孫の崇徳《すとく》と三代にわたる直系の幼帝を即位させ、院政という政治形態を定着させた。国家の支配権を、上皇と天皇という二つの性格の異なる存在が二重に保証する体制が院政である。院は主従制的な面では表に立ち、その他の部分では、多く「口入《くにゅう》」（裏からの介入）というかたちで「国家大事」を動かす。これが院政の基本的な構造といえる。

院政をになった中・下級貴族

次に院政をになった貴族たちの問題である。摂関家が天皇の外戚になることが稀になったため、後三条親政期、白河親政・院政期には、事実上外戚は村上源氏の顕房《あきふさ》流と閑院流藤原氏の二家となった。また、外戚を含む天皇のミウチのみが政権を独占していた摂関期に比べて、国政における外戚自体の比重もかなり低くなる。

一方で、院近臣と呼ばれる貴族たちが、大きな力をもつことになった。院近臣には、まず醍醐《だいご》源氏の源俊明《としあきら》、学者の大江匡房《まさふさ》などの院の顧問、藤原為房《ためふさ》にはじまる勧修寺《かじゅうじ》流藤原氏などの実務官僚などがいた。上皇の顧問といわれる近臣たちは、以前は天皇のミウチしか発言できなかった人事などの重要な問題に対して、その意見を述べるようになった。

勧修寺流と呼ばれる藤原氏は、実務官人として上皇に仕えた近臣である。実務官僚の近臣たちは、朝廷の太政官の事務を担当する弁官、天皇の秘書官である蔵人《くろうど》、あるいは上皇の家政機関である院庁《いんのちょう》の職員をつとめ、それらの機関を院の命令に従わせることに大きな役割をはたした。

また、国守（地方官）として富裕となった受領《ずりょう》も多くが院近臣となった。彼ら受領は、その経済力をもって、成功《じょうごう》と呼ばれる経済的奉仕を行った。すなわち、私財を用いて御所や御願寺などを造営することで、恩賞としての官職をえたのである。それらの院近臣たちの多くも、院庁の職員となっていた。それらの代表は、白河上皇の乳母《めのと》の子であった藤原顕季《あきすえ》などの末茂《すえしげ》流、かつて道長と争った藤原隆家《たかいえ》の子孫である基隆《もとたか》・忠隆《ただたか》父子らの道隆《みちたか》流、藤原隆《たか》時《とき》・清隆《きよたか》父子らの良門《よしかど》流、そして白河法皇の在位中に法勝寺造営に尽力した高階為家《ためいえ》らの高階氏などである。

最大の荘園領主となった上皇

十一世紀後半、後三条天皇が即位すると、天皇直属の記録所が置かれ、徹底した荘園整理が行われるようになった。それまで単なる私的大土地所有であった荘園が、記録所の審査をもとに天皇によって存続が認められる。大土地所有を公認された荘園領主は、以前よりもはるかに荘園所有権を強化した。

白河院政期の後半から鳥羽院政期になると、院近臣らが中心となって、上皇の権威を利用しつつ、全国的に荘園を新たにつくるようになった。院近臣はそれらの荘園の預所《あずかりどころ》などの管理者として、大きな力を発揮するようになる。こうして王家の家長である上皇は、日本最大の荘園領主となった。

白河上皇は、在位中に、平安京の東の鴨川左岸に、法勝寺などの「国王の氏寺」を建設し、それを中心とした白河地区という都市域をつくった。とくに法勝寺の八角九重塔は空前絶後の建造物で、白河天皇の権力を視覚的に印象づける効果があった。この事業を行ったため、白河院という追号が死後あたえられたのである。

上皇になるにあたって、平安京の南の郊外に、鳥羽殿という離宮を建設した。離宮は広大な池をもった御所と庭園からなり、上皇の遊興空間であった。御所の周囲には、武者所《むしゃどころ》や倉庫群、あるいは納物所《のうもつどころ》、修理所《しゅりどころ》といった院庁と関係のある施設がつくられた。また、院近臣らの宿所が設けられた。王家の権門としての中心が鳥羽殿にあり、権門都市という性格をもっていた。

とくに注目すべきは、鳥羽殿には白河、鳥羽天皇陵がつくられ、鳥羽天皇の菩提を弔うための安楽寿院という寺院が建立されたことである。そして王家領の多くが、この安楽寿院領という形式をとって出発したのである。この鳥羽殿にこそ、王家の家政機関である院庁があったと考えることもできる。この鳥羽殿建設との関係から、鳥羽院という追号があたえられた。

権門としての寺社と摂関家

院政期には、この王家という権門のほかに、摂関家という権門、そして寺社権門として延暦寺、興福寺、園城寺などの大寺院があった。それらの大寺院は、朝廷とさまざまなかたちで結びついていたが、一定の自立性ももっていた。そして、自分たちの政治的要求を通すため、僧侶たちが朝廷に強訴《ごうそ》を行ったのである。彼らは、延暦寺が日吉社の神輿《しんよ》、興福寺が春日社の神木を持ち出したことに端的なように、宗教的権威をふりかざしたため、朝廷ではしばしばその対策に苦慮した。院はその要求に屈さざるをえない場合も多かった。『源平盛衰記』は、専制君主であった白河上皇でも、自分の意志のままにならないことが三つあったといい、それを「三不如意」とよんでいる。その三つの中に「山法師」つまり比叡山延暦寺の強訴が入っている。ちなみに、他の二つは「双六の賽《さい》」つまり博奕の結果、それに「賀茂川の水」つまり京都の洪水であった。

しかし、上皇は強訴などの緊急事態がおこった場合、院御所に貴族たちを集めて対策を協議した。そして、まず京都の警察である検非違使《けびいし》の武力を動員する。さらに、武士たちを、その官職とは関係のないかたちで召集し、強訴の勢力の入京を阻止した。こうした上皇による強訴対策が、軍事動員というかたちで、その専制的な権力の形成につながった。

朝廷において、唯一王家に対抗できる権門は、摂関家であった。後三条天皇が即位する以前は、摂関家は長年の外戚関係から、ほとんど王家と一体といってもよかった。荘園も所有していたが、国家的に公認されたものではなく、きわめて不安定なものであった。そのため、後三条天皇による荘園整理の対象になった荘園も少なくない。

院政が成立し、とくに藤原忠実《ただざね》の代になると、摂関家は朝廷での政治的地位を低下させた。しかし、一方で忠実は新たに荘園を集積し、その権門の中心都市として宇治を整備した。すなわち、平等院を中心に、碁盤の目状の権門都市宇治を成立させたのである。それは王家の権門都市鳥羽に対抗する、権門摂関家の生んだ都市といってよい。

白河院政が発足した当初は、輔仁親王という共通の敵がいたため、王家と摂関家の対立は表面化しなかった。ところが、輔仁が失脚して白河院政が確立すると、両者の対立が激しくなった。その対立がもっとも表面化したのが、保安元年（一一二〇）におこった白河法皇による忠実の関白罷免事件である。藤原氏の氏長者《うじのちょうじゃ》と関白の地位は、忠実の子の忠通《ただみち》に譲られたが、忠実は十年におよぶ謹慎を余儀なくされ、政治から遠ざけられた。

白河法皇没後の鳥羽院政においては、当初は鳥羽上皇と忠通が提携し、忠実も政界復帰をはたした。しかし、忠通と頼長《よりなが》との兄弟間に対立が生じ、頼長についた父忠実が久安六年（一一五〇）に忠通を勘当し、氏長者の地位を奪って頼長にあたえた。摂関家の当主となった頼長は、源為義《ためよし》などの武士を組織し、悪僧信実《しんじつ》を通して興福寺を統制するなど、権門としての摂関家の立場を強化した。

保元・平治の乱と武士の台頭

保元元年（一一五六）におきた保元の乱は、王家の崇徳上皇と後白河天皇の兄弟、摂関家の藤原忠実・頼長と忠通との対立、清和源氏の為義と義朝《よしとも》、あるいは桓武平氏の清盛《きよもり》と忠正《ただまさ》などの武士の一族内部の対立が原因といわれている。しかし、崇徳はその皇子の即位を阻止されて院政の可能性を失った上皇であり、忠通は関白ではあるが父忠実から勘当されて摂関家から排除されていた。ゆえに、ことの本質は天皇家と摂関家という朝廷の二大権門間の衝突であった。摂関期とは異なり、両権門が独自に武力を組織していたため、宮廷内紛争ではなく、両陣営の軍事衝突にいたったのである。そして勝利をおさめたのは、天皇家の側であった。乱後の政局は後白河天皇の近臣信西《しんぜい》入道（藤原通憲《みちのり》）が左右することになる。

信西が仕切る保元の乱後の政局に反発が強まり、後白河の皇子である二条《にじょう》天皇を擁する藤原経宗《つねむね》・惟方《これかた》ら、後白河の寵臣藤原信頼《のぶより》をはじめとする信西と対立する院近臣らが反信西連合を形成する。平清盛が熊野参詣で留守であるのをねらって、彼ら反信西派がおこしたのが平治元年（一一五九）の平治の乱である。反信西派は二条天皇を手中にして、信西を自殺に追い込んだが、京都にもどった清盛によって天皇を奪われ、二条天皇派も離反したため、あえなく敗北した。この戦いで、信頼や源義朝も殺されたのである。

かつて、院政を開始した白河上皇は、側近の武力として、源義家《よしいえ》・為義や平正盛《まさもり》・忠盛《ただもり》らの武士の育成に尽力した。前者が一族の内紛などでやがて自滅したのに対し、後者は院の武力として、強訴抑止や海賊追討などに大きな働きをするとともに、上皇への経済的奉仕の面でも目立っていた。そのために、白河院政期から鳥羽院政期にかけて、平正盛・忠盛父子は、もっとも有力な院近臣にまで成長したのである。とはいっても、この時期の武士は、院政を行う上皇に仕えることを運命づけられた存在でしかなかった。

後白河院政と平氏政権

保元・平治の乱を勝ち抜いた清盛は、後白河上皇・二条天皇父子の対立の中で、両者の武力として重視された。武士としてはじめて公卿になっただけでなく、ついに太政大臣の極官にまでのぼるにいたった。その過程で、実は白河法皇の落胤という噂が、清盛自身によって意図的に流された可能性もある。

二条天皇は、鳥羽院領の多くを相続した八条院という女院の養子となっていたため、正統的な皇位継承者と考えられていた。それに対して、後白河上皇はわが子二条への中継ぎのために即位したと考えられていたことなどから、天皇の父でありながら、その天皇が生きている間は十全たる院政を行うことができなかった。

永万元年（一一六五）に二条天皇が若くして亡くなったのち、後白河上皇と清盛の妻の妹滋子《しげこ》（建春門院）との間に生まれた高倉《たかくら》天皇が即位し、二条天皇に近かった清盛は後白河上皇と提携することになる。ここに後白河院政が確立する。後白河上皇が鴨川の東の法住寺殿を拠点としたのに対し、清盛はその北に隣接した六波羅を拠点とした。平氏は唯一の武家権門に成長するとともに、その拠点となる権門都市を形成した。一方、法住寺殿は後白河と建春門院の権門都市という性格をもっている。

しかし、後白河と清盛の蜜月状態は、十年ほどで決裂する。挑発したのは後白河法皇側であって、まず治承元年（一一七七）法皇周辺による平氏打倒の密議が発覚し、その側近らが清盛によって断罪される。鹿ヶ谷事件である。さらに治承三年の清盛による軍事クーデターによって後白河院政は停止され、法皇は鳥羽殿に幽閉される。清盛は娘の徳子《とくこ》が生んだ安徳《あんとく》天皇を即位させて、形式的な高倉院政を行わせる。これが最初の武家政権の平氏政権である。

しかし、清盛の軍事的独裁は、権力から疎外された地方武士たちの不満を高めた。治承四年、後白河の皇子以仁《もちひと》王の挙兵と敗死をきっかけに、全国的な内乱が勃発する。内乱の中で、鎌倉を拠点とした源頼朝《よりとも》の勢力が台頭した。翌年に高倉上皇と清盛が相次いで病死すると後白河院政は復活する。寿永二年（一一八三）、平氏は反平氏勢力の一つ木曽《きそ》（源）義仲《よしなか》軍によって京都を追われ、文治元年（一一八五）に源義経《よしつね》軍に敗れて壇の浦で滅亡する。

鎌倉幕府と朝廷の併存

その後、頼朝・義経兄弟の対立が表面化し、義経が没落する中で、頼朝による武家政権である鎌倉幕府が確立していく。後白河法皇が義経に加担したため、頼朝と法皇は当初鋭く対立する。頼朝は幼帝後鳥羽の摂政として九条兼実《かねざね》を事実上指名し、さらに法皇の権力を抑えるために一部の親幕公卿を選んで議奏公卿《ぎそうくぎょう》とする。清盛による鳥羽殿幽閉のような露骨なかたちはとらなかったが、後白河院政の独走を阻んだのである。しかし、議奏公卿は十全には機能しなかったし、兼実も法皇や前摂政近衛基通《もとみち》の連携などによって、朝廷内でしだいに孤立していった。その後、義経が殺され、それを庇護した奥州藤原氏が滅亡すると、法皇と頼朝は和解し、京都の院政と鎌倉の幕府とが提携する鎌倉時代の体制が確立する。

鎌倉時代という呼び方は、鎌倉幕府が成立して、朝廷の支配が形骸化したという印象をあたえるが、それは誤りである。幕府成立後も朝廷は院政というかたちで存続し、大きな政治力を維持した。とくに、法皇の死と兼実の失脚後に生まれた後鳥羽院政は、専制的な院政の典型であり、頼朝死後の内紛で政治力を低下させた幕府を圧倒した。

政治構造の面では、朝廷は全国の国司を任命する権利を保持し、幕府は全国の守護を任命して軍事警察権をにぎった。それぞれの国には国司と守護が併存したのである。また、幕府成立後も荘園制は存続した、というよりもむしろ確固とした土地制度、体制として根付いたといってもよい。前代からの王家や摂関家、寺社権門のみならず、幕府の長である鎌倉殿（将軍）も荘園領主であった。また、平家没官領《もつかんりょう》や謀反人の所領跡に置かれた地頭職にはおもに御家人が任命されたため、幕府に任免権があり、荘官の一種でありながら鎌倉殿以外の荘園領主には任免権がなかった。そのような地頭職も全国に存在したのである。

一方、朝廷は畿内を中心とする西国に強い支配権をもち、幕府はその成立の経緯から関東を中心とする東国に強い権限をもっていたこともたしかである。そのことは東国での境相論《さかいそうろん》、つまり国と国との境界争いなどでは幕府がその裁判を行い、西国ではそれを朝廷が行うという権限分担がなされたことによくあらわれている。その朝廷で最高権力をもっていたのが、院政を行う上皇（法皇）ということになる。そして王家は、鎌倉時代になっても、最大の荘園領主であり、最有力な権門であり続けた。

承久の乱と鎌倉後期の院政

しかし、承久三年（一二二一）に後鳥羽上皇は、幕府を倒そうとして挙兵、敗北した。承久の乱である。後鳥羽上皇は隠岐に配流され、土御門《つちみかど》・順徳《じゅんとく》上皇もそれぞれ土佐・阿波と佐渡に流された。順徳の皇子であった仲恭《ちゅうきょう》天皇は廃された。ただし、この反乱で処罰されたのは、挙兵に直接関わったとみなされた貴族がほとんどで、多くは罪を免れた。乱後、即位経験のない後高倉《ごたかくら》上皇の院政、その皇子後堀河《ごほりかわ》天皇の即位というかたちで、院政と朝廷の存続が認められたのである。とくに、院政という政治形態は、主なものだけでも白河、鳥羽、後白河、後鳥羽の四代におよんでおり、すでに定着していると、幕府からみなされたものといえよう。

承久の乱ののち、京都の政界を牛耳ったのは、後鳥羽上皇の挙兵をいち早く幕府に伝えた西園寺公経《きんつね》であった。また九条道家《みちいえ》は乱のときの幼帝（仲恭）の外戚として摂政であったため、乱後しばらくは政治的立場が悪化したが、公経の娘婿であり、また子の頼経《よりつね》が幕府の将軍となったため復権する。しかも、後堀河の皇子である四条《しじょう》天皇が即位すると、その外祖父として権勢を手中にした。しかし、天皇夭折後、承久の乱に積極的であった順徳の皇子の擁立を謀ったため、幕府の執権北条泰時《やすとき》に疎んじられる。

泰時によって擁立されたのは、土御門の皇子後嵯峨天皇であった。後嵯峨が院政をはじめると、九条道家と前将軍頼経が相次いで失脚する。そして、幕府と朝廷の連絡は関東申次の西園寺家が独占することになり、後嵯峨上皇の皇子宗尊《むねたか》親王が幕府の将軍となる。

後嵯峨院政は、執権北条時頼《ときより》の徳政要求に応えて、院伝奏《いんのてんそう》と毎月六回定期開催の院評定《いんのひょうじょう》を軸とする裁判制度の整備を行った。鎌倉後期の社会においては、権門の動揺によって院への訴訟が集中する。そのために、亀山《かめやま》上皇のもとにおいて、院評定制は政務に関する「徳政評定」と訴訟を扱う「雑訴評定」に分離され、後者は毎月六回開催されることになったのである。さらに、評定をできるだけ迅速に開催するため、些細《ささい》な訴訟については上皇の臨席を仰がず、評定衆の出席者が少なくとも評定を開催することになった。

さて、鎌倉後期には、天皇が親政する場合も院評定制などと同様な宮中鬼間《おにのま》での議定が行われた。院政と親政が同質化したのである。院政の制度化が確立して、家政機関である院庁とは別の、院政や親政のための組織ができあがる。そのような上皇（法皇）や天皇が「治天《ちてん》の君《きみ》」という地位なのである。

後醍醐親政から南北朝分裂へ

このように院政は、幕府から制約されつつも、承久の乱で打撃を受けた院権力が、その回復基調にのり、ついには院による専制を生み出していく可能性さえもっていくのである。そのような権力集中が、幕府あるいは北条氏による桎梏《しっこく》を突破しようとする動きをひきおこし、後醍醐《ごだいご》天皇による倒幕へとつながったと見ることもできる。後醍醐親政は、院政と親政が同質化した鎌倉後期の状況を前提に考えると、院政とは異質なものとは言い切れないのである。

後嵯峨上皇は、自らの擁立に恩義のある北条氏に遠慮して、皇子の後深草《ごふかくさ》天皇か亀山天皇か、どちらの系統が皇位を継承するのかを明確に示さなかった。そのため、王家は持明院統と大覚寺統に分裂する。幕府の力が強まり、「王の人事権」を、上皇から奪うことになったのである。「王の人事権」は、軍事指揮権とともに、院政にとって、もっとも重要な要素であった。これを失った鎌倉後期の院政は、承久の乱以前の院政とは大きく異なった性格を有していることもたしかであろう。

後醍醐天皇は、元弘三年（一三三三）討幕によって「王の人事権」と軍事指揮権を一時的に回復したが、その公武統一政権はわずか三年で崩壊した。足利尊氏《たかうじ》によって幕府が再興され、持明院統の流れをくむ北朝が擁立される。一方で、後醍醐は京都を離れて南朝を立てるが、しだいに衰退する。

北朝では光明《こうみょう》天皇の兄である光厳《こうごん》上皇の院政が復活し、後光厳《ごこうごん》院政、後円融《ごえんゆう》院政が断続的に続く。後円融上皇が亡くなったのち、三代将軍足利義満《よしみつ》は将軍職を子の義持《よしもち》に譲り、太政大臣に任じられたあと応永二年（一三九五）その職も辞して出家した。その後、義満はその行動を法皇に擬し、自邸（北山殿）を院御所になぞらえた。義満は、その愛子義嗣《よしつぐ》を即位させようとしたのではないかという説もある。義満の意志を朝廷の院伝奏が奉じた御教書《みきょうじょ》が発給され、幕府の行政ルートの範囲外の案件についても、このような様式の文書で命令が下された。応永十五年の死に際して、朝廷は太上法皇の尊号を贈ろうとしたが、義持がそれを辞退した。こうして義満の時代に、院政は義満に吸収されるかたちで歴史的生命を終えたのである。

南北朝時代以後の院政

それ以降も、室町時代に後小松《ごこまつ》、後花園《ごはなぞの》という二代の院政があった。しかし、南北朝以後の院政、とくに義満による院政吸収以降の制度は、ほとんど形式的なものとなり政治権力を有しない。それらは厳密な意味で院政と呼ぶに値しない。

応仁《おうにん》の乱で朝廷の経済は困窮し、院御所を造る余裕もなかった。後土御門《ごつちみかど》・後柏原《ごかしわばら》・後奈良《ごなら》は財源がなかったため譲位できなかったといってよいと思う。正親町《おおぎまち》・後陽成《ごようぜい》は、豊臣秀吉《とよとみひでよし》・徳川家康《とくがわいえやす》という権力者の援助によって譲位を再開することができた。後水尾《ごみずのお》は自らの意志に従って譲位を強行したが、それは江戸幕府の意向に反するものだった。これにこりた幕府は、朝廷に対する規制を強め、幕府の意向に従わない譲位は以後なくなった。

意外なことかもしれないが、江戸時代には、歴史的生命を終えたはずの院政が確認されている。慶長十六年（一六一一）にはじまった後陽成院政から、後水尾院政、霊元《れいげん》院政、東山《ひがしやま》院政、中御門《なかみかど》院政、桜町《さくらまち》院政などがあり、最後は光格《こうかく》院政で、天保十一年（一八四〇）にその幕を閉じた。

改めて述べるならば、院政とは平安末から南北朝期の日本にのみ存在した、きわめて特殊な天皇制のあり方である。まさに「もうひとつの天皇制」なのであった。

あとがき

二〇〇六年九月一日の昼下がり、私は中国山西省《さんせい》の地にあって、いささか興奮していた。目の前にそびえるのは高さ六七メートルの応県《おう》の木塔、正式名は仏宮寺釈迦塔《ぶつぐうじしゃかとう》。造られたのは遼《りょう》の清寧《せいねい》二年（一〇五六）、おそらくは中国最古の木造建築である。外見は五重塔に見えるのだが、内部は九層であり、しかも八角の塔なのである。本書の「はじめに」で触れた白河天皇の八角九重塔が造られたのが永保三年（一〇八三）、つまり応県の木塔の二十七年後ということになる。

私は恥ずかしながら、この十一世紀なかばに造られた木塔のことをまったく知らなかった。以前、中国の杭州《こうしゅう》を旅したとき、石造の九重塔の存在は確認しており、その手のものが中国各地に現存することは知っていた。しかし、極端に木の少ない黄土《こうど》高原の地に、九百五十年前の木造の九重塔が現存するなど、思いもかけなかったのである。

ただ、この塔にたどりつくには、いくつかの契機があった。まず、二年前から中国黄土高原での植林ボランティアに参加するようになったことである。そもそも都会育ちでろくに土をいじったこともない私が、木の苗を植えるなど自分でも想像できることではない。北京《ペキン》、西安《シーアン》、洛陽《らくよう》、上海《シャンハイ》、蘇州《そしゅう》、杭州などの史跡を巡ったことはあるが、ふと日本ではほとんど知られていない中国の農村部に興味がわいたことと、同僚の谷口義介教授（中国史）からのお誘いをうけたことがきっかけであった。

行ったところは、NGO「緑の地球ネットワーク」が活動している山西省大同《だいどう》市。北京から夜行列車で一晩、約八時間の距離にある。一般には、四世紀末から約百年間北魏《ほくぎ》の都が置かれていたところで、世界遺産の雲崗石窟《うんこうせっくつ》があることでも知られている。現在、街自体は変わりばえのしない中国の地方都市だが、一歩市街地を出ると、まるで「風の谷のナウシカ」のような黄色い不毛の大地がどこまでも広がっている。そして、首都の水源地でありながら極端に水が少なく、中国でも有数の最貧農村が点在するのである。

今年の植林は一昨年につづいて二回目である。今回は、大同市での植林のあと、仏教の一大聖地五台山《ごだいさん》に行くことを希望した。五台山といえば、平安初期に天台宗山門派を開いた円《えん》仁《にん》が赴き『入唐求法巡礼行記《にっとうぐほうじゅんれいこうき》』という日記をのこしたことで有名だが、私としては大学の研究室の先輩であり、院政研究の先達でもある棚橋光男氏が、その短い生涯の晩年にこだわっていた『参天台五台山記《さんてんだいごだいさんき》』という史料のことが頭の片隅から離れなかったからである。延久四年（一〇七二）に密航同然で北宋《ほくそう》に渡り、永保元年（一〇八一）にその首都開封《かいふう》で客死した天台僧の成尋《じょうじん》の渡航記である。

そして、大同市から五台山への途次に、応県の木塔はある。その巨大な九重塔を見上げながら、あることを思い出した。昨年（二〇〇五年）の日本史研究会（日本史の最大学会）の大会シンポジウムで、院政期における遼仏教と日本仏教との関係がはじめて強調され、とくに上川通夫氏の報告で、法勝寺の九重塔が実は中国北方仏教に範型のある建築様式であるとの指摘がなされていたことである。残念ながら、上川報告で応県の木塔について触れられたかどうかの定かな記憶はなかったが。

黄土高原の地にそびえる木造の塔、それは約千年前、この地の周辺に豊かな森林が存在していたことを意味する。現在の姿は、繁栄した文明のなれの果てなのである。そして高度経済成長の道をつっぱしる現代中国の裏側には、極端な農村部の貧困と広大な砂漠と黄土が広がっている。眼前の応県の木塔に、今はない法勝寺の塔をだぶらせているとき、突然私の携帯電話が鳴った。中国に遊ぶ著者を尻目に、東京で本書の編集に没頭されていた並木光晴氏からである。内容は本書の題名の最終的な決定を知らせるものであった。

二〇〇六年九月

中国五台山にて

美川　圭

あとがき

増補版あとがき

院政といえば、正統的な政治体制を裏から動かし、本来的な権威をおとしめるものというマイナスイメージがあった。いや今でもそのような考えをお持ちの方も多かろう。明治から昭和戦前までの天皇制は、親政を金科玉条なものとしてきた。まさに王政復古の時代である。摂関政治、院政、幕府政治のいずれも、天皇親政の正しき政治に反する、悪《あ》しき政治のありかたということになった。この考え方は一般庶民にも植え付けられたのではあるまいか。

大正時代末期、病により政務がきわめて困難な状況になっても、天皇に東宮裕仁《ひろひと》親王への譲位という選択肢はなく、東宮を摂政宮《せっしょうのみや》とした。

アジア・太平洋戦争の戦争責任が問われた際に、それがいくばくか昭和天皇に及び、責任を負って退位する事態もありえたように思われる。だが、戦前は現人神《あらひとがみ》であった天皇がそうした意志を表明することはなかった。

ところが、父昭和天皇をもっとも近くから見てきた現上皇は、戦後の日本国憲法のもとでの天皇制を父よりも深く考えたように思える。にもかかわらず、このたびの譲位について識者の中には否定的な見解もあった。現在の憲法を逸脱するかたちで、天皇が譲位の意志を示されるということは、何らかの政治行為につながるのではないかというわけである。

しかし、実際はどうだったか。天皇規定を離れて上皇となると、国事行為はもちろんのこと、膨大な儀式と巡幸もとりやめたのである。それは、現在の天皇制のあるべき姿が戦後の憲法下にあることをはっきりと示し、それと矛盾なく譲位の意志を表明しうると天皇自ら体現したことに他ならない。

『院政』執筆中だった二〇〇四年十二月、ドイツのボン大学で国際会議（シンポジウム）が開かれ、「なぜ退位した天皇が権力をもつことができたのか」という報告をする機会をえた。まだ若かった私はいささか高ぶって、日本の歴史に特有な政治制度「院政」を、拙《つたな》い英文で外国人研究者に向けて紹介する作業に没頭した。そのうえ、将来ドイツ語でも翻訳出版されやすいようにと、日本語の文章も準備した。当時の私は、これらすべてが翻訳され、「院政」が外国人にも知られることを夢想していた。そのために、海外での口頭報告の文章に手を入れ続け、『院政』の執筆が遅れて、終章を望まれていた編集の並木さんを悩ませた。結局、構想していた終章は完成にいたらず、草稿のままお蔵入りとなった。

月日は流れ、『院政』が世に出てからもう十五年が経つ。幸い何度か版を重ね、当初想像していたより多くの読者に読んでもらえたようである。

今回、増補版を出してはどうかという申し出を受け、かつての草稿のことを思い出した。その草稿を全面的に見直し、書き上げたのが「院政とは何だったのか」と題して今回収録した終章である。当時はまさか天皇が生前退位（譲位）の意向を示され、「院政」という言葉が一般市民の口の端《は》にのぼる時代が来ようとは思いもしなかった。

なお、増補にあたって巻末に人名索引が付くことになった。人名の項目数は四百人を超えている。実際の歴史にはすさまじいほど多くの人間が関わっており、しかも似たような名前も多い。本書の索引は、貴族社会を中心に、関連する人物の膨大さを知ってもらえると同時に、少しでもわかりやすく読み進めていただける一助になると思う。

ところで、人生には時として予想もしないことが起きる。今回の増補版の準備作業も終盤に向かっていた去る正月二十一日午後、私は脳出血を発症したのである。

その日の大学の授業は、昨年来の新型コロナ流行のため、学生がZoomで報告を行う形式で、私が主催することになっていた。レジュメは前もって出席メンバーにネット配信されていて、私は自宅で一人、レジュメを読み返していた。妻は仕事で外出して不在だった。

異変は突然だった。最初は右手、さらに右腕、最後は右半身の制御がきかなくなり、意識を失った。夕刻、帰宅した妻が救急車を呼んでくれて、京都大学医学部附属病院に搬送された。診断は五センチほどの左脳出血。研究活動の再開はおろか、こうしてあとがきを書けるようになるとは、誰も想像していなかったと思う。

幸いにも翌二月二日、京都近衛リハビリテーション病院に転院した。病室の窓からは比叡山、吉田山、大文字山が一望できた。しかも、朝日は東山から昇り、私は再生を願った。四十年以上前、同じ風景を見ながら京都大学で学んだ。当時のことを懐かしみつつ、病院スタッフの献身的治療を受け、身体と知力の回復につとめた。そして六十四歳の誕生日を迎えた三月五日、晴れて退院することができたのである。

京大病院脳神経外科の主治医の先生、スタッフのみなさん、京都近衛リハビリ病院の主治医の先生、スタッフのみなさんには、大変お世話になりました。この場を借りて衷心より感謝を申し上げます。みなさん、高血圧にはくれぐれもお気をつけください。

二〇二一年三月

さらなる時代を夢見て

美川　圭

主要参考文献

第一章

『皇室制度史料』太上天皇一（吉川弘文館、一九七八年）
目崎徳衛『貴族社会と古典文化』（吉川弘文館、一九九五年）
（財）京都市埋蔵文化財研究所「平安宮冷然院跡・史跡旧二条離宮現地説明会資料」（二〇〇二年）
岸俊男『日本古代政治史研究』（塙書房、一九六六年）
筧敏生『古代王権と律令国家』（校倉書房、二〇〇二年）
『皇室制度史料』摂政一（吉川弘文館、一九八一年）
美川圭「平安時代における王の系譜と政治」（『叢書　想像する平安文学　七』勉誠出版、二〇〇一年所収）
角田文衛『王朝の映像』（東京堂出版、一九七〇年）
坂上康俊「関白の成立過程」（笹山晴生先生還暦記念会編『日本律令制論集　下巻』吉川弘文館、一九九三年所収）

第二章

土田直鎮『日本の歴史　五　王朝の貴族』（中央公論社、一九六五年）

美川圭『白河法皇』（日本放送出版協会、二〇〇三年）
和田英松「院政に就いて」（『国史学』一〇、一九三二年）
平泉澄「日本中興」（『建武中興』建武中興六百年記念会、一九三四年所収）
吉村茂樹『院政』（至文堂、一九五八年）
元木泰雄『院政期政治史研究』（思文閣出版、一九九六年）
川口久雄『大江匡房』（吉川弘文館、一九六八年）
橋本義彦『平安貴族』（平凡社、一九八六年）

第三章

玉井力『平安時代の貴族と天皇』（岩波書店、二〇〇〇年）
土田直鎮『奈良平安時代史研究』（吉川弘文館、一九九二年）
橋本義彦『平安貴族社会の研究』（吉川弘文館、一九七六年）
鈴木茂男『古代文書の機能論的研究』（吉川弘文館、一九九七年）
黒板勝美『国史の研究』（文会堂書店、一九〇八年）
美川圭『院政の研究』（臨川書店、一九九六年）
石母田正『古代末期政治史序説』（未来社、一九六四年）
元木泰雄『武士の成立』（吉川弘文館、一九九四年）
高橋昌明『清盛以前』（平凡社、一九八四年）
上横手雅敬「院政期の源氏」（御家人制研究会編『御家人制の研究』吉川弘文館、一九八一年所収）
米谷豊之祐『院政期軍事・警察史拾遺』（近代文芸社、一九九三年）

第四章

橋本義彦『平安貴族社会の研究』(吉川弘文館、一九七六年)
元木泰雄『藤原忠実』(吉川弘文館、二〇〇〇年)
網野善彦『日本中世土地制度史の研究』(塙書房、一九九一年)
石井進「院政時代」(『講座日本史　二』東京大学出版会、一九七〇年所収)
川端新『荘園制成立史の研究』(思文閣出版、二〇〇〇年)
義江彰夫「摂関家領の相続研究序説」(『史学雑誌』七六―四、一九六七年)
杉本宏『宇治遺跡群』(同成社、二〇〇六年)
高橋一樹『中世荘園制と鎌倉幕府』(塙書房、二〇〇四年)
高橋一樹「中世荘園の立荘と王家・摂関家」(元木泰雄編『院政の展開と内乱』吉川弘文館、二〇〇二年所収)
工藤敬一『荘園公領制の成立と内乱』(思文閣出版、一九九二年)
井原今朝男『日本中世の国政と家政』(校倉書房、一九九五年)
松井茂「院政期の鳥羽殿の堂舎とその機能」(『国史談話会雑誌』三七、一九九七年)
美川圭「鳥羽殿の成立」(上横手雅敬編『中世公武権力の構造と展開』吉川弘文館、二〇〇一年所収)
角田文衛『待賢門院璋子の生涯』(朝日新聞社、一九八五年)
美川圭「崇徳院生誕問題の歴史的背景」(『古代文化』五六―一〇、二〇〇四年)
杉山信三『院家建築の研究』(吉川弘文館、一九八一年)
橋本義彦『藤原頼長』(吉川弘文館、一九六四年)

第五章

元木泰雄『保元・平治の乱を読みなおす』（日本放送出版協会、二〇〇四年）
五味文彦『平家物語、史と説話』（平凡社、一九八七年）
石井進「源平争乱期の八条院周辺——『八条院文書』を手がかりに」（『中世の人と政治』吉川弘文館、一九八八年所収）
網野善彦『続・日本の歴史をよみなおす』（筑摩書房、一九九六年）
棚橋光男『後白河法皇』（講談社、一九九五年）
龍肅『平安時代』（春秋社、一九六二年）
美川圭『院政の研究』（臨川書店、一九九六年）
下郡剛『後白河院政の研究』（吉川弘文館、一九九九年）
佐伯智広「二条親政の成立」（『日本史研究』五〇五、二〇〇四年）
元木泰雄編『日本の時代史 七 院政の展開と内乱』（吉川弘文館、二〇〇二年）
高橋昌明『清盛以前』（平凡社、一九八四年）
五味文彦『平清盛』（吉川弘文館、一九九九年）
元木泰雄『平清盛の闘い』（角川書店、二〇〇一年）

第六章

田中文英『平氏政権の研究』（思文閣出版、一九九四年）
大村拓生「中世前期の鳥羽と淀」（『日本史研究』四五九、二〇〇〇年）

上横手雅敬「平氏政権の諸段階」(安田元久編『中世日本の諸相 上』吉川弘文館、一九八九年)
五味文彦編『日本の時代史 八 京・鎌倉の王権』(吉川弘文館、二〇〇三年)
上横手雅敬・元木泰雄・勝山清次『日本の中世 八 院政と平氏、鎌倉政権』(中央公論新社、二〇〇二年)
上横手雅敬『日本中世政治史研究』(塙書房、一九七〇年)
近藤好和『源義経』(ミネルヴァ書房、二〇〇五年)
美川圭「貴族たちの見た院と天皇」(『岩波講座 天皇と王権を考える 一〇』岩波書店、二〇〇二年所収)
財団法人古代学協会編『後白河院』(吉川弘文館、一九九三年)
上横手雅敬「院政期の源氏」(御家人制研究会編『御家人制の研究』吉川弘文館、一九八一年所収)
宮田敬三「元暦西海合戦試論――『範頼苦戦と義経出陣』論の再検討」(『立命館文学』五五四、一九九八年)
美川圭『院政の研究』(臨川書店、一九九六年)
山本博也「文治二年五月の兼実宛頼朝折紙について」(『史学雑誌』八八―一二、一九七九年)
川合康『鎌倉幕府成立史の研究』(校倉書房、二〇〇四年)

第七章

上横手雅敬・元木泰雄・勝山清次『日本の中世 八 院政と平氏、鎌倉政権』(中央公論新社、二〇〇二年)
久野修義『日本中世の寺院と社会』(塙書房、一九九九年)
橋本義彦『源通親』(吉川弘文館、一九九二年)
目崎徳衛『史伝 後鳥羽院』(吉川弘文館、二〇〇一年)
上横手雅敬「後鳥羽上皇の政治と文学」(上横手雅敬監修『古代・中世の政治と文化』思文閣出版、一九九九

四年所収）
上横手雅敬『鎌倉時代政治史研究』（吉川弘文館、一九九一年）
杉橋隆夫「牧の方の出身と政治的位置」（上横手雅敬監修『古代・中世の政治と文化』思文閣出版、一九九四年所収）
石井進「平氏・鎌倉両政権下の安芸国衙」（『石井進著作集　第三巻　院政と平氏政権』岩波書店、二〇〇四年所収）

第八章

岡田智行「院評定制の成立——殿下評定試論」（『年報中世史研究』一一、一九八六年）
橋本義彦『平安貴族社会の研究』（吉川弘文館、一九七六年）
美川圭『院政の研究』（臨川書店、一九九六年）
本郷和人『中世朝廷訴訟の研究』（東京大学出版会、一九九五年）
白根靖大『中世の王朝社会と院政』（吉川弘文館、二〇〇〇年）
富田正弘「口宣・口宣案の成立と変遷——院政＝親政と天皇＝太政官政との接点」（『古文書研究』一四・一五、一九七九・八〇年）
富田正弘「室町殿と天皇」（『日本史研究』三一九、一九八九年）
佐藤進一『日本の中世国家』（岩波書店、一九八三年）
市澤哲「鎌倉後期公家社会の構造と『治天の君』」（『日本史研究』三一四、一九八八年）
市澤哲「後醍醐政権とはいかなる権力か」（『争点　日本の歴史　四』新人物往来社、一九九一年所収）
市澤哲「建武政権の性格をどう考えるか」（『新視点　日本の歴史　四』新人物往来社、一九九三年所収）
今谷明『室町の王権』（中央公論社、一九九〇年）

人名索引

＊印は研究者等

美川 圭（みかわ・けい）

1957年（昭和32年），東京都に生まれる．京都大学文学部卒業．同大学大学院文学研究科に進み，博士（文学）を取得．摂南大学教授などを経て，現在，立命館大学文学部教授．専攻，日本中世史．

著書『院政の研究』（臨川書店）
『白河法皇』（NHK出版，のち角川学芸出版）
『院政の展開と内乱』
（「日本の時代史」7，分担執筆，吉川弘文館）
『後白河天皇』（ミネルヴァ書房）
『後三条天皇』（山川出版社）
『公卿会議－論戦する貴族たち』（中央公論新社）
ほか

院《いん》 政《せい》

中公新書 *1867*

2006年10月25日初版
2018年1月20日5版
2021年4月25日増補版発行

著　者　美川　圭
発行者　松田陽三

本文印刷　三晃印刷
カバー印刷　大熊整美堂
製　本　小泉製本

発行所　中央公論新社
〒100-8152
東京都千代田区大手町 1-7-1
電話　販売 03-5299-1730
　　　編集 03-5299-1830
URL http://www.chuko.co.jp/

Published by CHUOKORON-SHINSHA, INC.
Printed in Japan　ISBN978-4-12-191867-3 C1221

中公新書 1886

日本史

d 1

2189 歴史の愉しみ方 磯田道史
2455 日本史の内幕 磯田道史
2295 天災から日本史を読みなおす 磯田道史
2579 米の日本史 佐藤洋一郎
2389 通貨の日本史 高木久史
2321 道路の日本史 武部健一
2494 温泉の日本史 石川理夫
2500 日本史の論点 中公新書編集部編
1617 歴代天皇総覧（増補版） 笠原英彦
2302 日本人にとって聖なるものとは何か 上野誠
2619 もののけの日本史 小山聡子
1928 物語 京都の歴史 脇田修 脇田晴子
2345 京都の神社と祭り 本多健一
482 倭国 岡田英弘
147 騎馬民族国家（改版） 江上波夫

2164 魏志倭人伝の謎を解く 渡邉義浩
1085 古代朝鮮と倭族 鳥越憲三郎
2533 古代日中関係史 河上麻由子
2470 倭の五王 河内春人
2462 大嘗祭―天皇制と日本文化の源流 工藤隆
1878 古事記の起源 工藤隆
2095 『古事記』神話の謎を解く 西條勉
804 蝦夷《えみし》 高橋崇
1041 蝦夷《えみし》の末裔 高橋崇
1622 奥州藤原氏 高橋崇
1293 壬申の乱 遠山美都男
2636 古代日本の官僚 虎尾達哉
1568 天皇誕生 遠山美都男
2371 カラー版 古代飛鳥を歩く 千田稔
2168 飛鳥の木簡―古代史の新たな解明 市大樹
2353 蘇我氏―古代豪族の興亡 倉本一宏
2464 藤原氏―権力中枢の一族 倉本一宏

2362 六国史《りっこくし》―日本書紀に始まる古代の「正史」 遠藤慶太
1502 日本書紀の謎を解く 森博達
2563 持統天皇 瀧浪貞子
2457 光明皇后 瀧浪貞子
1967 正倉院 杉本一樹
2452 斎宮―伊勢斎王たちの生きた古代史 榎村寛之
2441 大伴家持 藤井一二
2510 公卿《くぎょう》会議―論戦する宮廷貴族たち 美川圭
2536 天皇の装束 近藤好和
2559 菅原道真 滝川幸司
2281 怨霊とは何か 山田雄司
2127 河内源氏 元木泰雄
2573 公家源氏―王権を支えた名族 倉本一宏
1867 院政（増補版） 美川圭